T0378804

Your Feet Will Lead You Where Your Heart Is

Your Feet Will Lead You Where Your Heart Is

STORIES

Edited by
Dzekashu MacViban and Nfor E. Njinyoh

First published in Cameroon in 2020

This publication is made possible thanks to support from the United Kingdom's Arts and Humanities Research Council and the University of Bristol. We offer heartfelt thanks to these institutions.

Bakwa Books
Kazi Hub, CAMPOST Rond Point Express, Yaounde
www.bakwabooks.com

ISBN: 978-1-7337526-2-6

Artwork: "Afroblue", by Danielle Eog Makedah
Cover design: Dante Besong

CONTENTS

Introduction

In "A Short History of Empathy", Susan Lanzoni points out two interpretations of what empathy does. In the first instance, "empathy reduces stereotypical thinking; in the second, empathy as emotion-sharing draws too much attention to an individual, standing in the way of effective social change". While there may be arguments for and against both stances, empathy, as a fluid prism through which divergent realities are perceived, means different things to people with different cultural backgrounds.

On its part, and by virtue of its inherent, self-conscious attempt to understand the human condition, creative writing is, more often than not, likely to create empathy as recent studies have shown. Nevertheless, such empathy can only go as far as readers who can read the language in which the creative writing manifests itself. This is where translation comes in. By recreating the essence of a work across languages, translation breaks linguistic barriers and gives us an insight into the lives of others, thereby unveiling realities and conditions—shared or otherwise—that have the potential to be factors of rapprochement rather than rupture.

It is against the backdrop of this premise that Bakwa, in collaboration with the University of Bristol, organised a creative writing workshop and a literary translation workshop in Cameroon in 2019. Based on creative writing's capacity to create empathy, we seek to develop cross-linguistic empathy and sympathy amongst Cameroonians by translating stories and making them available in both English and

French. The urgency of this endeavour cannot be overemphasised given the crisis currently rocking the country and stemming from issues of linguistic, cultural, and political identity and representation, or lack thereof.

Therefore, in June 2019, having been fortunate to receive funding from the United Kingdom's Arts and Humanities Research Council to support this project, we started with two simultaneous creative writing workshops—one in English with five participants, led by Billy Kahora, and one in French with six participants, led by Edwige Dro. The participants came from all sorts of backgrounds and all parts of the country, but they all had something in common as younger Cameroonians and as aspiring writers. In each workshop, participants spent an intense week working together to learn about the craft of writing and the form of the short story. While our two workshop leaders had different teaching styles, both of them emphasised for their own group the ways in which reading, writing and living work together and how voices are forged through the act of literary creation. We ended the week with the third instalment of the Bakwa Reading Series.

After that week in June, we offered each participant mentorship with an established writer to polish their stories; Babila Mutia, Yewande Omotoso and Billy Kahora for the English-speaking writers, and Edwige Dro, Florian Ngimbis and Marcus Boni Teiga for the French-speaking writers. The mentorship process took three months and, through the dialogue and discussion built, mentees learned that effective writing is re-writing. Once the stories were finished, we were able to use these as the basis of a literary translation workshop, which took place over one week in October 2019. We also decided to include two additional stories: "Things the World Didn't Tell You" and "Lifesavers", culled from Bakwa's forthcoming short story anthology, *Of Passion and Ink*.

Led by award-winning translators Ros Schwartz, Edwige Dro, and Georgina Collins, our fourteen participants spent long days learning about the specificities of literary translation as opposed to the technical or commercial texts they mainly encounter(ed) in their daily work or studies. They succeeded and enjoyed working collaboratively on prose, poetry, and dialogue/orality, at a slower pace and without tight deadlines, carefully mulling over words and phrases to find the most culturally and linguistically appropriate solutions.

One real highlight was a session where participants created Camfranglais versions of a passage from Jane Austen's *Emma*. In another, participants chewed over how to (re)translate novels by Ferdinand Oyono and Max Lobe. Their critiques of UK English renderings of 'bâtons de manioc' and 'sauce d'arachide' (as 'cassava sticks' and 'peanut sauce', rather than more locally appropriate alternatives, such as 'bobolo' and 'groundnut soup') raised questions about who should translate Cameroonian literature and for whom, showing the need for extensive cultural knowledge, but also the challenge of finding and expressing the rhythms of a voice when translating literature. Each evening, we finished the day with a reading group session, which gave participants the opportunity to discuss literary translation theory and strategies, especially within an African and Cameroon-specific context. They also deliberated the role of the translator as creative writer and the acceptability of translator interventions—to what extent can/should a translator manipulate a text? There were many impassioned debates about the role of literary translation in Cameroonian society, language policy, and the feasibility of writing and translating texts into and out of local languages and dialects. These discussions had a direct impact on the work the participants produced. The week culminated in a *Literary Translation Matters* public conference at the Muna Foundation in Yaounde. This brought together members of the burgeoning literary translation network in Cameroon and gave some participants the opportunity to read extracts from their translations on a bigger stage.

Like the creative writers, the translators were also paired with mentors—Ros Schwartz, Georgina Collins and Roland Glasser for the French-English translators, and Edwige Dro, Mona de Pracontal and Sika Fakambi for the English-French translators—for three months of intensive work. During this period, they discussed many of their translation decisions at length, while slowly refining their writing over numerous drafts to produce a story that represents the source text but is a unique piece of literature in its own right, with its own poetic language. The result of all the above labour is the book in your hands.

This project, which emerges partly from Dr Georgina Collins' feasibility study, *Literary Translation and Creative*

Writing Training in West Africa (2019)—that maps creative writing and literary translation networks in Cameroon, Cote d'Ivoire and Senegal—thus introduces a new generation of young Cameroonian writers and budding literary translators. This bilingual anthology highlights new directions in the Cameroonian short story, with stories moving from fantasy through existentialism and afrojujuism to realism. An unusual narrator in "Spittle Royale" walks the fine line between empathy, radicalisation, and primal instincts; in "Finding Jaman", a correctional facility cleaner collects objects belonging to executed inmates, leading to an interesting discovery; in the eponymous story, siblings reconnect after forty years apart, unearthing secrets that will change their lives forever.

As a whole, these stories, through the prism of empathy, form a kaleidoscope of realities and experiences that, ultimately, portray us all as beings in quest of peace, love, and a sense of belonging. This, for us, is a drop in the ocean, a bottle thrown into these troubled seas, with the hope that someone else will get the message...

The Project Team

SPITTLE ROYALE

Géraldin Mpesse

Translated from the French by
Nchanji M. Njamnsi and Nfor E. Njinyoh

The country is anaemic, I'm told
Its blood drained by vampires
We will be parted from it soon
By the curtain of shadows
— Géraldin Mpesse

"Out of the way, you rascals!" the Rector's bodyguard bellowed, pushing back the crowd with his right arm. He opened the door of the big, black Prado and the university boss alighted. The man oozed condescension; not a single student had been granted audience since he was propelled to the position by decree. He slipped on his grey jacket, adjusted his red tie, and stepped into the hallway of his office building. Ruben, the president of le Parlement, the students' union, followed behind him, shouting: "Our letter, Monsieur le Recteur!" A security guard shoved him and hit him right in the chest. The sound of the blow rang in my head like the echo of a Bamileke drum. Ruben reeled back, doubled over, panting in pain with one hand clutching his chest. After a while, he stood back up and whistled. In the distance, towards the big football field, a rumble rose, drowned in the cold breeze of that June morning, growing gradually. I climbed up a pole and darted onto a rooftop to see what was happening, but a dense fog shrouded the spectacle. The virus of curiosity emerged, haunting me, sticking to my skin like a Hausa perfume. A swarm of bees, whose provenance and destination I knew not, whizzed past overhead with a disquieting buzz. Panic-stricken, I leapt to the ground.

That's when I saw them: a forest of students walking up the hill road that stretches past Amphi 502, some carrying placards, others pot lids. "We've been forgotten by the Nation… but it's in the streets that all battles are won," they sang with melancholy. Over and over, in unison, they chanted the chorus, like a rhapsody of misfortune: "The streets are the pulpit on which the marginalised voice their misery." The signs they carried bore a message: *Mr Rector, history is calling. Think about it. Just like us, you were once a student here…* The sun was yet to cast its rays upon Yaounde, but the students were already perspiring profusely. Sitting on a termite mound, I watched the scene with indifference for I had little faith that change could come from men as nonchalant as snails. They looked like the Corpus Christi faithful following the sacramental bread. They would probably be unable to hold their own against the raging guards burning to show Monsieur le Recteur that they were selfless servants and that he was beyond reproach, especially from those ever-discontented students.

Seeing them like this, I considered telling them to stop acting stupid and appealing to pity as though begging for their rights, that tiny creatures crying is sweet music to the ears of predators poised to devour them, and that the world is deaf to shouting and crying. I climbed down from the termite mound and followed them. There was a whistle and, in unison, the students broke into shrieks, compounding the noise with an irritating cacophony of banging cans and pot lids.

I could have kept my distance from the start of this story, the day Ruben went door to door informing our neighbours that frustration had reached its peak, that their hearts were full, and it was now 'do or die'; Etoudi, the seat of power, had to hear their cry.

Even if they were right, that wasn't worth risking their lives. And for next to nothing; a Bachelor's, a Master's, or a PhD that offered no major prospects. Bloody hell! This was a step too far! Many of them were better off returning to their villages, helping their parents clear banana and cocoa plantations, working themselves to the bone on millet, sorghum or coffee farms.

B

Champi took off his shirt, flaunted his bulging muscles, intimidating students. Seemingly, this was exactly the kind of situation the hefty guard had been awaiting to revenge all those fights he lost in the ring back when he still hoped for a big career in boxing. He stuck out his chest, displaying and flexing his muscles, then pursed his lips and rained blows on a dozen students. But he quickly ran out of breath; he was fifty-six, an age concealed by his enthusiasm for physical exercise and his stout build. Finally, he leaned against the trunk of a pawpaw tree, hands on his knees. As he straightened up, a large stone struck him on the back of his neck…

A siren resonated from Château. I panicked and curled up beneath the Prado. Two huge anti-riot trucks entered the campus at break-neck speed and parked in front of the Rector's Office. Someone must have tipped them off… Masked police officers jumped out of the trucks, each carrying a riot shield in the left hand, a baton in the right.

With a flick of the wrist, one of them pulled out a tear gas canister and sprayed the students on the frontline. They broke rank like a colony of ants pouring out of the earth. Another took a belt to Ruben's back, slashing open his shirt, the tear exposing the large swelling that had formed almost instantaneously. He stumbled, spluttering, with trails of blood on his chin. His mates swarmed in and whisked him away. A shiver coursed through my body. Indignation simmered within me, whispering that I could do something for these helpless students. Rather, I could do something for us; free us from this misery, orchestrated intentionally by the Rector and the director of University Catering so they could treat themselves to top-of-the-range Fortuners, nights with wolowosses in luxury hotels in Kribi, and designer suits from Gucci and Kenzo.

I took a big leap, landed on a flower bed and blinded the bastard of a police officer with a single spurt of saliva.

"My eyes!" he yelled, collapsing. I wanted to give up, scared I would be shot in the head. Then I remembered: victory follows only in the wake of struggle.

Ruben and I had left Etam-Bafia in October and moved into the university hostel to enjoy meals in the Restaurant. At Etam-Bafia, I had lived on leftovers from Zang, our neighbour—a retired soldier.

The announcement of this move had stirred something within me, as if I'd broken the chains of misery holding me captive in that filthy, nauseous slum. Yes, the misery in Etam-Bafia was as legendary as the opulence in Bastos. I immediately thought Ruben had landed a job; I had no real idea of what Cité U was. The name evoked images of tarred streets lined with high fences crowned by barbed wire, which enclosed villas and castles covered by thick, lush greenery. At the time, the move made me feel like a poor man's son adopted by a rich man.

We arrived in Cité U on 14 October, taking up room A14. I finally realised that 'Cité U' referred to the university hostel. A feeling of desolation descended upon me, but living here turned out to be worthwhile. For the first time, I lived in a place with a proper floor and walls made of concrete blocks, surrounded by items I couldn't name.

The first word I learnt was 'closet', because my roommate would often keep food in it for me. On the rattan shelving opposite the bed, there was a gas cooker Ruben had bought from Artur, a teacher who had been transferred to Ngarigombo as part of his recruitment into public service. A useless purchase; never had I ever seen a single flame in that room.

B

The certainty of defeat loomed over the foolhardy students still standing up to the police. They watched their schoolmates writhing in pain; fractured arms, broken teeth, battered faces.

I decided to head home.

How could anyone continue living in this deathly place? A deathly place where grass grows brazenly, even at the entrance to the University Restaurant? A Restaurant where sprawling mould ate away at the walls, leaving them looking leprous? I crossed the yard, as though in a waking dream, reliving scenes of these students pushing and shoving one another in queues. I would go there every afternoon and evening to feast on pieces of fish, morsels of bread, grains of rice stuck to the plate of a student who hadn't finished their food, either out of pride or lack of appetite. I relished it.

God is merciful! Walking across the yard, I came upon an avocado. Whilst enjoying it, I heard a scream of agony a dozen metres away. Was that man or beast? A breeze blew, bending the shrubs. I saw a man in the bushes, dressed in khaki. He was definitely a police officer. I cleaned my lips with a lick of the tongue and rushed to respond to the scream.

The police officer was strangling Awulu, our neighbour from room D14. The student could barely breathe. His eyes were bulging from their sockets. Strangely enough, not a single tear ran down his cheeks. Yet you could see from his agitation that the pain had reached its peak. The scene was awful, reminiscent of a pig singing its swan song in the hands of a butcher. My blood ran cold. The police officer let go of him. He breathed in deeply, coughing repeatedly, then tried to escape, but the officer pinned him against the handrail and kicked him in the back.

"Loser, what year are you in?"

Awulu stayed mute. He continued inhaling and exhaling like a dying man awaiting the anointing of the sick.

"I am talking to you, idiot! Are you dumb?" he barked. The student swallowed twice.

"I am... I am... in year four, sir," he quivered.

The police officer took a packet of cigarettes from one of his pockets while crushing the victim's thigh with his huge black boot. He pulled out a cigarette, lit it, took a drag and, several seconds later, blew thick smoke into the air. Then he produced a sachet of King Arthur whisky from the same pocket, tore it open with his teeth and emptied the contents in one gulp. Out of the corner of his eye, Awulu looked at him, as if wanting to ask for the cigarette butt.

"Young man, all is fair in war. Do you hear me? Until you become a DO, an SDO or a governor with those certificates of yours, I will discipline you. Repeat after me. It's not that hard. Let's go: *A degree is no match for a First School.* Repeat!"

Awulu cast a scornful look at the officer, who slapped him so hard that he left an imprint on the student's face. Two trails of tears trickled down from his eyes to stagnate on his upper lip. The police officer wouldn't give up.

"*First School pass Degree.* Repeat!" he ordered once more. The term 'First School' did not seem to be part of Awulu's vocabulary. He refused to talk.

I circled them, approaching stealthily. As I hid behind a mango tree opposite the police officer, I rustled the dead leaves beneath with my feet. When he looked up, I pounced and spat into his eyes. He went blind there and then. I took to the hills.

A police officer lurking behind a palm tree, finger on the trigger, called out to a passing colleague.

"The time has come, oh, my brother! It's time to take it to the next level! I'm dying to squeeze a young student's breasts like a sponge and feel her nipples harden."

His colleague kept mum, ignored him, and moved along.

"For crying out loud! Have you ever seen a massacre without rape? You're nothing but a bloody traitor!" he barked, leaving his hiding place.

Then he ran off.

I followed.

He wandered the campus for a while, but could not see even the shadow of a female student. Finally, he spotted women's clothing hanging on a saggy washing line outside the second floor of block D. With his gun slung across his shoulder, he ran up the stairs like a desperate drug addict and twice kicked the door to room D24. The hinges came off, ripping the door from its frame. He rushed into the room. But there was no one inside.

He rubbed his crotch and a bulge immediately formed beneath his zipper. With the back of his hand, he knocked off the make-up box from the windowsill, scattered the papers on the table, then emptied a bottle of vegetable oil out of the window. His eyes scanned the room and landed on the bed. Upon it, there were a pair of undies and a towel. He moved his weapon to his back, picked up the undies and took them to his nose, smelling them piously like a priest kissing the corporal. Holding it above his head, he examined them as though he was trying to locate something. What could that be? Period stains? Vaginal discharge? Hiding behind the door, I watched his every move, curious what this pervert would do.

He placed the undies back on the bed, unzipped his flies, then grabbed the underwear again and started rubbing his huge, crooked cock against the panel that covers the vagina. His grunt of relief came rather quickly. I was taken aback by such behaviour; acting like a sex-starved nutcase when he had a ring on his left finger. The officer tucked his penis back in place, then hurled himself onto the small bed with the full force of his weight. He lay there for a long while, motionless. I thought he was dead. But then he sprang to life noisily, wiping his face while staring at the floor in front of him. His gaze tarried on Jesus, nailed to a small, wooden, weevil-eaten cross hanging on the wall. Something told me to use my secret weapon against him, but I held back.

He opened the small fridge, grabbed a half-drunk bottle of juice, swigged it all down, and then left; he had the look of a soldier who had accomplished his mission. *One man's pain is another man's gain*, I thought to myself as I came out of hiding to grab the packet of mbounga sitting on the shelf. I devoured it in a flash. As I left the room, I had no idea which way the officer had gone. But the silence had been broken by coughing just moments before. Had he gone hunting for other prey?

The mbounga had left me unsatiated. As I circled the building, seeking any form of sustenance, I thought I heard Ruben's voice. I rushed to our room. Unfortunately, it was empty! It was all in my head.

Was he still alive? I knew him to be a fighter, resilient.

As if responding to a call, I climbed up the hill overlooking the Obili lake. At the top, some fellows were scanning the campus; notepads, recorders, and cameras in hand.

Journalists. The man who looked like the boss seemed angry.

"Dammit!" he exclaimed, shaking his head. "I was told students were wrecking the amphitheatres!"

Hidden in the bushes, I fell asleep.

When I woke up, it was nightfall. I headed to Obili for supper, to the street littered with off-licences, grilled food and roasted fish. As I turned onto the street, a radio journalist's voice droned on through speakers outside a shop-cum-off-licence. The police had taught the school-wrecking students a lesson, he reported. A drunkard who had been listening blurted out: "These big book people are troublesome. They complain too much. Who do they think has it better in this country? Eh? Since Ahidjo left, we've only just been managing. How man go do?" The people around agreed.

At Mirador, customers were gyrating between tables. Their dancing moves hinted at drowned morning sorrows. I entered the bar; I had spotted a plate of chicken abandoned beneath a table. Deftly dodging their busy legs, I reached my target and snatched a partly eaten drumstick, licking the spices that dripped from it as I chewed. All of a sudden the music stopped playing and I heard the 8 o'clock news jingle. I dropped the bone I was clenching with my teeth. The first journalist read the headlines. Then the second announced the presidential decree in a clear, reassuring voice: "As of the date upon which this decree is signed, Mr Issoplo Pierre, Full Professor, previously in service at the Ministry of Higher Education, is hereby appointed Rector of the University of Yaounde I, replacing Mr Minale Paul, who is relieved of his duties."

I meowed with joy. Someone noticed me. Kicking at me angrily, he shouted: "Since when are cats welcome in this bar?"

I pounced, fur bristled, poised to spit.

FINDING JAMAN

Bengono Essola Edouard

Translated from the French by
Kidio Rolland Samni

It was still very dark. Darkness seemed to be battling the faint dawn light that was resolutely banishing it from the heavens. A human figure slowly paced the inner passageways of Dôme prison, trailed by the unpleasant sound of an old broom relentlessly scrubbing the rough floor. Shrouding everything was a dusty mist slithering through the slightest holes to spread inside the prison's dungeons and compartments leaving some inmates in a sneezing fit; Mosé, the cleaner, was passing by...

The young man was sweeping away a mass of debris, his task becoming laborious as he progressed. Every now and then, he passed a warder on night shift sitting or lying on a wooden bench, half asleep. They jumped as the noise of the broom drew near. A little further on, an immured face appeared behind the metal bars, spying on Mosé's morning passage. Alas, the latter could only give the prisoner a cold, blank stare.

The first sun rays took Mosé by surprise as he emptied his dusty loot in one of the prison's trash cans. Having finished his task, he casually returned to the prison sanitation service's locker room of to put away his cleaning tools.

That morning, those of his colleagues who met him at the locker room noticed something different about Mosé. He greeted them and went straight to his broom locker without joining in the conversation about the prisoner executed two days earlier, let alone that about the hardened criminal taken to court the day before. He didn't utter a word, not even to his best friend, Flavien. That morning, Mosé kept to himself.

Flavien, who had noticed his friend's attitude, resolved to find out a little more.

"What's the matter with you this morning, Mosé? You seem to be avoiding the others."

"It's nothing. I've been thinking a lot about my father recently. As you know, I never knew him. I try to picture his face, to imagine his voice. There are moments like that. I'll be fine."

"Is that all?" Flavien didn't find the reason convincing enough. He watched Mosé close his locker, take his backpack and leave the locker room.

To get home, Mosé had to cross a considerable part of Dôme. First, there was Dôme-la-belle, the part of the city with edifices whose summits are caressed by the clouds, posh shops, high-end cars cruising on asphalt carpets lined with traffic lights and fountains spouting stunning jets of water. There were also gentlemen in dark tuxedos, briefcases in hand, ladies in custom-made suits, and young people in fashionable business wear. In his faded navy-blue work uniform, Mosé often felt like the ugly duckling in the midst of this urban crowd in which he mingled daily.

Farther on, the modern city gave way to a mass of flimsy habitations: Dôme-la-misérable. At last, Mosé was in his world. He greeted a skinny woman who was drying her clothes, joked with an old man sitting in a wheelchair and flashed a friendly smile at a group of kids watching him.

Dôme-la-belle hid her wretched sister from the eyes of the world so well that the latter, perched on a hill, watching and envying the opulence of her rich sister, saw what was hidden behind the former's buildings: an imposing structure that looked strangely like a fort. It was the prison.

For many years, the poor part of Dôme housed people from other areas who couldn't find anywhere else to settle than this small slum.

Misery in Dôme-la-misérable was not the only cause for concern. The sword of Damocles hung above her head. The authorities of the town saw this area as a breeding ground for crime that needed to be razed completely. Some parts of Dôme-la-belle had actually been besieged by pickpockets and drug dealers from the shanty town.

In Dôme-la-misérable, there was a renowned woman in her sixties who had decided to make her own modest contribution to the education of the young people. To accomplish this, she opened a classroom in her home: an abandoned church with ferns and mushrooms growing on its cracked walls. Her name was Auntie Maryvonne, nicknamed 'the stick lady' by her neighbours because of the cane she always used to help her walk about.

Auntie Maryvonne's face was, in Mosé's mind, as old as his first memories. Tuberculosis had claimed his mother's life some years back when Mosé was just two. The Stick Lady had then adopted him. He knew almost nothing about his father. All he heard from his foster mother was that his father had been executed in Dôme prison after a few weeks on death row. This happened before Mosé was born. Auntie Maryvonne had never known what crime the man committed.

Upon reaching home, Mosé found a familiar atmosphere: Auntie Maryvonne sitting outside in her white rocking chair and young people from the neighbourhood quietly sitting on benches, slate and chalk in hand, as they diligently followed their daily arithmetic lessons. Mosé smiled at Auntie Maryvonne before entering the old church. Inside, the clay brick walls exuded a soothing freshness.

Hanging on his bedroom wall was a painting he bought from a second-hand shop in town. It was a depiction of an execution scene. Remorse seemed to be gnawing cruelly at the main character, an inmate on death row. His suffering was so profound that it suggested regret over the life he had led rather than just a single, vile episode of it. Seated on the electric chair, he barely resists its stranglehold. A second figure looms in the background, almost obliterated from view despite his hefty stature. Face cloaked under a hood, only his bloodshot eyes reveal something about him. He brings a hint of mystery to the whole scene. As soon as Mosé's eyes fell on this painting, he wanted to have it. He often imagined that his father's last moments were portrayed in the picture.

The young man placed his backpack on the floor and threw himself on his bed, eyes fixed on the painting, until he drifted into the labyrinth of sleep. It was almost nine o' clock in the morning. If Mosé fell asleep at that time, it was because he was on the prison's night shift cleaning team. He was only too familiar with his work schedule. Every evening, before cleaning the section assigned to him, he had to burn the contents of the cardboard boxes he found by the incinerators in the small open courtyard behind the prison. He and other workers would throw the paperwork into the voracious flames. It was a task he enjoyed, because the heat from the fire shielded him from the ravages of the chilly night.

So far, Mosé had had to deal with ordinary cardboard boxes—those containing papers from the administrative block—but the day before, he had found a box marked with a cross near the incinerator assigned to him. He knew what it meant: the contents were items collected from an executed prisoner's cell. The instructions for such boxes were clear: throw the box into the incinerator, without opening it. Mosé knew the rules, but yesterday, he hesitated. He was hesitant as soon as he thought of his father. Perhaps he too had left items behind that had ended up in the flames. Mosé looked left, then right, then behind him. Curious, the young man squatted. He didn't have to make any effort since the box was open. From the dark depths of the box, he pulled out a bible, a pencil and an envelope. On it, were the words, *to Jaman, my son*. A warder was approaching. Mosé quickly put the items back into the box and threw it into the incinerator. The envelope had fallen to the ground. As the warder walked away, Mosé picked it up. He had resolved to keep it. Mosé was obsessed with collecting items related to executions. Thinking about the father he never knew sometimes depressed him. That's exactly why his mind was somewhere else that morning. This envelope had heightened his desire to know his father.

It was four o'clock in the afternoon. Auntie Maryvonne's calls woke Mosé from sleep. It was time for him to get up, take his bath, and eat.

A few minutes later, the young man stepped outside. The sun's rays, now softened, had turned reddish. The heavenly orange was disappearing over the horizon. The first thing that caught Mosé's attention was Dôme prison, visible in the distance. When you worked in the prison and lived here in the slum, you never really left it. It was always there, in plain sight, creating the impression that life was an infinite cycle. Mosé had the envelope with him. He had carried out Auntie Maryvonne's rocking chair and sat in it. The envelope was not sealed. From it, he took out a letter and read it:

Jaman, from when you were a little boy, you have never heard anything about me. My very long absence can hardly be forgiven but you must know the truth. Nobody will tell you the truth if not me. Please, do go through the letter. I don't know what you look like now because I have spent so long locked up between four walls. You were only a little baby the last time you laid your eyes on me. Today, you must be eighteen… or nineteen. If I were to see you again now, what would I rely on to recognise you? Your upturned nose? Your dark eyes? The birthmark on your neck? It would not be enough. In spite of everything, I want this letter to tell you everything that you should know about me, everything that happened since the day I left Cabane. You will know what transpired for me to find myself here, deep in a dark prison dungeon in Dô…

"In Dôme…" Mosé completed the sentence. That was the end of the letter. The prisoner surely didn't have enough time to express all his thoughts. Had the moment of his death taken him by surprise? Alas, Jaman would never know anything about his father. Mosé cast the letter aside, lifted his head to the sky, and again thought about finding his father. The latter had left behind nothing of him. Or perhaps he had, and it had all ended up in the fire. Night had slowly fallen without Mosé noticing. It was time to go to work.

The next morning, what happened the previous day repeated itself. Mosé kept to himself. Before beginning work, the night shift workers would listen to Flavien's funny stories with much delight. Their colleague was always inspired. His tales fell on Mosé's ears but didn't change his mood. Mosé left without a word. As he passed the security post, he saw a van pull over in front of the prison. Two men were offloading cardboard boxes meant for the papers to be burned. Perhaps, some of these cartons would be marked with crosses and end up being incinerated. Mosé continued on his way. The image of the envelope came back to him. Did the fact that this letter had fallen into his hands not bestow upon him a duty to ensure it reached Jaman? This question troubled him as he walked.

Back at the old church, the young man went straight to where he had left the missive the previous night. It was no longer there. He saw only the envelope, torn open, lying on the floor. Auntie Maryvonne saw her son returning. She noticed that he was moving very fast. Not having found what he was looking for, he approached her, interrupting the children's lesson. Before he could utter a word, she handed him the letter.

"What is this?" she asked.

Auntie Maryvonne was worried. She understood her son's grief at not having known his father. She had reluctantly given her blessings for him to start working at the prison. Where did he get that letter? Mosé sat beside her and told her a bit more. After giving it serious thought on his way home, Mosé had decided to deliver the letter to the father's son, Jaman. He wanted to go to Cabane, where Jaman was supposed to be, according to the letter. The village was not very far. He thought he could return before nightfall. Maryvonne wasn't convinced by the reason he gave to justify the trip, however, she decided to let Mosé do as he wished, seeing in it a kind of therapy.

ℬ

"Cabane!" the driver shouted, "this is Cabane! Anyone getting off?"

Mosé woke with a start. He had slept throughout the journey. The bus had stopped in front of a small cluster of huts. The young man got out of the vehicle, completely disorientated.

The bus drove off, raising a cloud of dust behind it. Mosé knew that he couldn't afford to miss the bus' return trip; otherwise he would be forced to wait until the next day to get back to Dôme. Having seen a stranger arrive, some elders came out of their huts. It wasn't every day that they saw a new face. They approached Mosé. Some went to shake hands with him while others didn't hesitate to hug him, as if he were family, or a close friend. This warm welcome confused Mosé. He immediately told this friendly welcome party the reason for his visit. The name "Jaman" was unknown to everyone. However, one of the elders advised Mosé to "go to one Etondè's house, at the other end of the village".

After a few minutes' walk, Mosé recognised the house the elders had described. Seeing him arrive, a woman wearing a scarf over her shoulders approached.

"Good morning," she greeted. "The traditional healer has worked so much this morning. Kindly wait a little while he rests."

"I am not sick," Mosé replied, "I wish to see a man named Etondè".

"Etondè? That's the traditional healer. Please sit here. I'll be right back."

The woman showed Mosé the old trunk of a felled tree. Moments later, she reappeared and informed the visitor that the traditional healer was ready to receive him. She led Mosé to the entrance of the hut. Besides being very small, the hut had very little furniture; a bamboo bed here, herbs and potions there. In the centre of the room, Mosé saw a gaunt white-haired old man squatting in front of a crushing stone, wearing only pair of old grey trousers with frayed ankles. His faithful companion, a walking stick, lay near him.

"Come, young stranger," Etondè said, in a thin, trembling voice.

The old man listened to Mosé's story with infinite patience. The young man began by reading the letter to him. *Jaman... Jaman...* Etondè could not remember that name. No matter how hard he searched in his mind, a library full of distant memories, he found nothing. Jaman would be about eighteen or nineteen now. There was no young man of that age in the village. However, a thought crossed the old man's mind. If Jaman were of that age, it would mean he grew up in the old village. Etondè grabbed a shoulder bag made of animal skin, then his walking stick. The old man used the latter to push himself upright, his frail legs trembling until he had straightened them completely. Etondè asked his guest to follow him to the area that had been deserted by the inhabitants about ten years ago.

The two men disappeared into the forest. After trekking for one hour, they came to a place Etondè identified as the old village. It was dreadfully desolate. The setting sun trailed along the sky to the tune of chirping bird. Despite the thick creeping greenery that had infested the huts, Mosé could still make out the walls of abandoned homes. Darkness, spreading like fog, was already veiling the visible parts of these earth works. Lost in the scenery, Mosé didn't realise that Etondè had left a while ago. The latter returned with dry wood, which he had difficulty holding in one hand since he had to use his right hand to support himself on his walking stick. Mosé rushed over to help him. After setting the firewood, Etondè picked up two small stones and some dry leaves nearby. Using his skill and especially his experience, he managed to light a fire. Then, he squatted while Mosé sat on the ground. Mosé listened to his guide who, like a griot, told him the story of two men, two friends who left the village for the city about twenty years ago. The smoke rose towards the sky, and the sound of Etondè's voice, like a wave, carried Mosé's unanchored mind to the high seas of the past. Mosé wouldn't return to Dôme that day.

𝒟

Twenty years ago, two young men, Nassoune and Kombé, committed sacrilege by stealing money from the village coffers to go to the city. This money had been set aside to dig a borehole and build a classroom. Village life had become boring to these two men who wanted to taste city life. One night, they made up their minds. They succeeded in finding their way into the hut where the money was kept, took it and disappeared. The village noticed the robbery the following day. The sudden absence of the two friends made them suspects. What's more, the young people in the village reported that Nassoune and Kombé had been talking about their plans to leave for several months. All they lacked was money to set up a business in the city. Each of them was leaving a new-born behind, yet that did not stop them from setting out.

Months went by, and the morning of the robbery became nothing but an unfortunate incident in the villagers' memories. Then, something they had stopped daring to even hope for happened: Kombé reappeared. News of his return spread like wildfire through the village. Kombé was beset by the crowd while he was in his hut holding his child in his arms. The Chief intervened in time to stop the villagers from lynching him. Kombé was taken outside where, having been ordered to explain what had become of the stolen money, he began to relate his misfortune and that of his friend.

As soon as they had reached the city, the two young men had adopted a lifestyle they weren't used to: lodging in a motel, eating in restaurants, and so on. In two weeks or so, they had squandered all the money. They found themselves on the street, where a stranger—of shady demeanour, according to Kombé—offered them an opportunity to go into business selling drugs. They accepted and, throwing themselves into their new trade, made good money. But it wasn't long before they were implicated in a homicide. Nassoune was arrested and Kombé barely escaped back to Cabane.

After listening to his story, the villagers agreed that Kombé's life be spared. Nature seemed to have taken upon itself to punish him: he had returned from Dôme with a serious wound to his thigh, a wound that killed him a few months later. As for Nassoune, he was never seen again.

The story of Nassoune and Kombé did not, however, deter the village youth. One day, a group of young people left, on foot, claiming that they were in pursuit of a modern life. A second group followed, and then a third. The few who returned warned their peers, educating them on the great challenges newcomers faced integrating the urban milieu. But the lights of the city were more alluring than the warnings were disturbing. More and more young people left, the oldest villagers died, and the huts emptied. As families grew smaller, they moved closer to the road, since there were no longer enough hands to cultivate the land. Nearer the road, they could barter wood and meat for city products. This is how the old village became what it is today.

B

Mosé had not seen the sandman arrive to carry him off. He had fallen asleep somewhere, along one of the trails of

Etondè's story. A new combination of sounds awoke him. The sun had already been up for a while. The first image to strike Mosé's eyes was a pile of ashes. It took him a few moments to realise that Etondè was no longer there. He got up and took his backpack. After a last look at the old village, a sanctuary of tales untold, he left.

When Mosé finally reached the traditional healer's hut, he understood why the old man had left him when he was still sagging under the weight of sleep. Many patients were waiting at the entrance to his home. He had to attend to all of them. Mosé continued past the hut and, as he moved away, the woman with the headscarf called to him. She approached and handed him a bracelet of ebony beads. "The traditional healer used to make bracelets like this some years ago, and those who bought them gave them to their loved ones," she explained. "He asked me to give this to you. It is the last he had."

Mosé took the bracelet. To him, it was a farewell gift, a consolation for not having found the person he had come looking for. He slipped it onto his left wrist, thanked the woman with the scarf and hit the road.

Upon arrival, Mosé found Auntie Maryvonne sitting in her rocking chair at the entrance of the old church. There was no class that day for the youngest kids. The Stick Lady looked very worried, and Mosé soon found out why: Dôme-la-misérable would soon be demolished. The city's mayor had decided so. The young man barely had the time to console his foster mother. Having been absent from work for a night, he had to rush to the prison as soon as possible, to justify his absence.

It was about four o'clock in the afternoon. The day cleaners had already left the prison. Today, however, there was still someone in the locker room of the sanitation service. It was Flavien. Mosé was happy; Flavien was the one person he had hoped to run into there. At that moment, it occurred to Flavien that he hadn't seen Mosé that morning. Moreover, he was surprised to see him arrive at that time of day.

"It's a very long story my friend," said Mosé, "I'll tell you later. You've drafted a response to a query letter before, haven't you? I need your help. I need to prepare one immediately."

As he was talking to Flavien, Mosé searched the locker room for a pen and paper. Flavien didn't move an inch. His friend noticed and suddenly stopped.

"What is it Flavien?"

"Sorry Mosé. You've been fired."

Flavien went on to explain that a number of prison workers had been laid off because of budgetary constraints. The prison authorities had begun by firing any staff reported absent without justification. They had to leverage the slightest instances of misconduct to get rid of as many people as possible.

Mosé was no longer an employee of the prison. Dejected, he lay flat on the floor. He had lost his job. Flavien approached to console him but suddenly stepped back, looking surprised, as he saw the bracelet on his friend's wrist. Mosé noticed immediately.

"Have you seen this bracelet somewhere before? Where?"

"Never mind, Mosé."

Mosé suddenly stood up. From Flavien's attitude, Mosé could tell he was hiding something. He insisted on knowing more. Flavien, after hesitating for some time, confessed that he had taken the bracelet from the cardboard box containing the personal belongings of the prisoner executed three days earlier. Since he was responsible for taking the boxes to the incinerators, he often searched them for valuables. And he had sold this same bracelet and was therefore surprised to see it on Mosé's wrist. It explained why the marked box was open when Mosé found it. Flavien had violated one of the golden rules in force at the prison. Mosé too, given that he had searched through the same box. Mosé thought that he might have another lead that would enable him find one of the prisoner's relatives:

"So you're the one who cleared the prisoner's cell? Do you know any of his relatives?"

"Of course not! The rule says that it's the executioner who clears the prisoner's cell the day after the execution. But tell me, why all these questions?"

Mosé didn't answer. He turned and casually walked away, head down. To him, the search was over. He had done all he could. Besides, he was the loser in all this. He had lost his job. To hell with this Jaman; he certainly didn't need to know how his father ended.

These were his last moments in the prison. He did everything to stretch them out. He might never see these passageways he had cleaned, these metal bars, these trapped faces he knew nothing about. He would no longer watch from the courtyard as the sky changed with the seasons. There was also the security post, which he passed at least twice a day. He did not even need to show his badge. Kunta Le Gros and the other guards already knew him very well. He would miss them. After the security post, there was the main entrance to the prison: the moment of final exit was close. Mosé further slowed his pace. He was dreading that moment. Suddenly, a violent force startled him. He was seized by the left arm and roughly pulled back. Someone was trying to restrain him. It was a young warder.

"How did you get this bracelet?" He shouted. "It is forbidden to open marked boxes."

Everything happened so fast that Mosé didn't have time to react. Kunta, watching the scene from the security post, came running. Mosé got a grip on himself and, just as he had decided to explain everything, another piece of the puzzle revealed itself. Flavien had said it was the executioners who cleared the cells of those sentenced to death the day after they were executed. But if Flavien had opened the box, and this guard recognised the bracelet, then he must be the executioner. What to do? Ask him if he knows any of the prisoner's relatives? No way. That would be proof that Mosé had searched the box. The young warder removed the bracelet from Mosé's wrist and looked at it from every angle, as if seeking yet more damning evidence. Kunta Le Gros finally caught up with them:

"What's happening?" Kunta asked, slightly out of breath.

"Sorry," the young warder quickly apologised. "It's not the same bracelet. This one still has all its beads. I'm very sorry."

The young warder turned and left.

"Forgive him," Kunta went on, "Jaman takes his job very seriously."

"Ja-man?" Mosé pronounced the name very softly.

"Sorry?"

"Nothing. I just sighed."

Jaman… Maybe this was just a coincidence. Mosé watched the warder walk away. He was indeed roughly eighteen or nineteen years old. If this young man was the Jaman referred to in the letter, then he had executed his own father. Mosé's eyes slowly turned to the nape of the young warder's neck. It bore a conspicuous black blotch. *The birthmark on your neck?* The question in the letter came back to Mosé. He had done enough already, he thought. A child surely need not know that he has killed his father. Mosé greeted Kunta and left.

Passing through the town on his way home, he saw a seven-year-old child picking a passer-by's pocket. He didn't care. His thoughts were now focused on the paradise of his childhood: soon, the old church would be no more. Where would they, he and Auntie Maryvonne, go? An idea came to his mind. In Cabane, there was land stretching as far as the eye could see. He was sure that they would not be chased away if they went there. He started running. He had a proposal for Auntie Maryvonne.

DEATH NEVER COMES WITH SILENCE

Mbianyor Bill-Erich

For the third night this week, sleep has evaded me. I roll to one side of the bed, my eyes adjusting to the dark room. Outside, an owl hoots in the distance while the night slowly gives way to the break of another dawn. I am thinking so many thoughts. It is the third day since Pa Ajebe died in his sleep. Death never comes with silence so it is no surprise that every mouth has a story to tell. But who really knows what happened? Till this moment, no one has seen the body. A rich man does not just die in his sleep, especially not in this town.

Pa Ajebe is one of the wealthiest men in the town. His villa is the largest in the whole plantation with tall green gates that are always shut, protecting hungry eyes from tormenting themselves with the sight of things they could never own. In his part of town, the streets are impeccably tarred, the water is clear and always running, and the lights never blink. I grew up in the slums across the bridge. There, untidy shacks are clustered together, often holding more people than they can contain. Half-naked children play in stagnant pools of algae-infested water, not caring about the thick yellowish mucus running down their nostrils. There was a time when I lived under the bridge, by the banks of the murky brown river that choked with the filth of the city. Sometimes, we picked pockets to survive. Other times, we would put on a show on the side of the road, either dancing or doing magic tricks we had invented, for whoever had a franc to spare. That was how I met Madam Sonia and Amanda, on the road leading to the farmers' market.

The sun was relentless that morning and my stomach had already started ringing like the church bell when I spotted the little madam licking a cone of ice cream and trudging behind her mother. I came up to her and offered to show her some real magic in exchange for a small price. When she accepted, I took out my rope, covered it with both hands, mumbled a strange patois all the while making swift movements and then when I opened my hands, the rope had disappeared. It was the sound of Amanda's laughter that made her mother turn back and spot us. She stormed back shouting something about talking to strangers, gave me a stern warning before dragging her daughter away.

Over the next month, I strayed along the paths that led to the market hoping to catch the small madam, but she never came. Then one day, as I slept under one of the abandoned sheds of the old market, Madam Sonia came. She asked to see my parents and, when she found out I had none, told me to pick up my belongings and follow her to her home. She said it was for her daughter's own good. Just like that, I was given a free pass into a world that could otherwise never have been mine.

Madam Sonia and her husband had shown me kindness beyond repay and now the old man was no more, killed by a finger that was yet to be seen. The news had sent shock waves, rippling across the estate. Visits to the villa have tripled in the last two days, with mostly people from the higher ranks of society flocking in. Meeting follows meeting in the many large rooms of the villa and hushed whispers fill every corridor. Feet rush about attending to various duties. Then, after what seemed like endless hours of concerting and planning, Madam Sonia calls all the domestic staff to one of the big rooms upstairs for a closed-door meeting. A meeting like this spells bad news for all of us. We stand there, our hearts beating like the drums of the local band, our minds fearing the worst, when Madam Sonia shocks us all with her big announcement.

"A very important guest will be visiting from the big city. The next two days will be full of preparations for the big event that will be hosted in the town hall. Pa will be brought back to life and it will be a little while before the truth is made known for all to see." She says no more eyeing our reactions, amusement splattered on her face.

There would be no funeral. Madam Sonia has wittingly started a fire that she knows will not go out soon. Never before has a man been brought back from the dead, even with the surge in recent times of men of God claiming to have all sorts of powers and holding the keys to doors that do not yet exist. There seems to be no end to the list of things money can buy. Speculations run wild about whom the August guest would be until, finally, the day comes.

B

A cock crows in the distance as the dark veil of clouds lift. So much work is being done with each passing hour. The community hall has been renovated, new zinc sheets have replaced the once porous thatch roofing, and its freshly painted walls are a soft lemon-green glow in the sun. On the hill leading into town, where the weather-beaten notice board once stood, tall iron poles carrying the inscriptions 'Welcome to Manjo' have been placed. The streets have been cleared from the entrance up to where the meeting point stands, and roads that initially bore trenches as large as born-house pots have been filled and smoothened. All the things that crafty elite and crooked politics could not do in many years are being done by the hour. I have been assigned to oversee the final preparations in the town hall.

In the yard at the rear of the compound, a melee of women are attending to various functions with an indescribable cheer. Some chopping fresh eru and bekang leaves, others pound gigantic pots of e'bai boiling atop sawdust pots. It is almost as if a daughter of the house is being married off. The smell of meat steaming and chicken frying a golden brown dominates the air. Some women are already settled in groups, serving juicy gossip from their ready lips like the hot oil sizzling in the frying pans. Others are busy tasting huge chunks of meat while the wiser ones are filling should-in-case bags for their children at home. In front of the mansion, there is a terrace three times the size of the local football stadium where canopies are being set up by young men working noisily. A canopy with the label "uninvited guests" is the last thing that catches my eye as I exit the green gates.

It is about noon when the hall finally shapes up. Plastic chairs have been organised into several well-demarcated rows and, in the centre of the room, a stage has been set up. New ceiling fans spin tirelessly in precise harmony, sending reverberations through the hall. Outside, a rowdy crowd is beginning to form, their anxiety like bolts of lightning in the air. Even the sun has come out to watch. Soon the funeral procession will be making its way to the hall. There is an uneasiness in my belly; the thought of what might happen this afternoon is unsettling. Big houses hold big secrets and this house is no exception.

It is only a little while before the sirens sound in the distance, accompanied by the sound of women singing death choruses. Most of the elite and titled men are already seated in the hall. Amongst them is Mbé Nkematem, spokesman of the local chief, who will not be present today. Outside, the sirens draw closer and with it the rowdy screams of onlookers, bewildered by the fleet of Land Cruisers on display. I picture the scene in my head. As young boys, we always tried to overtake the cars in a self-imposed race, raising as much dust as we could. Sometimes, we mimicked the muscular men, who dressed in black blazers and matching glasses, marched very closely to the hearse on either side. The procession arrives at the venue and, gradually, the cars empty.

Madam Sonia is the most imposing woman in the crowd. She is a head taller than most women, with a huge, masculine frame. Her fair complexion highlights the stunted stubble under her chin. She is wearing a sweeping purple gown, a mixture of lace and asoebi intricately woven together. Despite her stature, she exudes an elegance and grace that none of the local women can measure up to. Beside her mother, Amanda is barely noticeable. For a ten-year-old, she is precocious, with a lean frame, caramel-coloured skin and short black hair. She is wearing a black robe with white polka dots. Four bouncers lift the coffin—which appears to be woven from rare bamboo—and march in a solemn procession to the stage, where they carefully place it. Then, Amanda and her mother take their place on the row nearest to the stage. Feet sweep against the floor as the rest of the invitees scramble for what seats remain. I remain in a corner of the room behind where the family is seated. Amanda throws a glance in my direction but I pretend not to see it.

Before everyone settles down, two white Volkswagen cars station at the entrance and all heads turn in their direction. A young man in his mid-twenties emerges from the first car, carrying a staff in one hand and a Bible in the other. He is dressed in an oversized red boubou and his expression is stern. He is followed by two women who look about the same age as him. In the hands of the first is an empty glass bowl, which reflects a diamond blue in the sun. The second girl is carrying a bottle of water and a folded white cloth. The young man enters the hall and gestures for everybody to stand. Immediately, everybody shoots to their feet. Then the door of the second car opens and a man emerges from it. He appears to be in his late forties, with the wrinkles of age firmly imprinted on his forehead, but his hair is neither greying nor bald. It is a black the colour of soot. He has chosen a white tuxedo with a red tie for the occasion. His watch is made of gold and his shoes are black suede. On the middle finger of his right hand, he wears a big ring with a dark gem encrusted in it. There is an aura around him, only made stronger by the smell of his cologne. He makes his way into the hall, in a slow and ceremonious procession led by his three helpers. The air becomes thick and the silence gathers like rain clouds. He walks straight to the cushion that has been prepared for him—the only seat on the stage—and sits down facing the casket where the body of Pa Ajebe lies. Then the young man gestures again and everybody resumes sitting.

Madam Sonia moves to the foot of the stage and a mic is handed over to her.

"Brothers and sisters, the day has come. Three days ago, my husband, a prestigious son of this community, slept and never woke up. You all heard the news and together we have been mourning our loss. He was a good man and he still had a lot to live for, a lot to do for this community. Does the Bible not say in the book of Psalms that the good man shall live long and inherit the land? Was it not Jesus himself who said in the book of Mathew that the man who asks will receive? Therefore we have asked the Lord to do what only He can. Here before us today is one who fellowships directly with the Lord. A holy man, a hand of the Most High, and he is the man chosen to do this wonder before our very eyes." She says the last part emphatically, pauses for a short while, then continues:

"As it was for Lazarus, so shall it be for our beloved pa. Then the truth shall be revealed because it is only the truth that can set you free."

She hands the mic to the male helper and takes her place by her daughter.

The chap then mounts the stage with the device, bows face to the ground before the prophet and hands it over to him. The prophet orders the boy up, whispers something in his ear before taking the device. The boy quickly nods then speeds out of the hall. The air resonates with the same strange essence as the man of God rises from his seat.

"Children of Manjo, we are here under very grave circumstances! The kind of matter the Lord does not take lightly!" the man of God's voice is commanding as it echoes through the packed hall.

"In the book of John, the Bible tells us of a man named Lazarus, a wretched fellow who was a friend of the Lord. One day, this poor man fell sick and died, but his family called on the Lord, and he was brought back to life. Hallelujah!"

The 'amen' that follows rocks the four walls of the overcrowded hall before dying out.

"We are gathered here today because something similar is upon us. Only this time, it is the life of a wealthy man that has been cut short by evildoers."

"Oh! People are wicked o!" the woman beside me whispers to her neighbour.

"Have we not heard that it is written, 'Thou shall not kill'? And if the Lord could raise poor Lazarus from the dead, how then will He not answer the prayers of His worthy son? But, first, we must expose the devil who has taken root in one of you."

"Drive-am go oh, papa!" another woman screams from somewhere in the crowd.

The man of God raises his hand and heavy silence descends on the auditorium. "Let us, first, give the sinner one last chance to come out and confess his misdeed before the family of Pa Ajebe. If not, the justice of the Lord shall thunder down from above."

As he says this, the sun slowly recedes, replaced by grey clouds that cast an eerie dullness over the place where the hall stands. I watch as Amanda fidgets in her chair, then turns back and looks in my direction a second time.

"Wonders shall never end!" people exclaim as heads turn in either direction, expecting the culprit to step up. In the row by the main entrance, an elderly man in a red cap adorned with a black feather stands up.

"I always knew Pa Moses was a fetishist," I hear Madam Sonia say to no one in particular. "All his holy-holy is just a mask." But the man slowly makes his way out through a side door even before she finishes, leaving her with the taste of shame on her tongue.

Five minutes wind down before the prophet's voice is heard again. "If the devil will not take a chance at honour then he must be dragged out publicly for everyone to see." With his index finger, he beckons on the female helper with the glass bowl to come forward. She places the bowl at the feet of the prophet on the podium and pours some water in it. He then draws a circle in the air, utters a few words in some strange tongues and the bowl begins to tremble from where it has been stationed. The movements are very slow at first and barely visible, then they begin to pick up speed. Anarchy descends on the hall as everybody scrambles to see the moving bowl, with those at the back mounting on anything they can find.

After a short while, the bowl's gyrations cease and the people stubbornly regain their seats. The man of God intones a familiar chorus.

"Power pass power, power pass power, power pass power, na Jesus be power!"

The people sing along half-heartedly, watching him as he starts to descend the stage. His eyes scan the four corners of the crowded hall. At this point, the male helper comes back into the hall sweating and joins the other two female helpers where they are seated. He nods at the man of God as he walks past. All eyes are now fixed on the man of God who is walking through the aisles between the columns of chairs. He stops in front of Madam Sonia.

"Light and darkness must never mix. The devil must not abide in the abode of the children of God." His voice booms on the speakers.

"The devil is here, sitting right in this very row."

People cast scrutinising glances at each other as if a symbol has been branded on the forehead of the guilty party. Madam Sonia holds her daughter in a tight side hug as if to shield her from some unseen presence. The smell of the prophet's cologne gets stronger as he comes closer to where I am standing. My head is bowed and my heart is racing in my chest. When I lift up my head, my eyes meet an unfamiliar pair. The man of God is standing in front of me, hovering like a hawk over lost chicks, the look of death on his face. I stagger backwards a little as I feel the firm grasp of the prophet on my wrist. I feel the cold tinge of his ring on my skin and he whispers something in a strange language as he leads me to the stage, causing an uproar.

"Jesus on a bicycle! Benji! You?" I hear the quiver in Madam Sonia's voice.

"What is the world becoming?" an older man says as we make our way to the podium. "Hmmm, children of nowadays. You feed a child with a spoon and he bites your arm off."

The man of God holds a hand in the air and the rowdiness dissipates. I try to speak but I can muster no words. The air balls in my chest, suffocating me. This must be a dream, I think, but the prophet's voice is real.

"Speak up young man, what have you to do with the death of Pa Ajebe?"

Something begins to happen inside of me. My head twirls slightly and my feet tremble underneath me. My mind is beginning to go into sleep and everywhere around me is dark. I feel a cold wave washing over me, flowing into every fibre of my being, and I feel trapped in a body that is not mine. Then my mouth opens and someone speaks but it is not me.

"Yes, I did it," the voice says. "I killed Pa Ajebe. He was an evil man."

On hearing this, Madam Sonia lurches forward and, in no time, her big hands grab my collar, strangling what little air there is left in my throat. Curses are oozing out of her mouth. An elderly man rushes to the scene and tries to pull her away but her grip is strong. She frees one hand, which she uses to hardwire solid slaps on my head. More people come and, with some effort, manage to tear her away, but not before she scratches my face with her nails.

"You better start talking before I descend on you properly," she says. "You people should leave me to teach this ungrateful idiot a lesson he will never forget!" she spits at the three men restraining her.

The man of God orders everyone to regain their seat. I am left standing there at the foot of the stage for everyone to see, sweat oozing out of me and shame written all over my face. Reality hits me. In front of me is the casket containing the body of the man whose murder I just confessed to. My head is pounding, there's a sharp sting on my cheeks, and my neck is sore. Tears fill my eyes.

Behind me, the prophet's voice sounds like a distant dream. "Young man, tell us the whole truth so that we can begin to restore Pa's wandering spirit back to his body in the realm of the living."

I fight the tears. I know nothing of spirits or realms, but who am I against the voice of this man of God or the clout of Madam Ajebe? There are other truths that I know, secrets entrusted to me, errors that must never be spoken of. My life flashes like a film before my eyes. I think of Marem, and my unborn child, of the money stored under my bed. I think of death but there are no words.

"Speak up nah, Benji," the voice of a man interjects. "Or do you prefer that we beat it out of you?"

"He refuses to speak," the man of God says. "Then the Lord will show it to us. After all, can anything be hidden from the Lord? Before Him, even the darkness is light." Then he begins to speak in tongues, pacing up and down as he does. His helpers follow suit and I watch, the tears blinding my eyes.

"Prrraiiiiisssssee the Lord!" he rings out.

"Hallelujah," the people choir in.

"The earth is the Lord's and its fullness thereof. What can be hidden from Him? Where can one hide his transgressions? What secret can be hidden from the face of the Almighty?" he turns his head in every direction and finally settles on the row where Sonia and her daughter are seated. The crowd is silent. Nobody answers as if they fear that their own skeletons will be made bare.

The man of God chooses another song to fill in the silence. It is a song I am all too familiar with. On another day, my lips will chew words to sing to the tune, but today this song is just another thorn in the crown that already rests on my head. Which man, faced with death, chooses to sing a song? The familiar voice of the prophet breaks the singing again.

"Turn around, you son of iniquity, and see the Lord undo this evil you have done before your very eyes!"

I obey the instructions promptly like I have done for most of my life. Having my back facing the crowd is a better shield from the accusing glances cast in my direction and the many whispers going from one mouth into another ear in an endless cycle. The prophet gestures and, this time, the second female helper carrying the white cloth comes forth with it and bows face to the floor before him. He takes the cloth from her outstretched hand before she regains the full length of her body.

"Today, people of Manjo, you will see the mighty power of the Lord! For the Holy One who sits on the throne is here amongst us. He who is able to give life to dry bones is here. Holy!" He pauses, lifts his head and stares into the distance, his sight seemingly set on realms far beyond where our ordinary eyes can perceive. The silence in the hall is crystallising into many amorphous forms. Abruptly, he snaps out of his trance, his lips upturned in a wide grin. He walks in short, sure strides to where the casket is and, unassisted, lifts the roof off the box. There is an uproar as women and children scream, clutching each other for buttress.

There, on the lone stage in the centre of the community hall, at the heart of Manjo community, lies the body of Pa Ajebe, bared for all to see. The prophet does not spare a second further. Almost immediately, he unfolds the white cloth and begins to spread it over the body of the deceased. There is something a little out of place. Dead as he is purported to be, Pa's body is unscathed. His face, the colour of life itself, as if death had never come. A thought begins to cradle in my mind, a silent hope that contends with the stillness of the body that now rests under the white linen cloth.

"Wait!" my voice cuts through the rowdiness in the hall like a blade cutting through steel. Slowly, the many indistinct sounds in the hall die out and the silence is once again heavy. For a moment, I am unsure how to proceed. Then I feel my feet moving me up the stairs that lead to the stage, where the prophet stands frozen, his face pale and his eyes wide; a look of bewilderment.

SANE SUNDAYS

Barah Mariette

Where the sun is brightest, where all the main roads in Kimboh meet, the man sits and glares into thin air. The Harmattan breeze has come with great gifts: pieces of papers flying about in dust like confetti at a wedding. The man pulls close beneath him some of the dirt from the nearby heap, making good a cushion and says, "This here is my territory, here I am king." His laughter can be heard all across the village. Every passer-by stares, most of them crinkle their nose as they walk by. All he sees is their tinted minds full of wickedness and hypocrisy. As he perceives the rusty metallic tang of their whispers, a ball of gob forms in his throat. He stands up to spit, but with a change of mind, decides to continue the song in his head. There is a melody for each day. Today the song is 'Agatha'. The walk to Agatha's house takes him across Kimboh, down towards the road leading to the Mbveh market—the main market. He looks at all the buildings and decides that Agatha's house is the tallest building, the one with several windows. Agatha is his lone sister and he had always thought that if money were a person then it would look like Agatha; plump and fresh like well-watered lettuce. She was in charge of all of his needs: clothes, shoes, and food. He never forgot the road to Agatha's house.

The man's name is Edwin Amoben; they call him Amor. Some call him 'Father' and he dances to the sound of it. This Sunday, like most Sundays, he finds himself at St Martin's Church, located a few kilometres from the main village square of Kimboh. It has a green, corrugated iron gate, with little flowers that line the rocky pavement. Accompanying it is the pastoral house and church hall. Amoben sits on the plank bench very close to the choir and, when they are about to sing the second verse of hymn 107, with a tap of his feet and eyes almost closed, his tenor is loud and clear:

All you who thirst come unto me,
Come have some wine for free,
Hunger and thirst shall pass away,
Come unto your God.

On Sundays, St Martin's Church is usually packed full of people, their heads looking up to heaven as though waiting for God. From where Amoben is seated, he can see most people, especially Pah Lucas' shiny, bald head. With a bright smile on his face, he turns to the boy seated next to him and says, "My troubles are as unending as this church."

The people of Kimboh value Sundays—it is a day of communion, a day when smiles are given freely, reconciliations are spread generously, and every special food gulped carefully; the palm wine tastes better then. Sunday is Amoben's favourite day, not just because of his attachment to God as a former seminarian, but because he believes there is something wonderful about going to church, being in a space of several people who have come to cleanse their souls just for that day. For those like him who have never missed a Sunday Mass in their lives, it is a shatter-proof habit. Sunday is his lucky day. On Sundays, the wind blows differently, the sun shines toothlessly, and if it rains, it comes in gush after gush of blessing. On Sundays, the voices in his head go elsewhere. Sunday was the day it began, the day he was certain it was going to end.

Amoben walks down the winding dirt path leading to the river, kicking every pebble in sight. Tall eucalyptus trees flank both sides of the path, giving off a fresh minty scent that is slightly choking. He plucks a branch, places it in his mouth and starts chewing.

I should clean my teeth before going to the white man's land, he thinks. *Could this river lead me to that place where my son is? That place where rays of Njobati's smiles warm my heart. There is no place so far I cannot go to, not even the white man's land. My legs are strong enough. One, two, three… twenty, yes I have to cross twenty rivers to get there. I must see them.*

He is about to cross the second river when a form takes shape before him. The wind suddenly stands still sweeping gently across his unclad body parts; he has forgotten some of his clothes at the village square. He sways on one foot, and looks again; there is his baby crawling slowly over the shaky, slightly broken bridge, with a smile revealing his first budding tooth. He scurries towards Baby and then stops in his tracks thinking: *My baby should be left to play; my baby should be free and strong like me.* Amor further takes long steps towards the baby, but before he gets there, he sees Njobati. She pulls the baby to herself and screams, "Don't touch my baby, go and get your clothes."

Ignoring them, he squats on the wet rock by the river and says, "I was supposed to be a priest and share Holy Communion to all the villagers." Little droplets of tears slide down his cheeks.

B

Just one more year left to be ordained a priest, Amoben had to do some community work. He decided to teach in a community school. What better place than his home, Kimboh? He loved how the beautiful hills stood tall and mighty, almost as if to protect the land. How every quarter seemed to be on a hill, making it seem one was either always climbing or descending. A land of extreme weather; the dust stuck to everything and everyone during the dry season, and the rain, with its mud, held one captive during the rainy season. Time appeared to wind down slowly in Kimboh. It was a village of curious people, so closely linked you could hear clear statements like:

"Did you hear that Pah Pius didn't return to his house last night?"

"Yes, I hear he has kept another woman at Mbveh."

The conversation would go on and on about different random topics.

He was glad to be once more reunited with people so kind and welcoming, who always speculated that taking a vow of chastity and poverty, wearing white robes, could make one 'special'. He could already smell the fruity juices of the experience he would have while serving his community.

The community school lay at the top of the hill. It was made up of several classes that formed an L-shape. At the centre of the school was its bell; a large iron suspended on a stump. It was sufficient for a stone to be hit on the bell, to call the attention of the students. The school was surrounded by vast fields that needed to be grazed on. It was a school so scarcely populated you could meet everyone—

students and staff—at least once a day. Amoben had chosen to help the students with mathematics and religious studies.

The day they met, he had been sitting in front of the staff room, revising, when Njobati and her friend approached. He didn't recall who the other student was, her name, or even their entire conversation. All he remembered was Njobati; how her eyes had squinted as she smiled.

Njobati Miriam lived a few metres from the Kimboh hospital found at the rear end of the village. They called their house 'German House' for it had very strong white walls with pillars made of black concrete stones. The several glass windows and large smooth tiles gave it a delicate and foreign feel. Her father was a stout, dark man who rarely smiled; her mother always had a careless look about her, almost as if all she thought about was her expensive jewellery and beautiful hair. They were staunch Catholic Christians, didn't miss a Mass; everyone knew the seat on the third row of the second column was theirs. The Christians of St. Martin's Church of Kimboh had permanent seats in the church such that they could identify a stranger from where he was seated.

Njobati had always been a great student, but not a good mathematics student. It bothered her so. She had such fire in her eyes that burned everything that resisted her gentle grace. Her skin always some hue of brown that made her look like she had just taken a bath.

She needed help in mathematics. It appeared she had a greater course to follow; one could tell she was meant for great things. Amoben had seen her struggle and struggle with figures. He decided to have extra classes every Tuesday and Saturday after school. Sometimes the other troubled mathematics students hadn't shown up, but she was relentless. When class was over, she had walked home with him, carrying his bag to his little hut. An unfamiliar attraction had sprouted that had taken him unawares; made him restless then gave him peace.

ℬ

Amoben is seated in the front row of the St. Martin's Church. His fingers move in little successions slowly savouring the feel of every bead of the Holy Rosary. These tiny white beads have been with him for a while now. It had taken him so long to save for that precious piece; Rev Fr Romanus had brought it straight from Rome. He stops touching the beads to focus; his best moment is here, the purifying moment. The scent of the incense fills his spirit, and even though everyone is seated, he stands up, raising his hands, and says aloud, along with the priest:

"Take this, all of you, and eat from it. This is my body, which will be given up to you. Do this in memory of me."

He adds a "cling-cling-cling" to accompany the usual bells rung during the consecration.

When Mass ends, he marches rapidly towards the village square. Just then, he realises his brownish-white shirt needs ironing, his half trousers need buttoning, and yet again, one of his shoes is not with him. He is about to sit under the electric pole, but changes his mind. He moves and sits next to the ancient carving of a 'lost' fon; it appears he is in dire need of company—that of a great person. Since it is Sunday, the pictures rush freely to his mind; he is there again at that moment.

ℬ

The aura between them was always made of crackles of electric things; taut strings that could make new symphonies each time they touched. Every touch brought different waves of shivers all over his body, shivers he couldn't shake off, not even with the strongest novena. That day, the weather had been icy and unsmiling. All the years of growing up in Kimboh hadn't prepared him for that kind of influenza. He lay there shivering, unable to go to school. Njo had shown up at his hut. She was wearing a pale-blue T-shirt that gently clung to her. That sight haunted his thoughts and dreams. She came the day after, and the day after that, to help him take his medication. That day she was seated at the edge of the bed to help him eat. He shifted closer, thinking if she moved away it would be his cue not to go on. She didn't, she sat there unmoving, and when their lips met, he could tell her whole being trembled too. Their faces became all at once the same face. A face that had not existed until then: the pure, trembling face of desire. The kiss had remained with him, lingering on his lips like freshly tapped palm wine. Each time hadn't been enough, so he tasted of that wine each time moving a step further…

That Sunday morning, after he'd returned to the seminary, he opened the letter he had kept for days and stared at the words, his heart somersaulted and did a hundred loops. He stared at the words again, tilted the paper slightly towards the light; maybe he was seeing it wrongly, maybe the light rays hadn't touched all the words. It was a sunny day, and even though the sun danced about like a madwoman, touching everything in sight, he shivered.

Dear Amor,

I hope you are fine. Have you forgotten about me? I have been praying for forgiveness just like you asked me to. Last night I even prayed thirty Hail Marys, though I can't find my rosary. The new Maths teacher is very cruel; he gave me a zero in his test. He talks too fast, and when we complain, he quickly wipes the board. Everyone in class keeps wondering if you will come to revise with us before the final exams.

There is something I must tell you: I haven't been well. Most mornings, my temperature goes up very high. I have been sleeping a lot, especially during classes. Everyone is complaining, even mummy. The other day, I burnt a whole pot of meat, because of sleep. I even threw up all my stomach's contents in the toilet pot—thank God no one was around. I thought it was just malaria, until I missed my period. I am in trouble. My parents will kill me when they find out. Come back fast, I need help.

Yours faithfully,
Njobati.

That letter robbed Amoben of sleep; food was just a nuisance he couldn't afford to think of. It was on his mind all day and all night. He dared not talk to anyone else about it; guilt was his new necklace, every time becoming smaller, tighter. He'd become an embodiment of betrayal to God. God who had called him, trusted him. He'd placed Njobati and his unborn baby in a challenging predicament. Days passed. The news didn't leave him. It loomed over him, darkening his days, rendering him hopeless. Prayer became a far cry. Would He listen? Amoben was his own god now, a god that made mistakes, a lost god. One who had to take responsibility for his actions.

He packed his luggage and left the seminary. No one knew if he would return. He wasn't sure either. They wouldn't let him see her. He couldn't be with her while she struggled alone; the body changes, the food cravings. He couldn't hold her in his arms and ask her to count on him. Her father threatened to lock Amoben up; the only thing that stopped him was his great respect for the church.

He willed himself to stay away from her but couldn't. He went to church those days to see if she was there, to be in that presence that calmed his stormy soul, to look squarely at people who now whispered when he walked by. The courageous ones mostly asked:

"Father, when are you going back to the seminary so that I can fry garri for you to take along?"

"Soon," he always replied.

So they kept whispering because he didn't go away.

Several months ran by. Sometimes tiptoeing, making no sound, as he gobbled the several loaves of fufu corn his mother usually cooked. Sometimes, the days flew and flew like birds right up in the sky that never perched.

It was a lazy morning for him. He'd stayed in his little hut silently, brooding and nodding. He heard a knock at his door, one which he ignored. He wasn't expecting anyone that day. Since the knock persisted, he opened to find a little boy who handed him a little piece of paper. "Aunty said I should give this to you," he said.

Dear Fr Amoben,

This note is going to be the last you receive from me for I am going away, far away. My parents don't want disgrace. We are going away. We must leave for France as soon as possible; I will be going to the nunnery. When Dad suggested this, I thought it a good idea; I get to look after the baby while he is in the orphanage. I get to atone for my sins. Don't look for us, it won't do you any good. And don't you go around telling people about the baby; it won't be good for my family, the church and for you.

Best regards.

He read this several times, each word like a spear stuck further down his heart, stealing his words. For several months, he stared wide-eyed ahead, always holding on to his lone source of strength—silence. Not even Agatha was able to disentangle the words from his head.

B

The morning Amoben starts talking, the sky throws up without warning. He leaves the church and then thinks to himself, *This church place is stuffy oh. Why do they try to tell me about God? I know who God is. I have seen Him somewhere in her eyes, when she stared at me. I see Him in the air as these little particles fly about, pushing against each other.* He has not prayed for a while now; the words just don't come out. This day they come out in screams at the village square, at the top of his voice.

He yells.

"Njobati!"

"Calamai!" (He had given his baby a name as a father should).

"Nyuy Ta-ta!"

Onlookers glare in amazement. Why involve God?

He wakes up the next day in his hut, his entire body saturated with sweat, enough to fill a well. Chains bind his wrists and ankles. He wonders, *Who is trying to restrain me and why? What wrong have I done? I just want to see my son and Njobati.* He turns around his room but can't recognise the air, which is so acrid his eyes sting with unshed tears. Everything reeks of urine, hot sweat, and something else. The two main holes on the floor of his room smile and he can hear them saying, *Welcome back.* One can tell they have been there for a long time, like an old, untended wound. A strong wind blows in gently, and with it comes a compelling feeling that makes him wonder if he is asleep or fully awake. There is movement around his chair. When he turns to check, he sees her seated on the lone rocking chair—Njobati, with baby Calamai. He tries to break the chains but they continuously cling to him. He struggles to no avail. Seeing him struggle, she moves towards him and, using her little finger, sets him free.

"Get some rest; you have been struggling for long now," she says. "When you get up, you are going back to the seminary."

Amoben lies down and closes his eyes. Great slumber consumes him. He wakes up with one resolve.

"Come, let's go to the village square; everyone must see my son," he says as he holds his son in his arms.

This blissful moment can make eternity a day—the hours, minutes, and seconds slowly ticking. If God is love and love is God, then Njobati and Calamai were gods, his gods; those he constantly sought for and worshipped. To him, life has been a string burning at both ends, never quite reaching the centre. So he waits and waits till the heat of the flame overwhelms him.

THE CITY IN DISTRESS

Nelson Kamkuimo

Translated from the French by
Zih James Kum

I sit at the junction; an invisible witness.
On the throne of the forgotten, by the roadside,
In the void that haunts new shores,
In the chaos of lonely nights,
I resist the footsteps of passers-by.
— Nelson Kamkuimo

I still remember it, like a first kiss… How can I ever forget the first moment of my life? It all started with a dream. I saw the city in distress, and I made up my mind to come to its rescue. I followed a narrow path littered with obstacles that grew in number as I went along, as if to prevent me from experiencing real life and living it.

A feeling of heat woke me from sleep. The sun was blazing as if it had been unhooked from the firmament and placed on my skin. It was really unbearable. Its light intensified within me and I shone like a diamond. This communion continued and, gradually, the tumult dulled my mind. Through a thick cloud, I perceived banknotes flying around me. A fragile hand took me out of the sun and placed me at the other end of the table. I immediately lost my luminescence. Looking around, despite the dazzling clarity of the room, I could see the shadow that controlled my movements, there behind the table. I had trouble clearly identifying the person's face because of the brighter shimmering of their armchair.

The shadow stood up, grabbed me and left the room. At the doorway, I vanished briefly, then reappeared on a red silk cloth laid between mud walls, amid a muddle of old objects. Close to me, there were four red candles burning, and a few white cowries. A strong smell of incense hung in the air. My companion knelt there, bare-chested, eyes closed, his face now more discernible. There was something shrivelled about him. He took a deep breath, before opening his eyes in a sudden jolt that seemed to bring him back to earth. He immediately blew out the candles and the room darkened before my amazed eyes. He grabbed me firmly, stood up and walked out with his back to the door, threading his way through this mess of litter. We walked along a narrow corridor in deafening silence. Outside, he looked at the waxing moon, raised me towards heaven and declared loudly,

"I summon you, Miklash, goddess of prosperity, come and enter my house!"

Dawn was starting its final sprint. Lightening rent the sky. A red glow tinged the horizon, then vanished. He burst out laughing and his cackle blended in with the sounds of daybreak. I watched him. Thousands of questions were going through my mind. Who was this man? How did we end up together? Who was this goddess and why was I the scapegoat? I couldn't find an answer, no matter how hard I tried. The man carried me to the bottom of a mango tree next to his hut, the front of which was lopsided but still standing, held up by two pillars almost eaten away by termites. As he laid me down, I wondered why he would want to change the life of a being known to be tough—not of its own will, but because the Most High had created it so. The man had changed my life, but not enough to make me proud, for nothing had really changed—I still couldn't move about on my own. Every one of my movements was of his making. I lay in the shade of the mango tree for two days and began to think he had abandoned me.

When he returned, he picked me up and gazed at me, as a mother would the fruit of her womb. He put me in his jeans pocket, but I still couldn't understand why he had dared defy God. Had it been out of concern for my lethargy, after watching me in the street for a while? No! He would also have changed the fates of all my kind, and they too would have started pondering life. Why bother? The man wasn't even thinking about it. Maybe he wasn't powerful enough to complete the purpose that was ours. He had breathed life into me. As for my consciousness, I had had to snatch it in a struggle, but was this enough to make my mark in the world? I lacked the suppleness of a bird or the agility of a monkey to clear away the stumbling blocks on the path to our happiness.

Boredom gnawed away at me as I sat in his trouser pocket. I pondered my past life, which had been so different. Once, I was a small piece of gravel lying freely on the roadside. At nightfall, I remained there. I didn't dream, I didn't think, I felt no remorse or indeed anything at all. By day, when the sun blazed with all its force, I needed no refuge to shield my misshapen body from its gnawing. As for the rain, it slid off me with no effect. Little children were my friends; they enjoyed kicking me about on their way to school. I hardly complained; I was aware of nothing. I led a humble life, or, as philosophers would say, I merely existed. The seasons came and went but I remained indifferent.

Then, I had come to life. I had to deal with its difficulties, fighting a battle from which nature had hitherto spared me. With my awakening, I acquired senses to discover the world. The sounds people made became a panacea for me. We lived in Obili, a rough area of the city. When my oppressor and I were at home with his small family, or when we walked through the streets dotted with rubbish heaps, or when we were at his second-hand goods shop, I would listen to their conversations laden with lies and hypocrisy. I listened attentively to what my oppressor would say when we were alone; he would take me out and hold me in his palm, then whisper in a very excited tone: "My treasure! May everything go well and may I become wealthy!" His hopefulness always shocked me. Anyone in my shoes would surely have wondered whether they were worthy of his expectations. To keep my cool, I would tell myself, "It all started while I was a thing devoid of consciousness!"

A month after I came to life, I observed the world and found it dreary. However, I imagined that it would have been fascinating if something different had happened to me. One morning, my jailer woke up at dawn and felt his pocket as if he had dreamt of me escaping. His wife and two children were sleeping on their mess of a bed just beside him. From his other pocket, he took out a piece of folded cement paper containing some powder. He unrolled it and blew some of it over his wife and children. She coughed, turned over and went back to sleep immediately. The children didn't stir. My oppressor left that bedroom and carried me to the other bedroom, which was very messy. He cleared a space in the middle of some old objects and laid out a number of items, recreating a scene that looked strangely familiar. I was on a red rectangular piece of fabric, lit candles positioned at each corner of the fabric. The smell of incense penetrated my soul. He knelt down, closed his eyes and concentrated on himself. He made incantations of which I remembered only a sentence he recited with zeal: "Door of prosperity, I command you to open now!"

A water bubble spurted out from the top of the candle. An open door appeared within the water bubble. The oppressor placed his hand on my back and we found ourselves in front of the door. When I crossed the threshold under his guidance, I was greeted by a heavenly atmosphere: the radiant sun shone its rays on a golden table. My companion sat down and placed me in the middle of the table. The sun shot its rays at my heart, filling me with its light. I had the impression that I had been through this before. Immediately, banknotes started pouring out of me, covering the table. In a jubilant mood, my oppressor arranged them into bundles. He filled up his bag and got up, still holding me tightly. He went back to the starting point and repeated all those rituals that had remained engraved in my mind from that very first day. When he had extinguished the candles and the fire on the incense, he went back into the first room and blew the powder again. Ten minutes after his departure, his wife jumped up from sleep and woke her children up. She was surprised to have slept until eight o'clock in the morning.

In the evening, my oppressor called his wife, Marguerite, and informed her of his plans for the future. He told her that he would soon stop going to the second-hand goods shop, in order to devote himself to the soap-selling company that a friend of his had recommended. After so many years of suffering, did he not deserve to enjoy the pleasure of driving a car, owning land and houses in the four corners of the city, before leaving this earth? For his wife, it was nice to dream, but realising a dream required means. When her husband came back the next day in a big Mercedes, she couldn't believe her eyes.

Three days later, the family left Obili by car. For about fifteen minutes, there was no traffic jam. It was as if we were in another country. Suddenly, the stench of rubbish heaps and the potholes were replaced by the aromas wafting from luxurious restaurants, pizzerias and fast-food restaurants strewn between the high fences of embassies and magnificent residences, hotel walls, cabarets, nightclubs, ready-to-wear fashion shops, and supermarkets, that lined both sides of the road. This was Bastos. I had heard a lot about it—both kids too, no doubt. They played at trying to read the signs as we drove past. My master took us to a furnished apartment a few metres from the junction. It was a luxurious duplex adjacent to PKC, one of Bastos' fitness and relaxation clubs, and that's where we were going to live.

The cost of living in Bastos was high, but our neighbourhood was very calm. The people here had strange mentalities. Each family lived their lives in privacy inside big fences. Marguerite, who was used to spending hours laughing and joking with her neighbours, seemed embarrassed by the attitude of her new neighbours. Her husband, so concerned about his new business, paid no particular attention to that. Whenever they were having a meal, all he would talk about was more property, a new plot of land, a taxi or lorry acquired then leased out. “All of Yaounde will be ours in ten years at most,” he said with a laugh. Marguerite didn’t even smile. She stopped chewing her food, as if lost in thought. Her sad face showed indescribable anguish that had been haunting her for days. When the servant had left and the children were in bed, her husband asked why she was worried.

“Where did we get all this fortune from all of a sudden?” she asked.

“Are you suspecting me of anything? Just tell me.”

“I’m afraid…”

“You have nothing to be afraid of, Maggi. Didn’t you want us to be rich?”

“Of course, I wanted us to be rich. But not…”

“Just be happy the sun is shining on us today. Tomorrow, it may turn its back on us.”

While Marguerite was still reluctant to accept their new way of life, her husband had quickly adapted to it. It is true that he had always had a knack for business, but the fact remained that this was on a whole other level. As proof, business newspapers, podcasts and magazines were already interested in his life. They often profiled him, dressed in the white boubous that he usually brought back from Senegal. His photos were accompanied by a few lines of interviews in which he was very brief. He had already been established as a major competitor for some and as a key partner for others in this very complex world of business. Those who had preferred to swallow their pride would visit him at work at his company in Nlongkak on weekdays, and pay him courtesy visits at his residence on Sunday afternoons. They would sit on the terrace, enjoying achu and chatting while sipping some Châteaux Margaux.

Our red gate already had a sign saying, 'Warning! Wild dog on duty', just like the surrounding residences. It did not take long for Médor to demonstrate that he was a high-class dog. He had grown overweight within a very short period of time. Who could compare him to the scruffy dogs hopelessly roaming the streets of Yaounde, quarrelling in rubbish heaps with flies, or often being run over by motorcycles? Yet, he lacked that one thing that was characteristic of ordinary dogs: freedom. Just like me, Médor would squirm in his jail all day long. He only got to enjoy his freedom at night, when he was released to play his role as a night guard. First thing on Sunday mornings, once freed from his kennel, he would become slave to a heavy chain tied around his neck. The caretaker would give him a bath, followed by his meat and milk infused with some Lion d'or. My master would go for physical exercise with him at PKC, and finally come back to throw him into his kennel.

As the days went by, I closed my eyes to my captivity. In my moments of contemplation, I meditated: "Why did God refuse to breathe life into the depths of stones? The world would be a better place and human beings would suffer less. Stones would probably have been bored, but they would also have gladly offered themselves as candles to light up the world. Human beings would likely still have been ungrateful, but it doesn't matter!" My master, on his part, had started treating me in a friendlier manner ever since his standard of living had changed. If he knew I could hear him, he would certainly have sung praises to me. Nevertheless, when we were together, he would gaze at me lovingly. I felt that he wanted to justify his possessiveness towards me. I wished to treat him with indulgence but couldn't. A supernatural force seemed to incite me to revolt. My thoughts had now become restless, as if I were possessed by a demon. My master, on the other hand, was in his own fantasy world.

His first worries arose the day we set out for our seventh secret trip beneath the sky of our new house. The starting point was located in a room on the first floor. The room was so spacious that it allowed the smell of incense to dissipate as soon as the fire was extinguished. My master entered the room that morning and closed the door. After all the rituals and incantations, it took a long time for the flight to take place. He ordered again, "Door of prosperity, I command you to open now!" as if he thought he had articulated wrongly the first time. My master did not see the golden door open, or the water bubble spurt out. He remained on his knees, and I on the silk cloth in front of him. Instead of looking at the candle where the salutary water bubble would appear, he stared at me. His gaze, filled with both stupor and disappointment, worried me. There was probably one last secret that I knew nothing about. I was sheepish and did not comprehend why the supernatural force that was formerly acting in me had decided to abandon me, putting me through this ordeal. Was it because I was more concerned than ever before about my captivity? I had to calm down and let things happen as they used to.

"What's going on?" he asked authoritatively.

"What is the date of today?" I replied instantly.

He jumped in fear as if my voice had pulled him out of a dream. He lowered his head and turned his back on me. The wind blew. A candle fell down and was extinguished, followed by the second, the third and finally the fourth. The room darkened and my voice resounded like a drum, sending back an echo that set him trembling. I could hear him jerking all over the place, screaming as if the shaking walls were going to collapse on him.

"What was our contract?" I asked him.

"I have not forgotten it, my goddess."

"And do you think that's sufficient? For almost a year that I have been filling you with happiness, you have never cared about me in return. What do you think I eat? What do you think I drink?"

He turned towards the exit and took off. I didn't understand the madness that had come over me at that moment. He too had been fooled by this madness. I wanted to hold him back and tell him I was sorry. I tried to scream, "Mathias! Mathias!" My voice was no longer audible. Those words resonated rather within the confines of my thoughts, and my intention remained therein. Left to myself in the room upstairs, on the silk cloth, I fluttered between dream and reality, unable to find my reference point. Half an hour later, the door suddenly opened. My master entered, dragging the body of a woman who was bleeding heavily. He laid her down on the floor, lit the candles again, knelt down and called out:

"Miklash, goddess of prosperity, as promised, this is your sacrifice. Accept it willingly and let the golden door be reopened to me."

"I am not a goddess, and I have never demanded human sacrifice!"

He did not hear my objection. It hadn't even crossed my lips when smoke suddenly emanated from my body, followed by a burst of laughter. I turned into a warthog, walked towards the sacrifice and devoured it without restraint. This warthog did not look up until it had licked the last drop of blood. When it was done, it transformed back into the small stone that I was. The transition had been so brief that I did not feel it. I looked around in horror. When I looked at my body again, I could hardly believe that it had gone back to its normal shape. The film of my life up until then—ever since the day I woke up on a golden table flooded with sunshine—began to spool through my mind. Many of the questions I'd asked myself in the past were answered. I couldn't get rid of the image of the warthog for months. When I thought about it, I regretted being simply a stone meant to cross the path of fools whom God had inadvertently loved, to the detriment of stones. I would have preferred to remain in ignorance of the horrors that filled the city in distress.

I sunk deeper into regret when I didn't see Maggi again in the days that followed. The children grew sadder and sadder, and my master told them that she had gone on a long journey. The housekeeper deserted the house a few days after her boss' mysterious disappearance. However, the sons' wait was very brief; they were sent to join their mother in the same way five months later. Then came the turn of the caretaker, a very promising young man. His death saddened me more than anything else. My master now targeted SOCAMA executives. He would promote them day after day. The closer they were propelled towards the top, the nearer they were to their downfall, and they would soon end up cracking like bamboos, and falling into the traps of the small stone also playing the role of a warthog. Each time, the same worries haunted me: "Where was my own place in a life in which I had unintentionally found myself? If I could no longer rejoice in being a protective stone, what was the use of this damned breath of life to me? If I couldn't move with the virtuosity of a river, how then could I create weapons to make a difference?

From that moment on, I abhorred my master as well as his entire race. My only dream was to live differently. I just wished to depart like the wind, with neither conviction nor direction. Besides, I had every reason to have a new dream outside the walls of this prison. Who could bear the piercing screams of children? The rattling of dishes and forks in the middle of the night? The babbling of the TV that no longer waited for my master's order to turn on? The squeaking of chairs? The rubbing of footsteps against the marble between the house's different compartments? The splashing of water from the showerhead, which crashed on the bathroom tiles in a singsong manner? Even Médor in the courtyard felt threatened and barked. My master approached the window, drew the curtain aside and looked through the window. Deeply worried, he searched all the rooms on the first floor to no avail before rushing down the stairs. When

Médor saw him, he came running with his tail wagging, and they patrolled the estate together, just the two of them. Then my master went back upstairs. When worry turned to terror, he would take me out of my jail, hold me in his hand and make incantations. The strange noises would stop running through the house and peace would seem to return. Médor would then stop barking. While my master just managed to sleep, I would stay awake. Morning was not long in coming. Each new day came with a wind of hope that the night would crush with its shadows. And the cycle would repeat itself.

We were not going to see the end of the tunnel unless my master opened his eyes and looked beyond the barrier that blocked his view. I was a victim of his, just like all the innocent people that had lost their lives in this struggle; but I was ready to forgive him if he agreed to free me from this servitude once and for all. If I had to fight, it would not be against him, but rather against that spirit that was using me to ruin lives around him. However, he looked as if he had plans that were quite contrary to mine. He started acting with caution as if he had read my intentions in a crystal ball. His hand never left his pocket again. He was afraid of losing me, especially since Médor and I were now all the company he had left in a huge house devastated by loneliness; and my hard skin served as his shield against all odds.

My mind became restless. I had to put an end to our sorrows. I prayed for my master's pocket to have a hole one day through which I could fall out and return to the street. Since that day was beyond the horizon, I crossed my arms and waited for the day that I would lose my value in his eyes, and he would decide to get rid of me like an ordinary small stone. However, he planned to exploit me even longer. That day, as if to put an end to all doubts, he placed me on the silk cloth and we made one more trip to the source of his resources. I was placed under the rays of the radiant sun and, while my master was counting his bundles of banknotes with the same enthusiasm, I focused all my attention on a single thought. Suddenly, the wind carried my mind across borders. Under its influence, I wandered around in all directions. Around me, there was nothing except light and scorching heat. I felt like I was melting under their effect, and was struggling like a shipwrecked person at the mercy of impetuous waves. Shortly afterwards, the whirlwind stopped. I jumped up from sleep under the rays of the sun, which had faded. What had happened? We resumed our trip under the guidance of my master.

The return trip was made in a calm atmosphere. At the starting point, my master performed the final rituals around the candles and I found myself at the bottom of my dungeon. I had the strange feeling that I was like a bird in an open cage. I took a deep breath, held my breath and let my thoughts go. I concentrated on them and imagined myself on the ground floor. I visualised this image for a long time and, as I exhaled, I disappeared and suddenly reappeared on the carpet. I heard my master's cries from afar and realised that I was free. Nervous I repeated the same exercise as earlier, with Carrefour Bastos in mind. All of a sudden, commotion erupted around me: vehicles were driving in all directions, requiring caution. The sounds and movements were appealing. I was exhausted from all the efforts; but to feel really safe, I had to go far from there. I took refuge at Poste Centrale. Night came without warning, leaving me on my guard; my master could show up at any time with his dog.

At the roadside, there was an endless line of people moving helter-skelter. Despite the coolness of the night, my body was growing strangely warm and I was getting increasingly exhausted. However, I felt as if I were expressing a craving. A moment later, the crowd thinned, and an unfortunate man passed alone by the tree at the foot of which I was hiding. He made some steps towards me in ignorance, while my body gradually grew warmer. I stood on the lookout, took a deep breath and cleared my mind. I vanished and reappeared in the same place, on the victim's body. He collapsed at the roadside. I drained this man of all his blood and my craving was satisfied, but not for long. Being the formidable spirit that I was, I now moved around the city seeking to quench my thirst. This was better done at night. I would hide at the entrance of snack bars. During the day, I loitered around schools. Movement was no longer a problem for me. With constant practice, it had become automatic. All I had to do was think of a place and I would find myself there in just a second.

No matter how hard I tried, I couldn't satisfy this craving for blood once and for all. The only way out seemed to be through death, but I had taken an overwhelming liking to life. During quiet moments, I would reflect on these episodes again with regret. The image of a river appeared in my mind and, without understanding its relevance, the idea of coming across one on my path filled me with apprehension. Yet, one day, I forced myself to teleport to the banks of the Mfoundi river, in the heart of the city. Staring at the water in front of me, I asked myself what secret it held for the salvation of the city in distress under the weight of my terror. Its blue gaze eyed me up, filling me with fear. Deep inside me, two voices argued, leaving me unsure as to whether I should throw myself into the river or move away from this frightening place.

ℬ

Three years have passed. What would I have become if death had been the penalty for my recklessness? My apprehension had been justified. I remember that when I found myself at the bottom of the river after the fierce internal struggle, the part into which I had fallen had started boiling. Water vapour rose and strange animals emanated from my body. I struggled for a long time and, as I came undone, the body of a lifeless warthog fell to the bottom of the water and slowly rose to the surface. I gradually became drowsier, until I lost consciousness.

I woke up at the corner of a street, looked all around me and estimated that I had spent three days numbed out. I let my thoughts roam, took a deep breath, and held it. I focused on my thoughts and imagined that I was at Carrefour Bastos. Around me, the setting remained the same. Stuck on the spot, I regretted surviving the wreckage. Soon after that, I learnt to love life again, to enjoy my breath in a different way. Hidden at the corner of the street, I simply observe the city in distress, under the weight of its own vices.

By day, my eyes linger on the vehicles stuck in traffic jams and the police officers sitting in bars. Little high school girls who go into brothels and don't come out. Street children who keep moving up and down, probably looking for shelter for their weary souls. Men in their best clothes, carrying folders, rushing past, often stopping behind a parked car to urinate on its wheels or just nearby, before continuing on their way. Engineers who repeatedly break the asphalt's back each day to bury water pipes that never get connected to households. I can hear the thundering voices of pastors calling for fire everywhere. Yet evil spirits stubbornly persist.

In the evening, I like to focus my attention on people's movements and noises, as poetry unfolds over the seething city. Motionless, at a corner of Carrefour Obili, I hone my eyesight and sharpen my hearing. With the whirl of lights and car horns, every day is a feast. In the middle of the night, prostitutes come out; ghosts return to enjoy the wonders of nightclubs alongside the living. I am lying here harmless. I'm eagerly waiting for the appearance of the dog and his master—what am I saying, my master!—these two slaves made for each other, who search the city as if employed by an NGO, and end up finding food in the rubbish heap near the fence of the Presidential Guard camp. They always look quite busy! The dog sniffs any stone in his path. As for the master, he does not come across any stone without picking it up and scrutinising it; be it black or white, a little bigger, smaller, or rounder. Hidden at the foot of the signpost, I just watch them and laugh. Every day that dawns is a new scene…

THINGS THE WORLD DIDN'T TELL YOU

Howard Meh-Buh Maximus

Every evening, your father tore a page off the Bible, steeped it in water, and chewed. Every evening, he mumbled the same two-minute prayer before eating the Word of God. He chewed gingerly, steadily, reverently. It may have dropped forewarnings before it started, this thing, but you must have missed them all. One evening, as the sun went to sleep, he brought out his stool and his shiny black Bible, sent you to bring him water in a bowl, before he started with Genesis.

He was on Kings now; Solomon's Splendour, like shreds of bush meat, being crushed between his teeth. Sometimes, as you did the dishes outside, or harvested waterleaf from the congregating sprouts, or as you placed a pot of water on the fireside, waiting for it to boil, you would watch him keenly, and in his eyes, you would see sureness—splinters of meanings you were certain you would never know.

When his ritual was done, you would wash him in the dimness of the bathroom—a bathroom with no mirrors and a broken door, as if it was proof that the world had broken in and stripped you of everything you had, as if just one dimension of the life you were living was one dimension too many—you did not need another realm to make it any clearer. In the bathroom, there would be silence, except for the splashing sounds made by the lukewarm water as it broke on the bathroom floor. You would scrub his hard, wrinkling flesh, your hands in a soaped sponge glove, and wish that one day, in scrubbing his body, you could scrub off the shadow too, this shadow that had stuck to his being like slime on a snail, slime that even alum could not get off.

And then you would dab his skin dry with a brown towel and throw a loincloth around him. You would feed him bitterleaf soup and watch him fall asleep on the worn-out sofa, wondering what his dreams were.

Every morning, before your father woke up, you would be on the road to school. School was different, less depressing. Everyone carried their problems in their backpacks and their zipped purses and pretended to be fine. Unlike home, you knew the answers to the questions they asked here:

What is the formula of a straight line?

Explain Rainfall.

Conjugate the verb "Être."

And then there was Save, the boy for whom your heart somersaulted. The boy you would grow to love.

B

The first day he spoke to you was the day you faced the Disciplinary Council for breaking another student's head with a bottle. He had walked up to you in his neat blue jacket, clutching a hymnal, his gait holding such measured piety he looked like a clergyman. You sat alone in the dining shed before the food sellers came, staring into a book you were not really reading.

You were startled when he spoke to you. "Hey," he said and you nodded—did not hold his gaze. You were startled too when he sat down, mumbled a couple of things you would not remember before telling you that girls should not be fighting. You looked at him, wanted to ask why. Was it that girls did not have hands to fight, or did they just lack the ability to be angry enough to? You wanted to ask him:

so if humans are basically animals and the only thing that really differentiates them, according to biology, is the development of the brain, the intelligence, and males are, according to statistics, more intelligent than females, does it not mean that females should in fact be the ones fighting everywhere? But you did not ask him this. Instead, you told him that boys should not sing soprano in a choir. You shut your book and said, in fact, that boys should not be into choral music at all.

Later, he would tell you that it was the way you said it that had made him ask you if you would like to hang out the next day, and you would wonder how you had said it. You had said no when he asked, though. And he had insisted on walking you home that day because, "When so many are lonely as seem to be lonely, it would be inexcusably selfish to be lonely alone."

"What?"

"Tennessee Williams."

You rolled your eyes, "Did I tell you I was lonely?"

He smiled, and it half-irked you, half-enchanted you, that he would smile like that.

When hours ago he had told you, "I am Save," you had gushed out an, "I knew it. I knew you were one of those preacher people."

And he had laughed and laughed, "I did not say 'I am safe…in God's name,' or that sort of thing. I meant my name is Save."

"Oh," you had said sheepishly, "I am Ramatou."

𝒝

You walked past the students cramped in groups, yelling at flying taxis, past the woman who had in front of her a big bag of freshly harvested corn, and the man in the suit who was hitchhiking because his car had just broken down. When he tried to take your hand, you recoiled into yourself like your name was Mimosa Pudica. You walked past Mile 2, watching the endless green that sandwiched the road. He was telling you a story of what had happened to him in boarding school—Bishop Rogan College. How two boys had fought over a CKC girl, punching each other in the face until they were moist and gory with blood, how one had senselessly told the rector, when he asked what in God's name was happening here, that the other had snatched his girlfriend. "Can you imagine? Future priests, in a minor seminary." He laughed at his own story.

"So why did you leave BIROCOL? You don't want to be Father Save anymore?"

He laughed, "I actually still want to be. I just wanted to try out life in a Day School and Mixed School before I finally go."

You gave him a look, a playful smirk, "right."

B

At the intersection leading to your house, you asked about his parents, "They better not come to my house thinking I have kidnapped their son o." He laughed and said they'd travelled, "So even if I go home now, I'd be going to an empty, boring house."

Your father was inside when you got home. You wanted Save to stay outside while you changed out of your uniform, but he insisted on coming in. "I want to greet your parents." He was the kind of boy who would come to a girl's house and want to greet her parents before anything else. The kind of boy who was used to parents gawking over him, willing their kids to draw from his mellowness, his gentility. And so he got in and you could swear he almost bowed as he said "Hello Daddy, good afternoon." But your father just looked at him and looked away—focused on the sheets of old newspapers he was flipping. You started to hear your own heartbeat. Outside, he said, "I don't think your father likes me," and you laughed, and he said it was nice to see you laugh, even if it was at his pain, and you laughed again and said, "Pain? You can be a drama king eh."

That evening, as you sat under the mango tree talking about the Senior Prefect who thought his post was a money-making job, asking for bribes from latecomers and badly dressed students, as he talked and talked about how he had been seeing you around, how he thought you interesting and was looking for a way to say "hey", as you restrained yourself from telling him you've had a crush on him for as long as you could remember—the fine quiet boy from boarding school, you watched in horror as your father walked out of the house, carrying a stool and bowl of water, his Bible tucked under his arm. You watched him watch your father tear a page from the Bible, steep it in water, and chew. You watched the discomfort as it moved like a creeping thing from Save's body right into yours.

B

He texted that night to say he had fun. "Me too," you replied. You thought about him, about how he was so tall and skinny he looked like a tree—a long, slender tree—about how his fairness made him look even more fragile, about how he laughed so much it made you laugh as well, how his unwavering joy seemed to envelope your sorrow and engulf it. It made you think of endocytosis. You thought about what he thought about your father, and when you woke up the next morning, you hated him for knowing. You hated yourself for letting him know. You should not have allowed him in your house, allowed him to see your father eat the Bible. And so in school you avoided him, pretended not to see when he waved at you. The principal, short and bespectacled, strapped in a too-tight jacket, stood in front of the entire school during assembly and announced your suspension, punishment for breaking another student's head.

B

Save came to your house after school that day but you did not let him in. He kept coming until one day, the sky was on his side, turning so thick and grey you knew it would rain its approval, so you opened the door and let him in. In your room, you told him that your father had not always been like this. You told him the story: how your father was a pastor, a big one with a big church, until three girls announced that he had molested them and his world started to crumble. You told him how your parents and you had grown as thin as broomsticks from too much thinking and too much fasting. Fasting for his congregation to see the light and realise it was all a lie. But it never happened. You told him how you stopped believing in love because you had not seen any stronger than your parents', how your mother had been by his side throughout the incident, telling everyone who cared to listen that her husband was innocent and those girls were the Devil's agents. And then one day, she had taken you out to the market and bought you so many toys you thought Christmas had been brought to June, how later that day, you and your father waited for her to join you for dinner but she did not. How you waited for her at breakfast the next day but she did not show up, how you waited and waited until you finally accepted that she was never going to show up.

You told him how for a whole week, you did not hear your father talk. How one day, he brought out his Bible and made a meal of it. You told him you have stopped believing in love.

B

He brought your lecture notes home to you with fancy cups of coffee, and you studied under the mango tree. You watched him pray before peeling a mango, before drinking his coffee, watched him pray before opening his book to read. He was the only person you knew who did not forget to pray after a meal. Because of him, you started to get closer to God; because of that, you started to feel lighter. Now, when you washed your father in the dim bathroom, you smiled and sang the songs he sent to you. When your father slept, you prayed that his dreams were beautiful.

The next weeks would smile on you, as if someone, on a fine morning, had brought you a gift you did not expect.

An expensive gift you could not afford. It had been a while since you received any gifts. The last time was the day your mother left.

You would walk hand in hand to Down Beach and cosy ice-cream parlours, and when you were sure that your father was still asleep, you would sit with him, watching the young men in dirty, sagging shorts carry bags of cement. You would watch the structure they were building from the ground up, and you would think of it as yourself; you would think of Save as one of these boys, as all of these boys, building you up anew. It would be a boutique, this building, a boutique with shiny expensive things. It would be the boutique where, years from now, you would find a smiling mannequin that looked disturbingly like Save.

B

A week before the GCE, you realised how hopelessly in love you were with him. It happened on the day he called you at midnight, crying, telling you that his life does not seem to belong to him. That there are things he wanted to do that he could not, and that his parents were pushing him to the wall. He felt like an animal, bound by chains, locked up in a cage.

"How do you mean?"

He sobbed, "It's fine, Rama. I'm fine."

You wanted to run to his house and let him cry on your chest so that you could caress him back to normalness. And yet you felt guilty finding solace in his instability. That he seemed broken like you made you feel like your pieces could complement each other, form something whole, something firm.

When you went to his house the next day, he seemed fine, laughing and talking at the table with his parents who asked you if you were the classmate he said helped him with his math. You smiled tightly and said yes. That was the first time you fought.

"Math tutor? Is that what I am to you? The classmate who helps you with your math?" He stuttered, "But you do help me with my math." You looked at him, eyes bulging, you walked away. He called to tell you that you were overreacting, you know how parents behave.

The next time you fought was when you went to his house for the second time. The maid had served you a glass of freshly squeezed orange juice which you sipped gently as you watched the music video of an elderly priest who basically sat there singing whilst the rest of the choir swayed. On the way to the kitchen to drop your glass, you overheard the maid tell his mother that your father was a madman, and that madness is likely to run in the family. The glass fell from your hand, and before Save came out from his room, you were gone.

"You left before I came out, why would you do that?" He asked when he called.

"Ask your mother."

"What? What has my mother got to do with this?"

Later, he called again. "She said she doesn't know what you are talking about. Rama…"

"So, I'm a liar, or a mad person who doesn't know what she is talking about?"

"What?"

You turned off the phone and avoided him for a week. Told yourself you were never going back to that house.

ℬ

But good news is the water that quenches fires angry decisions have made. Acing the GCE was the good news. Two days after the GCE results were released and you were still celebrating. You returned home from Down Beach with Save, arms wrapped around each other, to find your father hanging from the mango tree, a noose around his neck. The shock was so much you fainted in Save's arms. When you woke up, you did not tell him about the little relief you felt. About how your father had taken your hands and smiled joyously when you told him you had all five papers. How his death made you feel like he had been hanging in there, waiting for you to achieve something before he left this world that had stopped making sense to him. No, you did not tell Save any of this. But you let him comfort you, you watched him call home, telling them he would be spending the night with you since you lost your father. He walked away to complete the call. He returned and said, "I'm staying the night." That was the night you unbuttoned his shirt. The night you made love for the first time.

ℬ

A few weeks after your father's burial, you stared at his picture, reminding yourself of how much you looked nothing like him. How he always said you were a spitting image of your mother and the only thing you got from him was his brain. How your mother would laugh and say, "thank your stars for that, Rama; at least you look like a human being," and your father would quip, "at least you think like one." You stopped yourself from thinking about your mother. She did not deserve your thoughts.

B

University application forms were made available and you'd wanted to go to Buea and get copies for you and Save. He had been such a rock and you truly felt safe with him. Sometimes you wondered how you could be so lucky, and it surprised you that you still thought yourself lucky after losing everything. You were lucky because you still had him.

You called him a week later and told him you were ill. He ran to your place, holding a bag of sugary pastries and two fancy cups of coffee. You asked him what illness coffee cured and he chuckled. Sitting on your bed, you wanted to tell him. It was when you cleared your throat that he said, "Ramatou, there is something we need to talk about." How did he know? You asked yourself, your heart thumping in your chest.

"I am going to the seminary."

You looked at him, waited for him to laugh. He did not.

"Everything is set and it is almost time."

"What?" You said, realising how light your 'what' sounded, how weightless. Your eyes trailed as he talked about enjoying his time with you. You watched his long slender fingers and clean fingernails; the young sprouts of beard on his face looked out of place, like grass growing on a wall. He was talking about his mother, how she had promised God that her child would serve Him if He gave her a child. How he had no choice in the matter. He had been groomed to be a priest. You felt something aching in your chest. You wanted to laugh, ask if his mother was bloody Hannah from the Bible. But you collected yourself, told him you love him. He told you he loves you too, but as it is, God needs him. "God doesn't need you," you yelled. "He is God, He is ultimate. He doesn't need you. *I* need you."

"God is my saviour," he yelled back. It surprised you because you had never heard him yell before.

"But you are mine." You said, "you saved me, Save. You cannot leave me now. Not now, Save. I love you."

"I love you too, Rama, but I love God more. Please don't make me choose." And then he paused, "you know, I really thought you'd be happy for me."

You could not believe him. "Are you serious? Happy?" He said you were being melodramatic, that he had told you his dreams when he first met you. That was when you lost it; seized your father's half-eaten Bible and shot it at him. He ducked and the Bible hit the coffee cups on the nightstand and fell on the floor, you were screaming "Get out! Get the hell out of my house."

"Ramatou?"

"Get out!"

You watched him leave, knowing you would not see him for a very long time. You hadn't even told him yet. You wouldn't. You wrapped your arms around your belly tight.

You thought of finding a knife, of stabbing it so many times the baby in it would die.

ℬ

Nine years passed and you did not see Save, did not hear from him. Before he left, he called but you did not pick up the phone. The day you strode to his house to work things out, his mother smiled at you and told you he left yesterday. You felt your heart fall to your stomach. You saw him every day though, in eight-year-old Hope, in his tall ranginess, in his fair skin that glowed even in struggle. You saw him when Hope laughed, in the sharp dimples on his cheeks that pierced your heart; and sometimes you would hug him too tight, or flog him too hard because he reminded you too much of the man you loved, the man who left you.

It was two months after his ordination that you heard he was coming from Bamenda to visit his hometown and celebrate mass at the Holy Family parish in Bota. The person described him as one fine yellow Father who went to GHS Limbe. "Don't you know him? Father Matute Save. Their family house is in Sokolo."

You swallowed and decided to go there and see for yourself. He was surprised when he saw you, almost shocked. You had walked up to him after mass, Hope attached to your arm. You told him he looked different. His biceps were huge and he wore reading glasses, and facial hair defined his face now. "Do you people have gyms in that seminary?" He laughed. He still laughed a lot, it would seem. He told you you looked the same, beautiful as ever.

You shrugged the compliment off and asked Hope if he was not going to greet Father.

You met later; he came over to your place. He wanted to know if Hope was his. You said yes, you had meant to tell him. He walked to the window and stood there for a while, silent. Later, he told you he felt at home in the priesthood. But he felt at home with you too. And you told him he could not eat his cake and have it. But then he kissed you, and you let him. You had expected him to be angry at the information about Hope, but he did not seem angry, he seemed fulfilled.

He started coming often, bringing fancy cups of coffee and toys for you and Hope. He would carry Hope on his shoulders and run around the compound laughing. In his shorts and T-shirt, any passer-by could tell it was his son. You would watch sometimes, lost in paradisiacal realms, imagining possibilities. The times he spent the night, you would wait for Hope to fall asleep before he snuggled next to you, and in the morning, he was out before the boy was up. He had clothes at your place; his toothbrush was there too. You felt again what you had not felt for nine years—consumed, whole.

Neighbours had started to talk such that one day, Hope walked up to you and asked if Father Save was his real father. You looked at him confused at first, and then told him Father Save was everyone's father, including yours. That was why everyone called him Father. He nodded and walked away. You knew he was not satisfied.

ℬ

One morning, a day after he spent the night, you told him, resting on his chest, playing with the strands of hair on it, that he should quit the seminary and join you and Hope so you can start afresh "as a proper family." He said that was not possible. "Everything is possible," you said.

"Not this, not this one."

"Why? Are you afraid of what people would say?"

He looked at you, shifted away unbelievingly, called you selfish.

"Are you kidding me? You are the selfish one." You snapped, "You left me with your child for nine whole years, nine years; do you know how we survived without you?"

"You did not tell me. You had a chance to tell me you were carrying my child, but you did not. How in God's name was I supposed to know?"

"You slept with a girl, made her fall in love with you; got her pregnant, and then left her. Tell me if that is not the height of wickedness."

The room was trembling with rage. He yelled at you to stop yelling.

"Why? Are you ashamed of me? Of Hope? Tell me, are you ashamed that people would know about us? Just like you were ashamed to properly introduce me to your family." He told you that you have lost your damn mind and you said "Yes, that is what everyone in your family has been saying, that I am a mad girl from a family of madness. Is that not why you left me? Me and your son?"

He stood up, pulled up his trousers and said, "You know what, Rama, go to hell."

"You would reach there before me," you yelled back, "Get out of my house."

"I know," he said. "That is all you know how to do, push me away."

He slammed the door behind him so hard the reverberations remained with you. You fell on the floor and started to cry, you cried until your head felt like stones were boiling inside.

Hope asked why Father Save wasn't coming home anymore and you told him he had to go back to his parish in Bamenda. You did not even know if it was true. You tried to call him, but it rang out.

B

News of Father Save's death came one hot evening, as you sat with Hope outside, helping him to do his homework.

"That fine Father that was newly ordained had an accident on his way to Bamenda. The other priest survived but Father Save did not. Ah, this life." The woman had said.

You felt your bones liquefy.

B

For weeks, you tried to conjure the relief that had come with your father's passing. But it did not come. You could not feel any sort of relief with Save's death. People kept saying "How can a fine Father just die like that? It had to be witchcraft."

For days, you just sat there. Sometimes, when Hope was in school, you would go to Down Beach, try to remember your conversations with him. And you would roam until a bike would almost knock you down, and the angry rider would yell in Pidgin "Ah-ah, life don pass you? You nodi look road?" It was on your way back one day that you stopped at the boutique and found the mannequin standing there, smiling at you. It looked disturbingly like Save.

You took it home. Paid the salesgirl who thought you were foolish for paying all that money for a mannequin.

This thing, when it started may have dropped forewarnings, but Hope missed them all. He watched you, as he did the dishes, reciting what had become your mantra, "He is back. He is back for me. He is back. He is back for me."

He watched you chop your hair off with a pair of scissors, handful after handful, sticking it to the face and the chest of the mannequin, where you remembered Save used to have hair. He watched you dress it in the clothes Father had left behind, telling him smiling, "This is your Father Save." He watched you sleep close to it every night, the mannequin, and he would sit by your bed as you fell asleep in the mannequin's arms, probably wondering what your dreams were.

LIFESAVERS

Monique Kwachou

Fifteen-year-old Belinda made up her mind to take her life while in the bathroom on Saturday afternoon. She was bathing at 2 pm, because that's what one did during school vacations when they had nothing to do. Somehow, even if you were the kind of person who bathed routinely first thing in the morning, the fact that your brain knew you would be home all day made your body lag at going to carry water and take a bath in the dry Harmattan cold that was Bamenda in December.

She was brushing her teeth and looking around the bathroom of the family house at Ntarikon; its old tiles, and the bathtub with peeling enamel spoke of the family's middle-class history. Her granddad, Pa Achu, and his wife were, in their time, amongst the crème de la crème in Bamenda, with Pa working in the army and Mami a nurse at Bamenda District Hospital. All their children, the twins and their only daughter, went to the most prestigious schools at the time, travelling from Bamenda to Sasse in Buea, or Saker in Limbe. Belinda knew of her family's golden days courtesy of too many repetitions from Pa Achu himself, who often reminisced while chewing bitter-cola on the veranda as if to ignore the reality that he had outlived all his children. Belinda's own mother was the last to go just three months ago.

As she brushed her teeth, Belinda contemplated bathing with Ameh's Dudu Osun soap because her own Dove moisturising bar was finished. Most of her American products were finished or finishing. She knew Mami kept some stuff from the last container locked in boxes in her room, but this did nothing to make Belinda feel better. The fact that her things were finishing only added to her melancholy and reminded her just how pitiful her life had become.

As she reached out for the soap that Ameh had recently bought for herself with the intention of lightening her complexion, Belinda's eyes landed on a bottle of Advil behind the assortment of toothbrushes, squeezed-out toothpaste tubes, and packets of sanitary pads, all competing for space on the bathroom shelf. She took out the familiar bottle. It looked like one of those her mum would have bought at CVS to send to Cameroon just a year before. How many times had she watched her mum and dad buy stuff from yard sales, CVS, Payless, Costco, and other odd outlets, packaged them and sent via barrels in a container, or in boxes through friends or distant relatives, to Mami and Pa in Cameroon or one of the numerous distant cousins and aunts? The nudge of familiarity made her turn the bottle in her hand to see the black printed expiration date, which showed six months ago. That's when she made up her mind. She would drink the bottle of expired tablets and die peacefully in sleep. It seemed like an easy way to go. No pain, just easy sleep and then when she crossed over, she would ask God what she had ever done to deserve the mess her life had become.

With her mind made up, she bathed meticulously. Her last bath had to be long and luxurious; she wanted to be found as lovely in death as Sleeping Beauty. She then put on her best house dress, the cute jersey Junior's mother had bought for her as a gift before she came to Cameroon. She thought of Junior, her half-brother, who'd probably be the only one to truly mourn her, and whom she would miss.

She was the only one who accepted him as he was and did not pretend that he was not different, being autistic. She had never understood why different meant "less than" to some people, so they avoided accepting it all together.

After she'd bathed and dressed, she took the bottle of pills in one hand and the bottle of water that was always kept under the ironing table to fill the steam iron in the other. She sat on the bed, hearing the weak springs creak and screech with her movement, and shut her eyes to think her last thoughts. As though to reassure herself that she had a good reason to go against all the guidance counselling she had got on suicide in elementary and middle school back in Maryland, her last thoughts played in her mind's eye. The events of the last few months and how she had changed from the girl who had friends, her own room, and a family she could call her own, to the girl who had nothing but what boarding school lingua termed "fair-weather" friends who smiled with you when your trunk was full and had nothing to do with you otherwise.

B

It all began with her father's announcement that he would return to Cameroon. Her mother was confused, not because it was odd to want to go back home, but because no one had died. It also wasn't the end-of-year period fondly called "bushfaller season" for the Diasporans who returned home for the holidays. It was mid-April.

"People don't just travel back home like that!" Belinda recalled her mum had spat at her father, demanding an explanation. When her father's tale of a temporary visit to rest didn't convince her, Belinda remembered overhearing calls made to Cameroon, and her mother questioning either his siblings or friends as to why he was really travelling. Neither Auntie Louisa, Auntie Glory, nor dad's closest friend, Uncle Takor, could give a valid explanation to his sudden desire to travel home. In retrospect, Belinda understood that that period of suspicious looks and tension, built by one-word answers or no answer at all, was the silence before the storm. Because immediately after her father finally travelled, the winds that blew across the Atlantic in his wake tumbled the home and life she had known. Barely two weeks after Dad had been in Cameroon, mum received a call from Auntie Mindi. They had been watching the latest episode of America's Next Top Model and Belinda could tell it was a long-distance call as she handed the phone to her mum. The Caller ID showed "Unknown," but it was always known what country the call was coming from, if not the caller.

Belinda heard screaming and her mum got up and left the living room. Standing underneath the arched doorway leading into the dining room, she kept saying, "What? What?" Then she reverted to pidgin "Na wetin you di talk Mindi? I no di understand you, why you di hala me?" Then just as abruptly as the confusing call started, it stopped, because as Belinda turned to look at mum, she stood frozen, staring at the phone as if she could see through it, through cords across the Atlantic and into the eyes of Auntie Mindi, who had just called. Mum did not come back to finish watching the show. She didn't even ask which of the models won.

Knowing it was best to avoid breaking any rules when her mother was already angry, Belinda turned off the TV as soon as the show finished and went to say good-night early enough for her bedtime. The door of her parents' room was shut, but she knocked briefly and let herself in. Her mum looked up, holding the phone to her ear with one hand and a calling card held in the other. Her face was a mixture of impatience, anger, hurt, and confusion. Belinda said good-night, half-hoping she would be called in and told what was wrong, and half-hoping she wouldn't. All she got was a wave; theirs wasn't that kind of relationship anyway. Unlike the mums in the American sitcoms they watched, her mother did not try to be her best friend. Her mother was her mother.

As Belinda returned to her room, she thought to herself that if the walls could talk, they would tell her what the matter was, what news had ruined the evening. But then if walls could talk, hers would likewise tell of the pills she had been drinking to lose weight, hidden behind her bedside cupboard, of the times she danced naked in front of the mirror, trying to imitate the video girls, and the way she prayed fervently on her knees with hands raised to be admitted into the cool girls clique at school before Junior prom.

She fell asleep pondering on the mixed blessing that would be talking walls.

B

Belinda took the tablets one by one then two by two, filling her mouth with water after every swallow, and repeated it till she had taken 15 of the oval, reddish-brown ibuprofen, symbolic of her age. She lay down on the bed after writing a note saying she was sorry but she "couldn't take it anymore." It sounded off to her, but it was what she had seen in every movie where people took their lives. The brief perfunctory note would give the police evidence that she could not have been killed but had opted out.

She would have turned 16 in July…

She had dreamt about her sweet sixteen, prom, and everything else that would come with it once she became a teenager. She had imagined chipping in with friends to rent a limo, a white limo, to make a grand entrance to prom. She had fantasised about how she would finally be asked out by Ty Munyoki, the part-Chinese part-Kenyan head of the debate club, whom she had had a crush on ever since his presentation on Cultural Day in fourth grade during Ms Keys' class. She had imagined giving herself to him on prom night, like most girls did. She had imagined taking drivers ed, getting her first real job and saving up to help her parents buy a car.

She had never envisioned that by sixteen she would be dead by her own hand. But then nobody daydreams nightmares. Daydreams are happy hallucinations. She could not have imagined that at sixteen she'd be here with one parent dead and the other dying. She could not imagine that she would be in a school where proms were unheard of, or that she would look so ugly with her hair chopped off that Ty (had he been in this godforsaken place) would never even have spared a look in her direction.

She lay on the bed, covered herself with the bedspread, pulled it up and tucked it in her armpits like Sleeping Beauty in the illustrated Disney books. Seeking sleep and waiting for the deadly effects of the pills she had swallowed, Belinda thought of how quickly things had changed after the night of that call.

B

She had gone to school the morning after thinking nothing of the fact that her mum had already left home without seeing her. Mum worked as a nurse at a retirement home and as a caregiver at a home for special kids. She could be called in at any moment and might have had to leave urgently. It wasn't completely unusual.

What was unusual was seeing a kaba'a-wearing Auntie Estella enter the gym with the female coach much later in the day while Belinda stood in line for cheerleader tryouts. She had been nervous, scared of making a fool of herself and ruining the fastest way of becoming a cool kid but that changed when she saw Auntie Estella. Her nervousness became full-blown alarm. She knew something was wrong. Belinda had thought of accidents but refused to consider death. How could she have even thought of death when Auntie Estella had just said, "We need to go to the hospital right away"?

When they finally got to the hospital, rather than rush to her mother's sickbed as she'd expected, they went directly to a doctor's office, a family friend Belinda recognised. Without an explanation, Belinda was asked to show her arm for a syringe. Belinda had several questions to ask, but Auntie Estella's pleading eyes encouraged her to obey first, in this instance. Auntie Estella was her mother's best friend and her favourite aunt. She was a big woman, with the height to match her weight so she looked like a female warrior. She always wore clothes with loud colours, fuchsia and lime-green screaming against her skin the colour of pebbe spices and just as smooth. Auntie Estella could make Belinda's mum laugh even when she seemed furious and Auntie Estella gave her the coolest birthday gifts. That is why despite the apprehension she felt, she sat there collected, if not calm, as they tested her for HIV without her knowing. In the future, Belinda would often wonder what she would have done had she known that she was being tested for HIV because her mum had just died from shock at the news that she had it.

But at that time Belinda had not known, so she had waited for her results in ignorance, her mind preoccupied with imagining what state her mother was in if a doctor was here taking her blood, her mouth busy chomping on the sweets set out for grabs on the waiting-room table.

They didn't wait long. The doctor friend called Auntie Estella aside and gave her the results in private. Belinda only saw her return with a tear-streaked face, her arms opening wide for Belinda to enter. Auntie Estella's hug was tight, she mumbled repeatedly, "You are okay, thank God he spared you, and you are okay." Belinda had felt good enough to ask the questions on her mind then: "Then why are you crying, where is mummy, can we visit her even if she has the flu? Is she in another room here?" She was only given answers later, after returning home and eating the fast food they'd bought on the way. Auntie Estella spoke as if she was telling a story of someone else's life. She called her mum by her first name, rather than saying "your mother". She said, "Beatrice had a heart failure after getting some bad news." She did not tell Belinda what sort of news had induced heart failure, nor that heart failure equalled death. When Belinda asked more questions, she was told that they would all find out more later. But she, Auntie Estella said, will be with her all through. So, Belinda was left to put her active imagination to use. Nothing she imagined could be close to the truth.

She couldn't have imagined that her father had travelled two weeks ago without telling them that he had been diagnosed with AIDS, which was why he had gone back to Cameroon with the idea of being cured by a certain Man of God. She couldn't have imagined that her father who had gone looking for a way to be healed was discovered by his cousins who had called her mum and yelled at her, accusing her of infecting their brother. She couldn't have imagined that the reason she hadn't seen her mother that morning was because Beatrice had decided to bravely go alone to the local clinic and get tested. Despite her active imagination, Belinda could never have imagined that her mother, learning she was HIV positive, had decided to take a walk in the park and clear her head. Belinda could never have imagined that it was as she walked alone at a park not too far from Belinda's school, thinking of how to share this news with her daughter, fearing her daughter was also infected, that Beatrice Achu's heart gave out, failed from struggling to contain both her pain and what she imagined her only daughter would feel.

Belinda couldn't have imagined all this, but she would find out in the following weeks that this could be. And it had happened.

The proof of it was that she was here in Bamenda in December and there was no snow on the brink of Christmas. For the first time in as long as she could remember she wouldn't have a white Christmas, nor would she have her parents.

B

As Belinda slept drenched in her memories, Ameh marched to the room ready to give her a good yelling, and possibly twist her ears. It was Belinda's duty to clean up the kitchen after Ameh and Bih had cooked, but she kept avoiding it. They were all dependents on Mami and Pa now and Belinda had to learn that. Yes, she may be the direct grandchild arriving from America while Ameh and Bih were the grandnieces brought in from the village, but as long as she ate and slept in this house she had to do her share. Washing the dishes was a minor chore, but the girl always had an excuse to escape. Yesterday, it was because she had gone to the cybercafé and lost track of time, before that, she was on her menses and had cramps—as if cramps ever stopped life from happening

Immediately Ameh entered the room she felt something was wrong. The *madame* was sleeping, but fitfully; her head tossing from side to side, her fists gripping the bedspread. Ameh looked Belinda over, took in the signature short hair of a boarding student, her nice shade of brown—the colour of bitter kola before the shell was cracked—and the tear tracks on her face which lent a back story to the fitful sleep. Ameh hesitated, perhaps she shouldn't get the child up for a scolding. It could wait. It was then her eyes landed on the note, pinned down with the Advil bottle serving as a paperweight. She read the note once, then twice, then after her eyes had scanned the measly three sentences for the third time, she heard herself exclaim, "Jesus!" even though she felt speechless.

"Get up! Get up!" Ameh was pounding on Belinda's body now, willing God to let her live just so she could kill her. That is how Belinda came "back to life," with Ameh's fists drumming on her chests and Ameh's voice breaking in half sobs over her name and the constant repetition of "Jesus, Jesus, God abeg!" Belinda coughed and sputtered and opened her eyes even as Ameh commanded for her to do just that.

Resigned to the knowledge that she was still very much alive, Belinda drew herself up on the bed, hugging herself with her arms folded to her chest. The first thing she realised was that she had a headache. One would think that after taking fifteen ibuprofen tablets one would at least be void of a headache. Her hand went up to wipe her eyes and she felt her still tear-damp eyelashes which could explain the headache.

Belinda gradually took in Ameh's presence, feeling the callouses of Ameh's hands on her arms as she willed Belinda's attention, demanding obvious answers to her questions: "Who wrote this note? What did you mean? Get up, answer me! Are you mad?"

"Leave me alone. Why did you wake me up?" Belinda's voice was low and drawn out. "You should have just left me."

"You are mad. You must be!" Ameh spoke with surprising rage for someone who had just been begging God for Belinda's life. "Or whether na curse for this family oh? God forbid!" She snapped her fingers as if warding off the imagined curse and continued in an obvious attempt to backtrack, "See eh, if you wan die, please do it when I have left this house because me I don't want to have to work for another funeral. Nonsense!"

When Ameh suddenly got up and left, Belinda feared what would come next. Feared what her grandparents' reactions would be; Pa was already weak from losing so much and Mami would surely take her to the Pentecostal church she now frequented for an exorcism.

But Ameh didn't tell Mami or Pa; she didn't even bring up the incident. She was noticeably nicer though; she didn't scold Belinda so much and must have asked Bih not to as well. It was three days later when Ameh finally did approach her. It was a Saturday so Bih had gone to the market and Pa and Mami had gone to play njangi. Only the two of them were left at home.

Ameh met Belinda in the bedroom the girls shared. She sounded uncomfortable as she asked Belinda to sit up. "I want to talk with you," she said. "About what you did the other day." Belinda said nothing, just waited to hear what she'd been expecting, a scolding and that her grandparents must be told.

"I have not told Mami or Pa because it would be too much for them just now. But I hope you know that what you did was wrong. I hope you know."

Belinda knew no such thing. But still said nothing.

Ameh continued, "I have been thinking of how to discuss what must have pushed you to think of such a thing." Belinda noted that Ameh obviously found it difficult to say suicide. "I know you have had a very difficult time, but I think you are more blessed than you realise."

Belinda felt her eyes sting. She wanted to cry and was struggling not to in Ameh's presence. Whether Ameh noticed the struggle or not, she continued speaking calmly. "I asked a friend of mine about this," and as Belinda lowered her head in frustration, Ameh added quickly, "I didn't mention that it was you, and he's not even in Cameroon. I just asked him how to help someone like you." Belinda heard "someone suicidal" clearly. "He said some things, a lot. And he reminded me of a film we had watched together when he was in Cameroon, *Freedom Writers*. I watched it again yesterday. We can watch it together if you like. But it gave me this idea I hope will help."

Ameh moved from the door where she'd been leaning and speaking all this while and Belinda raised her head as she approached, noticing a book in her hand for the first time.

"Take this ledger, I want you to use it as a journal. If you can't talk to me just write what is disturbing you in the book and leave it in the brown handbag under the bed. No one touches it. We'll be the only ones to use the journal. I'll occasionally write prompts for you to think about in it, like exercises. My friend gave me some. And you can answer as you like."

Ameh stopped talking for a while, likely out of exasperation over Belinda's silence. When she opened her mouth again, her words were a tired plea. "I don't want to tell Mami or Pa about this, I want to understand and help. Please Belinda, I beg you, please don't think of taking your life. Please just try this journal thing and help me help you, okay? Please?"

The tears Belinda had been struggling with fell freely now. Ameh joined her on the bed and hugged her, now the silent one as Belinda's heavy sobs echoed through the otherwise empty house.

This is how Ameh became an amateur therapist; regularly visiting the cybercafé to seek knowledge from her former ENS classmate now furthering his studies as a counsellor in the US, all in an attempt to help Belinda overcome what neither of them understood.

In the weeks that followed they had whole conversations through the journal. And as Belinda returned to the dormitory with the resumption of school, Ameh would visit on Fridays. One of the on-campus staff was a family friend and they would meet there for "journal handovers." One journal became two, then four by the next holiday.

Belinda would make an entry in the journal with some problem that weighed her down; whether or not to forgive her father and if so how? Why she had to stay with Mami and Pa even though they hardly made any effort to understand her, to understand that she was different. Or some soliloquy of discontent; her dreams of how her sweet sixteen would be, her thoughts on boarding school and how it meant living with bullies in school and having no escape… she would prefer to attend a day school.

After every entry, using a different colour pen, blue or red in contrast to Belinda's preferred black, Ameh would make inserts here or there as if reviewing Belinda's train of thought, finding the negativity, attacking its one-sided logic and suggesting another perspective. With her red pen, Ameh would correct Belinda's perception of herself:

No, you are not ugly with your low hair. You look like a student should, and you are beautiful, see your white neat teeth; your skin is so pretty, I envy it; your eyes are like Aunty Beatrice's own and Pa always smiles because of them.

In one entry Belinda had ranted over being maltreated by Mami and Pa who were miserly with the things which had been shipped for Belinda after the sale of her parents' home in the US. She railed over being forced to live in Cameroon when she had an American nationality, raged over not even having a good allowance like the other kids in her school whose parents were in the US.

Belinda received the journal the following Sunday to see a two-page entry from Ameh in blue pen offering insights that Belinda had missed or what Pa and Mami, had, in part-kindness and part-adult patronising, deemed unnecessary to tell her.

It was Ameh who told her that most of her parents' savings had been used up between her father's impromptu trip to Cameroon, and her mother's death and subsequent shipping of her corpse home. Ameh had informed her that her father's story had made rounds in Buea, where he was based, and the shop he had set up was doing poorly as people still had a stigma against AIDS patients. He was barely able to support his treatment let alone contribute to providing for Belinda. He had been asked to return to the US but so far seemed to prefer hopelessly waiting on what would eventually happen.

Ameh's entry also informed Belinda that the house she had lived in with her parents was foreclosed upon and that the stuff she had in barrels were the last she may ever have, so Mami and Pa were only trying to make them last. Aunty Estella had sent the barrels, Ameh wrote, she had struggled to pack her personal belongings, selling what she could and buying any amenities she felt Belinda and her grandparents would need in Cameroon—things she had seen Belinda's mum buy before. Few of Belinda's parents' friends had helped beyond funeral contributions, Junior's mother being one of the few to send clothes for Belinda.

There was no money, Ameh told her; Mami and Pa were dependent on the rents they received from their tenants in the set of rooms they had built decades ago on land leading up to the village. This source of income had been ameliorated by what Belinda's mother would regularly send home and the sporadic payment of their pensions by the government insurance fund, CNPS.

Ameh ended that entry sternly. Belinda, she said, ought to come to terms with the new reality. She had little, and ought to be grateful for people like Aunty Estella who were helping, be grateful to Mami and Pa who were trying their best with the little they had.

After that entry, Belinda did not write the following week. More than ever, she felt like a burden and wanted to die. Perhaps Ameh had sensed it, perhaps she just thought she had to do something to keep the journal exchange going. Whatever the reason, journal entries thereafter were led by Ameh who forced Belinda to write with "homework," or wrote her own messages to Belinda for her to just read or respond to.

Belinda would collect the journal and see "write five things you hate about your life and find five things you like" written in red ink. Belinda would write seven things she hated and listing Ameh, Aunty Estella and Junior as the only good. Ameh would start a list titled: "Belinda's Reasons to Live" and keep pages folded after the list pages, explaining with an asterisk at the bottom that the reasons will keep coming to them so they should leave room for more.

B

Belinda thought about all this on the flight to Cameroon. She had returned to the US as soon as she made the A' Levels and had returned only twice to Cameroon since then: once for her grandfather's funeral and once for Ameh's marriage. Ameh had saved her, given her a sense of purpose, and inspired her decision to study clinical psychology and help others choose life again, as she had been helped.

She thought of Ameh regularly, of her offering therapy with no training, just love and will. But till now, all these years later, Belinda was only just realising that Ameh never showed her own pain. Why hadn't she ever left a blank journal page for Ameh to share what disturbed her? Why hadn't she ever returned the favour as an adult? How could she have thought bimonthly calls and gifts of money for birthdays and Christmas were enough? She had believed Ameh was content as an ENS graduate, a government school teacher with a fairly regular pay, a husband and beautiful daughter. A belief that was shattered just two days ago with news of Ameh hospitalised and on life support after what was reported as the latest of regular battering at the hands of her husband.

Restless in her seat, Belinda tried to picture an abused Ameh and clenched her fists. Was this too not attempting suicide in a different way, to stay in a relationship suffocating you? Had Ameh ever written a note, mentioned something that could have been an SOS? Nothing came to mind. But like Ameh had done over a decade before when she found Belinda's note, Belinda whispered the two-word prayer, "God abeg." With those two words Belinda willed the flight to arrive in time, hoped she was not too late, that Ameh was still alive, and pleaded for a second chance for the person who had helped her live again.

YOUR FEET WILL LEAD YOU WHERE YOUR HEART IS

Bertille Mbarga

Translated from the French by
Felicite Ette Enow

With her usual jaunty step, Mulema walked to Njeiforbi bakery to buy wholemeal bread for breakfast. She waved at Mohamed the shopkeeper in passing, then at young Alain who had just opened an electronics shop, selling telephones, accessories and lightbulbs… A little further on, between a house under construction and a stony alley, there was a so-called born-again church where the faithful were singing songs of praise at the top of their voices for their Sunday service. Amused, Mulema glanced towards the church and, at the corner of the alley, entered the bakery. She cheerfully greeted Epossi, the assistant, who knew exactly what she wanted without having to ask. She was one of the few people, if not the only person, everyone found pleasant and endearing and, as a result, the shopkeepers all made things easy for her whenever she bought something from them.

Having lived alone for several years already, every Sunday, at about 1 p.m., she would go to Down Beach to visit her daughter, Mbondi, and her grandchildren and spend the evening with them; this was her way of breaking away from her weekly routine. Her son-in-law always drove her back by 9 p.m., and the next visit would be arranged for the following Sunday. Such was the peaceful life Mulema, who hated unpredictability, lived. Even though Mbondi had asked her several times to move in with them, she wanted her privacy and still felt very independent. She politely turned down her daughter's offer each time.

Shortly after 9 a.m., on her way back from the bakery, while the first rays of sunlight were timidly breaking through, she suddenly froze in the middle of the road and the bread wrapped in a small paper bag fell to the ground.

She narrowly missed getting hit by a Ford, which luckily, had not been going fast. Mulema stood rooted to the spot, not yet aware of the commotion she was causing. The driver of the Ford, whose disconcerted expression betrayed his anxiety, got out and ran over to her. The onlookers and shopkeepers she had just greeted did the same. The crowd, in addition to causing a huge traffic jam, attracted the attention of a man who, like everyone else, was making his way over to the old lady. They were all asking the same questions: "Are you OK?" "What's wrong, Mama Annie?" "We should take her to the hospital!"

Epossi tried to pick up her bread but, on seeing it had been trampled on by the onlookers, she gave up. In the midst of all this, Mulema remained impassive like a wax doll, removed from all the fuss. Mohamed gently shook her. She seemed to regain consciousness, then, without saying a word, he took her hand to help her across the road, distance her from all the excitement and guide her home. She allowed herself to be led. Just then, the man caught up with them and recognised her immediately. "Mulema?" he said, in an emotional voice.

She didn't answer him. He spoke to the shopkeeper.

"It's OK, I'll take her home. She's just shaken, nothing serious."

"I've never seen you around here, and certainly not with her, so I'm sorry, I can't let her go with you."

Annie seemed to have regained her power of speech. She placed her other hand warmly over the shopkeeper's.

"Thank you, Mohamed, I'm feeling better now. Don't worry, I know him."

"OK Mama. See you then."

Mulema and the man walked slowly, in an almost awkward silence. She leaned on him, and he allowed her lead him, since he didn't know her house. Behind them, rapid footsteps approached and, as she turned around to ask who it was, Mulema recognised Epossi. She gave Annie another loaf of still-warm bread. Mulema thanked her and insisted on paying, but Epossi refused.

They hadn't seen each other for about forty years, she and this man. Sanda was his name. Despite his age, he exuded a certain charm. His mature features showed clearly that he had been a very good-looking man in his day. Wearing a straw hat, a pale-pink short-sleeved tartan shirt and jeans, he still cut a fine figure. Involved in various humanitarian activities, he had travelled the world and never returned to Cameroon, neither for their father's funeral, nor for his own mother's. He had never wanted to come back, especially after what had happened the last time, and Mulema had not wanted to see him again either. And so, she had left Yaounde for Limbe, where she had been living there peacefully since then. If it hadn't been for Mbondi's kidney failure, a few months earlier, she wouldn't have gone on Facebook, wouldn't have created a profile, wouldn't have searched for 'Sanda Essomba,' and wouldn't have contacted him after recognising him in the photos. They'd talked for a few hours and she had been crystal clear: he would donate anonymously to the patient, Mbondi Ada, and after the surgery-related treatment, he would leave. There would be no reason for them to meet again. He'd accepted without protest. She was sorry to be so drastic and to have to achieve this with his help—but she had no choice or, at least, she no longer did. He was her closest relative and this was a crisis. Having neither the strength nor the wish to lose her only child, she had been forced to seek this option. Twenty years ago, she'd donated her left kidney to her daughter, and so couldn't give her the other one. All the same, she'd suggested this, but Mbondi had been very much against it. When Sanda, while living his expatriate life, had received the message, he hadn't thought twice about jumping onto the first plane and returning to donate a kidney to the niece he'd never met. He hadn't even been sure he was compatible, but he was certain of one thing: he'd been looking for a perfect excuse to come back home and see his half-sister.

The operation had been performed over one month ago, but Sanda hadn't felt able to honour the terms of their agreement. He couldn't go back just like that; he wanted to see her again at all costs, even if it was for a few seconds, long enough for him to fill that void inside him. As a precautionary measure, she'd not shown up at the hospital while her daughter was there, and she'd been right not to. He'd watched the hospital from his car in the parking lot. Despite all this, he didn't give up. He'd then asked the doctors where the mother of the patient lived. They'd all told him "in Clerks' Quarters," without giving any further details. Since then, he'd combed the entire neighbourhood, asking everyone he met where she lived, but he'd made no headway.

That morning, destiny had decided to lend him a hand. Mulema, who always bought bread at 7 a.m., had decided to go out a little later, and that was how she was the one who saw him first. Believing he'd already left, she thought she was seeing an apparition or his double, and the jumble of emotions she felt at that moment made her mind go blank. Attracted by the crowd, it was then he saw her. He immediately recognised her long, slender neck that reminded him of Cleopatra. Close up, he thought she looked beautiful in her blue polka-dot dress and her khaki flip-flops. Her long, grey hair, held back with a simple blue headband, softened her features. With her silky skin, she looked no more than fifty, whereas she was older.

"You haven't changed…" was the first thing he wanted to tell her, but he refrained.

"How long has it been? Forty years since we last saw each other?" he asked, to start a conversation.

Mulema had invited Sanda to sit in a blue-green armchair, while she walked towards the bubinga cupboard, where she kept her crockery and cutlery. She took out two large cups and placed them on the dining table, already relishing the taste of the milk she was about to drink. Because of her age, she needed calcium to prevent osteoporosis, so she didn't skimp on dairy products.

"It's been forty years and six days to be precise."

"Ah, as accurate and meticulous as ever."

"Some things never change."

"And others do…"

They looked at each other briefly, for those words were deeply significant, and they'd both paid the price of that change. To think that they'd been engaged and had lived as man and wife for two years! Today, for the sake of morality, they were forced to act as if nothing had happened. A hush fell over the room and Mulema absent-mindedly filled the cups with powdered milk and cocoa powder. To make up for the silence, Sanda looked around him. In the middle of the photos on the wall, between a picture of Annie and that of her daughter, he noticed, in a beautiful gilded frame, to the left of the front door, the picture of a young man in uniform. He asked who it was, although the answer was obvious.

"That's Mbondi's father. Sadly, he died in battle before we could get married."

She had been telling the same old story for a decade now, each time anyone asked her, and had almost come to believe it. Yet, she had no idea who that was in the photo; she only knew that he'd actually died in battle.

"Ah OK. He was a handsome man; you have good taste."

"Yes, I know I do, thanks. I've always had good taste."

She said this with a chuckle, and when Sanda fell silent, she realised it was inappropriate. But what could she possibly talk about, since everything or almost everything was inappropriate, given the circumstances?

"Butter or jam?" she asked him, although she already knew the answer.

"My tastes haven't changed you know, I still have both."

They both smiled instinctively because this reminded them of how joyful their breakfasts used to be. Mulema asked him to come sit at the table. He looked around, and found her house to be very lovely: everything had been carefully chosen, down to the smallest details. Turkish curtains, furniture made of expensive wood—certainly by the best local carpenters—an ash-pink wallpaper, and a large, centre light hanging in the middle of the sitting room. A spherical door-less frame led into the dining room with its monochrome colours that contrasted with the bright ones of the living room. Almost everything was black or white: from the ebony table covered with a vinyl table cloth to the chairs made of white wood. The curtains too were white and black, as were the floor tiles. Only the panelling in the ceiling and the large bubinga cupboard were brown.

He sat down. Breakfast was very quiet, but they were soon finished. This time, Sanda helped her clear the table, and they went to sit on the rear terrace, which looked out onto a wide, paved courtyard where three vehicles were parked. In the corners, flower beds planted with camellias and narcissi graced the place. On the right, at the far end, was a small kitchen garden where she picked vegetables for her pot-au-feu. Mulema loved the open air and the quiet. Every evening, she would sit in one of the three rocking chairs, reading, until it was time for her to make dinner. Generally, after her meal, she would watch TV for a while or carry on reading if the book was particularly interesting. She would eat again, just before 8 p.m., and go to bed with her prayer book. Sometimes, she would feel the urge to go for a walk around the block and neighbours, seeing her pass by, would take the opportunity to suggest that she examine their children, although she'd been retired for ages. What an excellent paediatrician she'd been. She still was.

They were both sitting, and Mulema asked the first question this time.

"So, what have you been up to all this while?"

"Ah, many things! It would take almost a lifetime to tell you everything. I visited about twenty countries after I left, through my charity work. Then I settled in the USA where I worked for a few years as a software developer. I was living peacefully when I saw your message, and here I am. Basically, that's the whole story."

"So, you didn't get married?" she asked, amused, for he hadn't mentioned that part of his life.

Sanda paused for a moment as he thought about his chaotic love life. At the beginning of his humanitarian trips, he'd kept away from women, but upon his arrival in the USA, he changed all that. He threw himself at every girl who physically reminded him of Mulema, whether they were students, engineers, hairdressers or even prostitutes. Then one day, in a professional context, he met the mother of his children and almost fell in love with her. Kimberly was a young redhead with skin as white as chalk and a pretty, freckled face. She had the same shy and reserved personality as Mulema, and that's what he loved about her. But she wasn't Mulema. He couldn't fall in love with her.

Mulema cleared her throat and straightened up slightly, seeing that the answer to her question wasn't forthcoming. Sanda regained his composure and also cleared his throat.

"I never married, but I have two children. A boy and a girl; Carter and Brook…twins. They're both about to graduate from Stanford."

"Wow, great! And where's their mother? Do you live together?"

"Yes, I lived with her and the children until they finished high school. Then I relocated to another state, far away, to enjoy nature's calm, but close enough to see the children every so often. Your message was a breath of fresh air… I'd given up hoping that you would reach out. I put my real name on Facebook just for you, but you didn't contact me and wouldn't have done so if Mbondi hadn't had health problems. Why didn't you?"

"Wasn't it obvious? It was better for us to stay away from each other."

Indeed, it was much better, because had she known where he was, she'd have had no hesitation in joining him; as the saying goes, "Your feet will lead you where your heart is." She'd loved him so much that she wondered if it were normal to love someone more than oneself. He'd taught her everything: how to have fun, ride a bike, drive a car, swim, and even do laundry by hand because, at home, it was the housekeeper's job. She felt as if he'd made her, as if she'd been born for him. Sadly, after two years living together and five miscarriages, the doctor had told them that they were close relatives, and that that was the cause of their misfortune. At the time, the news had been a big scandal; their mothers had been bosom friends. After this revelation, it was obvious that Sanda's mother had had an affair with Mulema's father, and Mulema's mother never forgave them. This irresponsible behaviour led their offspring to a point of no return in spite of themselves, and, after a trip to the village, they had had to part.

"And you, besides your fiancé, did you find someone else?"

"Yes, of course, the occasional man, but I didn't want a serious relationship. I didn't have another child…"

She went silent then, to change the subject, she asked him:

"Which countries did you visit?"

Enthusiastically, he told her about the Holy Land of Israel, the pyramids of Egypt, the temples of Japan, China, and many others. He didn't want to tell her how he'd almost died of Ebola in Sierra Leone during a humanitarian mission there, or about the people in Latin America who have no drinking water. She listened attentively, as if honey were flowing from his lips and she didn't want to waste a drop. She was enthralled. His story soon took Mulema back to those moments during their relationship when they'd travelled together to emblematic cities like Paris, to visit the Eiffel Tower, London, to see Buckingham Palace, and Dakar, to visit Gorée Island. It was also at this time, when she was almost twenty-six and he was already twenty-seven, that their romance came to an abrupt end, after two years living together, five years into their relationship, and a love they'd been sharing for ten.

They were chattering away, laughing heartily, having rediscovered the complicity they initially thought they'd lost. They were reliving their memories and it soothed the ache in their hearts. They understood each other without words, saw each other without looking, and felt each other without touching. They both knew it: they were soulmates. Throughout their lives, neither of them had felt this bond with anyone else, and even if they'd wanted it, they wouldn't have been able to. Theirs was a special kind of love.

After a while, Mulema got up to fetch some organic orange juice from a glass jug in the fridge. Sanda took two glasses from the cupboard and they went and sat back down. They talked about so many things that they lost track of time. They hadn't even realised that the sun had begun its journey westward; it was just the two of them, and the world no longer existed. They were in their bubble, where everything was rosy, and here, they weren't brother and sister. They were just a man and a woman who loved each other, like Adam and Eve; except their forbidden fruit was to not succumb to the joys of the flesh. A voice roused them from their sphere of happiness.

"Mama, are you there?"

Mulema recognised her daughter's voice. She didn't say anything, but took a sip of juice, and Sanda did likewise. Mbondi saw the backdoor open and went in. She stood in the doorway and Sanda finally had the privilege of seeing the person to whom he had given a part of himself. He noticed she was tall and thin, with dark skin, just like Mulema. Her very light-brown eyes reminded him, however, of his own mother, and this startled him. He stared at his host who looked at the floor and said nothing.

Mbondi cast a wry smile in her mother's direction, then spoke to Sanda as she walked towards him, waiting for him to extend his hand.

"Good evening, sir."

"Good evening, young lady."

"Are you a friend of my mother's? I've never seen you before."

"I'm her half-brother, so your uncle... You don't need to call me 'sir', Mbondi."

Instinctively, Mbondi leaned towards him and hugged him. Apart from her maternal grandfather and mother, she had not known any other members of her family, besides she had none. At last, fate had given her the chance to meet her uncle about whom she had heard a little, but whose picture was nowhere to be found. She had even wondered if he really existed, because of the silence and whispers about him, and especially his absence, even during very important events like her grandparents' funerals.

Mulema was very happy and smiled at her daughter's emotions. Mbondi pulled the third rocking chair a little closer to Sanda and sat down. She immediately felt at ease. She'd completely forgotten that she'd come because her mother hadn't bothered to show up for their weekly get-together and she'd been worried. She assailed her uncle with a barrage of questions. She wanted to know everything, where he'd been all this while, why he hadn't shown any sign of life, and—the question that was on her lips—why he had been away from his family. Sanda seemed to be suffocating under the weight of the questions, but he answered them with pleasure; he hadn't expected her to warm to him, having been a stranger all her life. Mbondi listened to him attentively, as her mother had done earlier.

"Hey, uncle, will you still be here next week? I'll be celebrating my fortieth birthday."

He started coughing, under the worried gaze of the two women. Mulema offered him a glass of water, but he asked for the toilet. So, she offered to show him the way. After pointing to the door at the end of the corridor, she turned to walk away.

"She's my daughter, isn't she?"

Mulema nodded slowly, as if reluctantly.

"The only one of our babies that wanted to stay."

"Why didn't you tell me?"

"It was hard enough for both of us when we found out that we were half-siblings, I didn't want to make things worse... What good would it have done if I'd told you? Would you have come back?"

"Maybe I would. I don't know! But what I do know is that I intend to make up for lost time. I'm not going back... I want to spend time with her."

"Shhhhhh... Don't say that, she might hear you. Besides, I wasn't sure I'd keep the baby anyway... it was mother who forced me to, and she's the only person I shared this secret with."

Unconsciously, he looked towards the door. Mulema also turned and did likewise, that's when they realised that Mbondi had been eavesdropping on their conversation. Both her hands covered her nose and mouth, and tears flowed down her high cheekbones.

"How long have you been standing there? What did you hear?"

"I heard everything, mother."

Mulema felt weak, her worse fear had come true. She had not wanted to be judged by her daughter, but now the irreparable had happened. She began to curse Sanda for coming back and agreeing to help her. If only she hadn't written to him, if only she'd looked for another solution, if only she hadn't chosen the easy way out, they wouldn't be here now. But this was no time for regrets; they had to decide on the course of action. For the first time ever, Mulema began to weep as she apologised to her daughter for keeping the truth from her. Mbondi went over to her mother and hugged her.

"Mama, I heard the whole story… I know it wasn't your fault and, believe me, I stopped believing that the man in the picture was my father ages ago." She smiled as she wiped the tears that were still running down her cheeks.

"I don't look anything like him, and that is the only picture of him that exists… all that had me wondering and, truly, I'm happy that my father is such a good person. Come, dad!"

Sanda felt an indescribable joy. Anyone would have thought it was the first time he was being called 'father'.

THE EXAM

Michel Dongmo

Translated from the French by
Hector Kamdem

———❧———

For you beautiful Angel
Worry not about your broken wings
Be steadfast
Soar, scale dizzy heights

———❧———

"I promise you I'll overcome this challenge, mum! I'll sit my baccalaureate at this centre. 'Blindness'! 'Blindness'! Whoever decreed success impossible with this little hindrance? Haven't you heard of Hellen Keller? Didn't she accomplish great things with her two hands?"

If only life were that easy: wave a magic wand and solve all your problems in one fell swoop. It's been six months since I said those words to mum during our umpteenth visit to Dr Kouayap's. Six months persuading her I'd survive, everything would be alright….

I had waited for this moment, all fired up. I thought everything would work according to plan. When the big day came, for more than ten minutes, I stood still, alone, on the ground floor of the examination centre, gazing longingly at the gate that had just closed behind mum. I was hesitant about braving the cacophony from atop the building. I'd walked into the yard as though driven by an invisible force, before it occurred to me that I was going there for real. Once I reached the building, it was all gone; my strength had left me as if by magic. I stood there, rigid as a pole.

I so wished that mother would come back for some reason. Even to tell me I'd forgotten something. But I'd checked everything at home the day before, and double-checked at the gate just a few moments ago; the instructions were very clear: "Candidates are requested to bring along all necessary material and are not allowed to leave the examination centre. Should a candidate leave the centre during exams, their paper will be disqualified." I had meticulously arranged everything in my backpack: my spare glasses—even though they served no real purpose—my pens, pencils and sharpeners, my eraser and my ruler, my braille board, the stylus and card stock—in case my eyesight failed me—my inhaler—in case I had an asthma attack—my administrative forms, my lunch… in short, everything I needed to face any eventuality.

I actually had everything I needed, and mother was fully aware of that. Yet, at the gate, she still verified everything to reassure herself all would go well for me. We had a puncture on our way to the centre and arrived five minutes before half past seven, the time limit for candidates. For mother, that was a bad omen. Despite her entreaties, the security guards wouldn't let her come with me to the exam hall. "No point insisting madam! You are not allowed to enter the centre." As usual, when it came to me, she was hard to convince. She desperately argued with the guard.

"I could personally take her to her hall if you like. What number is it?" he offered.

"Hall 6," she told him (she had come the day before to check my name on the hall allocation lists). Now she was at it again, being hyper-protective of me. She stared at me, willing me to grasp what she believed was the only assurance that I would get to my exam hall and be comfortably settled: the hand that the security guy was holding out to me. I kissed mother goodbye and, following some other candidates who had just walked past us, I went through the gate. All by myself, I walked across the big Lycée Mvog-Ekong schoolyard. It seemed vast! It was dotted with a dozen or so tall palm trees that made me feel very small amidst this elegant combination of tree trunks and concrete. More and more questions crossed my mind as I came closer to the building housing Hall 6, towards which the security guard had directed me. That was after I'd declined, with some regret, the hand he had kindly offered.

Hall 6… The only hall in the entire region for candidates with sensory disabilities. A hall for us, the impaired.

There I was, at the foot of the said building. Who would I meet in the hall? The other candidates, no doubt, already knew one another! They had certainly sat an exam together, at this same centre, last year. What kind of welcome would they give me? There I was, I who had built up a solid resolve since my last visit to my eye specialist, freaking out just a few minutes before my baccalaureate! Light years away from my initial determination…

A November afternoon, in the consulting room of the fashionable clinic at Avenue des Banques, Kouayap Sight Solutions. The air-conditioning was a godsend; the weather was unusually hot for this month when, normally, the Harmattan would leave people with chapped lips and force

Yaounde-dwellers to dress warmly.

Mother, sitting on the black leather chair meant for the doctor's assistants, tapped her feet mechanically on the floor. A few metres away, Dr Kouayap had been examining me for about fifteen minutes. The eventuality the man, who'd taken care of me since birth, had forecast when I was twelve had just been confirmed: my retinitis pigmentosa had worsened.

"Oh, no! Doctor, how? Why?" mother exclaimed, forgetting we were in a medical facility.

"Her retinas have deteriorated badly," he said, holding a small torch, whose yellowish beam he shone into my eyes intermittently. "Come and see for yourself." He made room for her close to him. "They don't react the way they should. The damage will soon spread to her entire field of vision."

"When, Doctor?" she carried on. You could tell from her voice that she was on the brink of tears.

"I don't know. Maybe tomorrow? In two weeks' time? In three years? I can't tell. I only know it is unstoppable, unfortunately!"

"Why should this happen to you now, my Sophie? Oh, my poor little darling!"

She lost it and went into a bitter rant. "Your father played such a trick on us!" she sobbed. She was on the verge of telling the all-too-familiar story of how my father had passed on this "filth" afflicting his family to me; how he had abandoned us a few months after my birth when the doctor announced I was suffering from this genetic disease, just like my maternal grandmother and some of my aunts before me....

"And you'll be sitting your baccalaureate in May!" she concluded, in total despair.

"Hey! Françoise, please, calm down." With the left hand, he fished out a packet of tissues from his white coat and handed it to her. "All is not lost, you know," he went on, comforting her with a hand over her shoulder. "She could still sit her exam in the special centre for candidates with sensory disabilities. It's nearby, just a stone's throw from here, at Lycée Mvog-Ekong."

"I heard about this centre when she was sitting her BEPC, doctor. I never thought things would get to this stage so quickly. And what if this blindness hits her in the middle of a paper? I don't think she'll manage it. You know how she—"

Before she could complete her sentence, I countered with this argument which, from that moment, never stopped going through my mind. Ever since I was a little girl, I've been sneered at and called names by my schoolmates each time my illness landed me in all kinds of absurd situations. I'd bet the Les Copains private school in Mimboman will never have any other pupil as fragile as me.

In the third year of primary school, each time Mr Amadou sent me to the board, the whole class would shout: "Touuup, hit the floor!," to remind me that if I missed the next step, I'd land on my backside. In the fifth year, our classroom was on the second floor. Each time I'd go up or down the stairs, all the pupils around would form a sort of handrail with their linked arms, betting on who would be the first to "catch the mango" before it hit the ground. As if they took it for granted that I'd miss a step and fall.

When I told mother about what I was going through at school, she never failed to come to the rescue like a superheroine, asking my classmates to be nicer to me. She would even march right into a lesson!

And so my friends took me for a perpetual mummy's girl who couldn't get by without help, who badly needed maternal pampering… After one of her numerous visits during the final year of primary school, my mates even nicknamed me 'Bébé Ti-Ji', to make a change from 'the Bat', as they had been calling me until then.

When I started secondary school at Collège Père Gentil, things changed radically. Even though my situation hadn't improved, I no longer took any humiliation from anyone. My numerous misfortunes had transformed me into a rock, and I became impervious to all forms of jeering. But mother didn't know about that.

After my father left, she went through a long period of solitude. Then a cousin of hers set her up with Tanefouo, a Douala-based businessman. She had, however, never wanted us to move there, because she placed my health above all else. She earnestly believed the doctor would find the solution to my disease. Three years ago, my stepfather had opened a beauty salon for her in the Tsinga neighbourhood so she could provide for us and afford my hospital bills. Between her numerous trips—to Douala to fulfil her duties of love, to Dubai to purchase beauty products—and the rest of the time she spent in her salon catering to her clients' beauty needs, she didn't have much time to listen to my troubles at school. She knew nothing about my newfound reputation. My schoolmates now knew enough to not make jokes about my disability. Mum didn't know about that either.

In a short time, I had managed to somehow overcome my earlier resignation. On reflection, as I approached the end of my studies, I told myself I needed to arm myself with more courage to face the last major challenge in high school. To prove the gloomy forecast associated with my disease wrong, I had to overcome my doubts by all means and enter that Hall 6.

And so I resolved to do it, and I set out in search of the hall. I had to take the stairs to the first floor. I got back on the move. Midway, I heard some rhythmic tapping coming up behind me. I paused to have a closer look. The student's face soon became clear when he reached half-way towards me. He had a bushy beard; a Jean Michel Kankan lookalike! I wondered who'd let him in with such a beard. His look made him appear at least five years older than me! Before I could signal my presence, he greeted me and started a conversation, as his white cane stopped close to my feet.

"Good morning sir or madam, could you take me to Hall 6, please?"

How did he know I was there? How had he sensed it? Had he heard me? I couldn't be too sure. I didn't bother him with any questions however.

"Yes, sure! I'm going there as well. Follow me," I replied.

"Ah, a girl. I don't recognise your voice. What school are you from?" he said, subtly shifting from a formal to a friendly tone, which didn't bother me the least. Meanwhile, he was walking with ease behind me, probing the way with his cane.

"Collège Père Gentil…"

"Really? I didn't know they enrolled students with disabilities…"

"Who's that? A tic-tac or a mou-mou?" a voice interrupted our conversation.

We had just walked past a classroom. I'd been carried away by the conversation and completely forgotten where I was heading.

"Don't worry guys it's me, Moussima. Is this Hall 6?"

So, his name was Moussima! We hadn't even introduced ourselves properly. Just then, an invigilator came out of the hall and met us at the door.

"Come this way, you are at the right place." He checked our Ids and went on to meticulously search our bags. "Oh, are you Sophie Ngono, the partially sighted girl from Père Gentil?" he asked.

"No, simply Sophie Ngono! I see you as well as you see me!"

"If you can see that well, then you'll be able to find your desk on your own," he concluded, as if to punish me for the tone in which I'd replied.

He then took Moussima to his seat while I took the tools I needed most out of my backpack, then left it underneath the blackboard. When he returned to the front, he made an announcement:

"Ladies and gentlemen, it's almost eight o'clock. We are still expecting one candidate, and as soon as she is here, we'll start. Get set, I'll be right back," he said, and went on to translate his words into sign language for the candidates on the right, before leaving the hall without further ado.

Once the invigilator was gone, the other candidates engaged in banter. "Hey, big Mouss! Looks like you aren't alone this year. So, dis tin don pass you sotey you bring na ya chap make yi cam helep you?" All the others seemed to be enjoying the jocular mood.

Moussima gave an awkward smile, as if embarrassed by this reminder of his many past unfruitful tries at the baccalaureate. The joke provoked a general fit of laughter; at least, in the left column. Those on the right were communicating with gestures. They could only be deaf-mutes!

Mou-mou. Tic-tac. I found it hard to believe that people with disabilities had no scruples about using such words to talk about themselves! Did they not find it offensive when an "able-bodied" person called them those names?

From the moment we'd walked in, and after the barb with which he had been welcomed, Moussima got busy chatting with his peers in his same row. They definitely knew one another. I'd guessed right, these guys had met before. Amidst my daze, it occurred to me that I was still on my feet. The initial hoo-ha had almost made me forget the most important thing: I had a desk number, and that's what I had to look for.

The right column was full when we arrived, so I started from the middle. So far, there was only one person on the third seat: a frail-looking boy who kept staring at me. When our eyes met, he put on a tell-tale smile that suggested relief at no longer being the Robinson Crusoe of his section. I smiled back, albeit more discreetly.

The desk numbers looked all blurred. I had to get close enough to be able to decipher them. The boy immediately rose.

"W-w-we-welcome miss. Ma-ma-my name is Sa-sa-Samuel D-don-fack. Can I help you f-find y-your seat?"

"Sorry? Actually I'm looking for number 13, but I can find it by myself. Thanks!"

Uncertain as to whether I'd correctly replied to the question he'd just stammered out, I carried on looking for seat 13. But then, he insisted on helping me. When he found the seat he thought was mine, he came back to me and resumed the conversation amidst the racket our neighbours to the left and right were making, wittingly or unwittingly.

"Th-th-thirty is at the back. La-la-last but wa-wa-one!"

"Nooo! I said 13, not 30," I repeated, much louder.

"Oh, th-th-thirteen su-su-super! This is number 13. You are dj-dj-just behind me!"

I took advantage of my divergent eyes—which made formidable spy aids—to stealthily keep an eye on him. I couldn't understand his gesture. He had just performed one of those acts of compassion that are sometimes a cover for pity, and which make me wary.

Yet upholding my independence was now pointless. Even if he was the one who'd found my place for me, I still had to sit in it. I followed him as he showed me to the seat right behind him. Then I continued to spy on him. He appeared to have normal eyesight; he wore neither glasses nor contact lenses. But then, for him to hear me, I had to repeat myself several times, and speak louder and louder.

He was probably half hard-of-hearing and half mute. A bit like me, midway between able-bodied and disabled. A sort of 'latte' on the impairment scale.

So that was how the hall had been arranged: those with glaring disabilities were on the outer edges and the 'lattes' in the middle. Like the others, Samuel tried his best to engage me in conversation, whereas I wanted to keep a cool head before the philosophy paper.

"D-d-do you nun-know, tha-that, you're the only wa-one a little bit l-l-like me in this h-h-hall?" he went on.

"Sorry?"

"I'm fr-fr-from Ly-ly-lycée Soa. Chai! I w-w-walked a long w-way to g-g-get h-here, massa!"

I couldn't get a word in. Within a few minutes, the hall began to sound like Mokolo market in full swing! To the left, the altos were warming up their vocal cords, singing trendy songs; to the right, the sopranos were babbling and signing away. As far as I could tell, they weren't following any musical score. The notes rang out, hurting eardrums that were still sensitive to sound; that is, those on the left, and ours, the poor spectators in the middle who had been drawn, willy-nilly, into this absurd spectacle resulting from the invigilator's lackadaisical attitude.

"Will someone tell that rowdy lot they're deafening us?" someone shouted from the left amidst the mayhem. I made out that voice, a male voice. The same voice that had made fun of Moussima and I a while ago. Now that he was done with Moussima, he was picking on the candidates on the right. I was utterly sickened!

"Hey, you lout, if you want them to keep quiet, start by

shutting up yourself," I said.

"Whoooaaa! Dude, you going to let her get away with it?"

His cronies laughed at him heartily. To save face at all costs, he threw another insult at me:

"I'm so lucky God deprived me of sight, to spare me the horror of looking at trash like you!"

"Hahahahaha! You win, bro! She'll shut her ugly mug next time."

"Don't worry, even if He'd given you four eyes, you'd still be just as stupid!"

"Whoooaaaa!"

To my greatest astonishment, I saw Samuel translating my clash with the guy on the left into sign language for those on the right. I was more shocked by that than to discover that he knew sign language. He no doubt wanted to 'stir' things up a little bit.

Those on the right now jumped into the fray, clapping hands, as if pushing us into a physical confrontation. The same invigilator who had left the hall a few moments ago came back sporting his paunch and his hit man looks. He had to clap his hands very loudly to signal his presence to the warring parties.

"This is an official examination! How dare you turn this hall into a madhouse? Who started this commotion?"

Feeling probably the most offended, the snot on the left sprang up from his seat and launched into a dubious defence:

"Let me start by introducing myself. My name is Stève, but in the kingdom of the blind I'm called Stevie

Wonder—the Eighth Wonder!"

"Ching! Ching! Ching! Stevie's the boss here!"

His introductory remarks won the approval of his cronies on the left. They whooped and cheered their presumed leader, banging their white canes on their desks to emphasise their support.

"The young lady sitting next to the stammerer, I'm not sure she knows, but we're the kings here. One more insult and she'll not leave this place with her front teeth."

"And what makes you think you can scare me, insolent brat! Don't you know that in the kingdom of the blind the one-eyed man is king?" I shot back, springing at him, fists clenched, ready to thump him.

"I may not be able to see you, but I can smell you. I'll teach you a lesson today," he said as he stood up brandishing his cane.

"Enough! Do you hear me? Stop this!" The invigilator was now struggling to regain the authority he'd lost by leaving the room. He clapped his hands so energetically that he almost sprained his wrists.

Granted, he was right: we were in an exam hall, and about to start the first paper in a few minutes. But I hated this spiteful Stève. The old Sophie had died when I started secondary school. If he continued to make fun of us, he was going to get a taste of the new. Peace hadn't yet completely returned to the hall. I ended up calming myself down, but stayed on the alert, just in case my attacker made another gibe.

Then, we heard footsteps from the corridor. They were interspersed with that ridiculous onomatopoeia some had coined to refer to the visually impaired: tic-tac. I naturally presumed it was a left-sider. But that row was already fully occupied. The right-siders, Samuel, and I realised that the newcomers would need a desk with seating space for two. The girl was accompanied by a man who looked as if he was going to stay with her throughout the exam. They sat on the first desk in the middle column, following the invigilator's instructions.

I've always hated preferential treatment stemming from disability. Why on earth was this candidate getting special treatment? Before I had time to react, the Stève called out to the invigilator:

"Excuse me, sir, why is she not sitting here, with the other visually impaired?"

"And what's that man doing next to her? Is he here to write for her? Does she think she's worse off than the rest of us?" I chipped in.

Those on the right side were making signs of disapproval to the girl's assistant.

"Before we proceed, let me introduce Nicole Bahoken. She is visually impaired as some of you will have noticed. But life hasn't been kind to her. She was already deaf-mute when she lost her sight in an accident last year. She has special authorisation from the Ministry of Education to have an assistant. On that note, I wish you all good luck!"

We were all flabbergasted. Those on the right found it hard to believe what Samuel had just translated. Stève and I remained standing close to each other, as rigid as two wax figures, stunned by the wonder we'd just heard, unable to say a word, completely dumbfounded.

THE RAINBOW ESCAPE

Alice Oyono

Translated from the French by
Maison Bindzi Concorde Diane

That morning again the door creaked. Such an annoying sound. Annie heaved a sigh. She had forgotten to call the carpenter again. Wiping her feet on the welcome mat, she threw her keys on a piece of furniture nearby: a red leather sofa that had lost some of its shine. The cumbersome market bags in her arms carelessly followed suit. Annie stretched. Going to the market was definitely her least favourite chore. She always came home sweaty, exhausted, and in a foul mood.

She looked around the living room. The kids were back from school. Shoes and remote-controlled cars were lying everywhere. There was a T-shirt in the corner and a water bottle next to the lamp. Wednesday was a challenging day due to the compulsory market trip, but it was made even more so by the kids coming home early from school with loads of energy… unfortunately for her.

She would tell the maid, Josephine, to deal with the mess. What she needed right now was a glass of fresh water. Heavy-footed, she rounded the corner sofa, pausing in front of the framed mirror on the dresser to look at the young woman before her. Her reflection made her wince: skin too pale for her liking, thighs too thick, and ill-fitting jeans. She had a thin face, laughing eyes, and long curly hair that she had tried to tame with a headband. She wore skinny jeans, sandals with thin straps, and an oversized shirt, embellished with a gold brooch encrusted with white pearls. She never went unnoticed; another reason why she hated going to the market. Hawkers and passers-by were always whistling at her, offering their services or calling out compliments, some of which were inappropriate. Annie was used to being called

Mami Nyanga or Kardashian, which was embarrassing, admittedly, but certainly not unkind. At 37, she knew her figure and style were flawless compared to most of her peers. Josephine often hinted that she could have been a model. She doubted that. After four pregnancies, Annie's body was not what it used to be, despite her long legs and slender features. Her style remained perfect though—she made sure of that. After a little twirl, Annie stepped away from her reflection. She had barely reached the kitchen door when something on the floor caught her attention.

Several things actually; pieces of an object. Pieces of her favourite vase, the sole inheritance from her late grandmother, lay on the floor. She was dumbstruck. Obviously, someone had tried and failed to hide them under a stool. This explained the sound of footsteps on the staircase when she came in. The culprits were hiding on the top floor to escape their mother's wrath. She thought of all the times she stopped them playing in the living room, and a tremor ran through her.

Could it have been the youngest, four-year-old Arthur, or the eldest, fourteen-year-old Loïc—who were the most stubborn of her children? Annie fumed, her hands trembling, but she still could not utter a single word. She finally decided to call her husband and share her anger with him. Surely, he would convince her not to strangle their children. He was a man who knew how to keep calm in any situation, a rare trait his wife was willing to acknowledge.

Mr Soppo picked up on the first ring.

"Boo, you must've read my mind. I was going to call you."

"Soppo, I swear I'm going to do something to your children. I can't take it anymore!"

Saying those five words aloud seemed almost liberating. She wanted to repeat them, sing them, and tattoo them on her skin. I CAN'T TAKE IT ANYMORE. I CAN'T TAKE IT ANYMORE.

"What have the little devils done this time?" he asked softly.

"They broke grandma's vase, the one on the shelf in the living room." Her voice sounded shaky.

"Oh no!"

Mr Soppo paused for a moment, then continued:

"Don't worry, bae. I know a guy in Douala. He works in a second-hand shop; he can glue it back together. Just keep the pieces. It'll be okay, I'll take care of it."

Annie nodded automatically; she had stopped trembling. Her husband always knew how to calm her down. Her friend often said he had a way with words. Maybe it was this extraordinary ability that made her accept everything, put up with everything for all these years.

Okay, the house in Nkongsamba was a joint decision. Douala was too noisy a town to settle in. They both grew up there and wanted something different: lots of space, safety for the kids, peace… But the rest of it—the house, taking care of the kids on her own (while he was always stuck in the air, rarely reachable), cooking something new on a daily basis, teenage crises, PTA meetings, sleeping alone at night—none of this had been on her wish list. She could have found a job. She should have, but the opportunity never arose. Once she turned twenty-three, her days were just so full. First she had Loïc, then Emmanuelle came along two years later, and then there was Kevin. After that, she never had the time or inclination to look for a job. He had convinced her she did not have to, that he would provide for the family if she would take care of everything in his absence. And for fourteen years, that was what she did.

"Good news, though, that's why I wanted to call you. Remember Madame Françoise?"

Annie raised her eyebrows in recognition. Yes, she did. The lady was divorced many times over, dressed only in Chanel suits, and travelled first class from Yaounde to Paris every week. She was her husband's favourite passenger.

"Yes, what about her? Has she found a new husband?"

Mr Soppo cracked up on the other end of the line.

"Of course not! Though she wants me to set her up with Charles. I'm still against that for now."

He sniggered even more.

"But guess what? She's invited me to Paris Fashion Week next month. Apparently, she has tickets."

Annie said nothing; she couldn't even talk. She felt a lump in her throat. Unaware of her unease, her husband added:

"She even suggested I bring you with me, but I told her you're no longer into that kind of thing. Besides, there's the kids..."

She did not hear the rest, hanging up on him. The tremor was back, stronger, more intense. She let out a cry she didn't recognise; it came from somewhere deeper than her throat. A cry echoing from her heart.

Get out of this place! said a voice in her head.

Pushed by an invisible force, she quickly ran up the stairs, crossing the corridor, storming into the bedroom. She yanked open the lacquered wooden wardrobe and pulled out clothes randomly, throwing them on the carpet. Then she grabbed the suitcase from the top shelf of her dresser and began stuffing it with jeans, skirts, linen blouses, and silk shirts. She zipped it up after tossing in her toilet bag and two pairs of sandals.

A gust of wind threw open the door to her balcony, making Annie jump. She left what she was doing, walked up to the glass door and yanked it shut. She stayed there for a while, gazing at her favourite spot: a sun lounger, rocking chair, and a little outdoor bar, all sheltered beneath a colourful canopy. Each day, and for quite some time, the young mother did what she loved best, away from prying eyes: she filled notebooks with all sorts of sketches. There were pictures of flared feathered dresses, fitted lace bustiers, classy linen suits of all different colours to brighten up her days. Whenever she quickly glanced through her notebook, she could just picture her dream fashion show: her models strutting on a catwalk, the lively music giving them wings, the never-ending applause. She'd wave from a distance, a bright smile on her lips, and a final bow before disappearing behind the curtains like every fashion designer before her. She would miss her balcony, just the same.

She went back downstairs, followed by questioning eyes hiding behind half-open doors. Josephine was waiting for her at the bottom of the steps, market bags in each hand. Without even looking at the woman, Annie grabbed her handbag from the sofa and walked out of the front door, slamming it behind her. She heard the young woman asking her questions, but her mind could no longer process anything. Restless, all she wanted to do was flee the house. She didn't take her car, which was parked just outside, and instead hailed a passing bike: "Guarantee Express, 500!"

The driver stopped, surprised, but happy at such a generous offer. He let his passenger climb on, saddled with a small suitcase. He drove off in a cloud of dust.

B

"Next stop, Bafang!"

The bus driver's announcement jerked her awake. Annie looked through the window at the passing scenery: forests, houses, plantations—a never-ending cycle. It soothed her. She had a few travel companions, all of them asleep. Well, except for one. There was this average-looking, salt-and-pepper-bearded man who kept turning around, asking her questions: where she came from, where she was headed, if she was married. Every time he opened his mouth, a vein throbbed on Annie's forehead. His words turned increasingly seductive as he talked to her, but Annie was losing her temper. Was it because he was old enough to be her father, or was it his high-pitched voice? It did not matter; she harshly told him off:

"Uncle, stop bothering me. It's none of your business! Let me enjoy my trip in peace!"

Shame-faced, he quietly cowered back in his seat, stopped turning around. Annie smiled with satisfaction, then wrapped a scarf around her shoulders as the temperature in the bus had dropped a little. She took her phone from her handbag and sighed, seeing the screen full of missed calls from her husband and messages from Loïc and Emmanuelle.

"Mummy, where are you?" asked Loïc.

"It was Arthur, not me. I wasn't even playing with him," he revealed.

"Mummy what are we going to eat?" enquired Emmanuelle.

"Can I still sleep at my friend's tonight? You said yes!" she worried.

Annie quickly switched off her phone. Josephine would figure out what to do.

I knew it was Arthur, the voice whispered.

She shrugged. Nothing mattered—house, children, husband. All she wanted was silence. She could stay on this bus forever. The people were quiet, no one needed her. She sighed.

And that idiot had the nerve to say fashion shows are not really my thing anymore. Fashion shows! Has he gone mad? the voice spoke out.

Her husband was not cruel. He was clumsy, insensitive, and self-centred, but not evil. He was not aware that his wife secretly sketched gorgeous outfits in a notebook, dreaming of bring them to life someday. Of course, he knew she was a fan of fashion magazines and that, even at home, she was always well-dressed. He knew all that. And he was proud of her. But he didn't know she still nurtured this dream after all these years…

With time, what was once a passion of youth had turned into an escape from the world. When she held her pencil, she felt free, young, and capable of anything. She dreamt of her creations being revealed to the world someday, in a rainbow of lace and fabric. But her dreams were dreams, while her husband was turning his into reality. When they first met, he was a young trainee pilot on holiday, and she was a young Marketing student at the University of Yaounde II. He had this pleasant, foreign smell and spoke of countries she had never been to before. She was spellbound. Diane had introduced them during a party at her parents' house. Soppo was undeniably the most handsome of the young guys at the party. He had broad shoulders, a charming smile, and a muscular physique. He hadn't needed to date her for long. She had loved him immediately.

A jolt pulled Annie from her thoughts. She grabbed her notebook and pencil from her bag. Going slowly through pages darkened by sketches, Annie daydreamed once again of lace, flared cuts, long trains, asymmetric cuts, and big buttons… all of these merging into an eclectic swirl of styles. Annie started drawing a bust, a waistline, then legs that went on forever.

The bus finally stopped, and the passengers disembarked, one by one. The drive had not been that long, yet Annie felt she had stepped into another world, a different atmosphere. She could breathe again. The people of Bafang seemed surprisingly cheerful, walking slowly as if floating. The trees seemed greener; the air gentler. She sat on a bench and started observing her surroundings: a mother held her son by the hand while he sucked on a sweet; little boys were playing football a little further away, using huge stones as goalposts; a group of youngsters walked by, laughing arm in arm. She breathed deeply, closed her eyes, and imagined she could freeze time, capture the moment. She felt inner peace; no wind, no turmoil. Her spirit was at one with nature. She rarely felt such serenity. Was unconsciousness the hidden pathway to freedom? If she had known this, she would have abandoned everything aeons ago. Freedom was fascinating, delicious. She could just savour its subtly sweet flavour on her tongue.

When she opened her eyes, brown ones were gazing back at her. It was a teenage girl with a thin face and slender build, just like her. She had left the group of youngsters who were laughing out loud a few minutes ago and now stood before Annie with her purple braids and old trainers.

"Sister, sorry to bother you, but I just wanted to say I love your style."

Annie gave herself a quick once-over then smiled back at her. She gave her fifteen years at the very most.

"Thanks. That's so sweet. I just grabbed what I could this morning," she shrugged.

"You should come watch us dance in the courtyard over there. We could say we have a VIP in our audience."

Annie smiled once more, secretly grateful the girl had not called her 'Kardashian'. Dance! It had been so long since she had taken part in such an activity. Her legs would probably be surprised to have to move in sync with her arms. This was going to be fun.

Besides, we have nothing better to do and no place to go, the voice whispered.

"Okay, let's do it," Annie decided.

She followed the group. The teenage girl, Ariane, told her she was president of her school dance club, and that they were on a school trip. They were organising a free show at the town square to entertain the locals. Her carefree nature touched the young mother's heart. Ariane spoke quickly and loudly, her classmates nodding in approval. Her instructions were clear, but not stern; she was the leader. The group disappeared into a bar, reappearing a few minutes later, barefooted and clothed in outfits made of leaves. The Place des fêtes was full of youth and adults who had come to watch the show. Musicians with balafons and drums were settled under a tree, and as the first notes sounded, the crowd began to stir. Ariane and her group were on stage, and the audience whistled in encouragement. The group's steps were smooth, coordinated, lively; the green leaves tied around their waists contrasted with their orange caps and dark skin. The wind blew, almost dancing with them, as if captured and transformed into their friend. With lighter, more sensual moves, they undulated to the rhythm of the drums, taking turns dancing at the centre of the octagon they had created. Ariane stood out from the others—she was undeniably good, but she also had that extra something. Her smile was radiant. Annie recognised that smile. It was passionate, the smile of someone doing what they loved. She had that same smile when sketching on her balcony. It was the same one she had years ago, one morning in July…

In the midst of the dancing crowd, the young woman saw herself when she was fifteen, standing in front of Alphadi the Great as a participant in the 1997 National

Young Fashion Designers Contest. Surrounded by thirty contestants, she had faced a jury on a stage that was far too high. The fashion designer scorned her, sneered at her sketches, and looked at the dress she had sewn with even more disdain. She had been close to tears but had held on for dear life. Then came the verdict—harsh, cold.

"Young lady, your creations are mediocre, they aren't stylish. I don't think you have any talent for this profession."

He had looked at her straight in the eyes, pointing a finger at her. Annie had been stunned, unable to utter a word. She had not defended herself, nor insulted him back. She had simply turned around and left. That day, she gave up on her dreams of being a stylist. When she had arrived home, her mother had comforted her, wiped away her tears.

"My daughter, go back to school. That kind of career doesn't pay the bills anyway. And to succeed in that profession, hmm, you have to be weird. Go back to school and you'll find a good job," she had advised.

She had listened to her mother and followed her advice. She ended up graduating in Marketing, then marrying Soppo, and becoming pregnant with her first child. She had no regrets about following her mother's advice; she had a happy life, a privileged life, but one full of compromise. A life that, in the end, did not reflect who she was. A life that eventually infuriated and broke her.

Ariane moved smoothly against her partner on stage. The rhythm had changed, the balafons could barely be heard; only the low beating of the drums stirred the crowd. The young couple searched and found each other at every step, every thrust of their hips, like a courtship. The other dancers surrounded them, trying to pull them apart. They refused to surrender, fighting gracefully and harmoniously to perform till the end. Finally, their opponents gave up and they continued dancing. The crowd seemed hypnotised, moving left to right, following their moves. Annie found herself dancing, under the spell of the lovebirds and the soft music. Someone in the crowd asked her to dance with him, but she refused while repeatedly turning around and around. She had come here to find herself; she would dance on her own.

Take some time for yourself…

Diane's voice echoed in her head; she said this every time they met. Yes, from now on, she would take some time for herself. No more hiding on the balcony; she'd go dancing on Friday nights. On the outskirts of town, there was a cabaret called Le Cosy, where Kizomba lessons were held every Friday. She could finally learn how to dance. No husband, of course. It would be her alone time.

Someone put a hand on hers; it was Ariane. She had cut through the crowd to come and find her. All smiles, she pulled Annie towards the stage amidst thunderous applause.

She could not stop laughing; the situation seemed so absurd. Without knowing how, she was on stage with Ariane and the other dancers; no fear, no stress but hysterical laughter taking complete hold of her, not letting go.

What are you doing? If Loïc could see you, whispered the voice, amused.

She snorted again.

"Sister, follow my steps. It's easy, you'll see."

Ariane's voice was reassuring, but Annie could hardly hear her over the shouting and balafons, which the musicians had started playing again. The crowd was ecstatic, making the newcomer remove her sandals to keep up with the others. One young dancer quickly tied a belt of green leaves around Annie's waist and patted her on the back in encouragement.

Forward, backwards, left, about-turn, cross. Ariane's instructions seemed clear to the rest of the group, but not to Annie. She nodded inwardly anyway, diving in with an enthusiasm that was so unlike her. She got the steps almost right. Ariane tapped her hands to hers, then gave more instructions, which she followed better than before. The crowd went wild, clapping incessantly. The rhythm of the music picked up pace. Left, wiggle, right, wiggle, cross, down, block. Annie mirrored what she saw, in sync with the dancers. Encouraged by them, she danced, jumped, arched her back, following the feverish rhythm of the balafons. When the last note resounded, everyone stopped and hugged her. Ariane praised her, inviting her to bow before the now swollen crowd. And so she did, perspiring and out of breath. They applauded her, some even whistled. She was all smiles despite her drenched shirt and dusty feet, but she couldn't care less. There, in front of this jubilant crowd and surrounded by these young dancers, Annie was glowing and she knew it.

Right then, she realised the problem was not her absent husband or her infuriating children, but her monotonous daily routine—the comfort zone she never dared leave. She lived a life no longer enough for her. She had put up barriers, isolating herself on a balcony to sketch her creations, hiding them from the world. The fear of being called mediocre had tormented her, caged her in, but she had never given anyone the chance to free her. In the fashion world, was Alphadi the gold standard? Certainly not. His designs were not to everyone's liking either. Yet, she had let him crush her, destroy her. An opinion, a single opinion had been enough to discourage her from pursuing her dreams. Such cowardice! How long would she keep on running? Looking at Ariane smiling from ear to ear, high-fiving her friends, the crowd chanting, Annie realised she wanted all of that—to perform, to practise, to act, to venture, to live. Her day-to-day life as a woman would never be easy, she knew that. Still, life was worth living; it was worth taking chances, diving in even if you hit a brick wall. Isn't it said that in each failure, a lesson can be learned? Who knows, she could succeed where she thought she'd fail. Like today.

Her husband was not superhuman after all. He was always confident and self-controlled; just a guy who had it all figured out and was comfortable with who he was deep inside. She decided to be the same from now on.

After hugging Ariane, she left the stage, waving cheerfully to the public's applause. Putting on her sandals, she headed for the bus as the show continued behind her. Another spectator was already climbing on stage to join the group. Annie walked, feeling renewed—like she was floating—her heart pounding. Switching on her phone, she dialled her husband. Before he could utter a word, she said:

"You know what? The place at Bonaberi? Don't worry about finding a new tenant. I'll take it. I'll open my studio there."

Mr Soppo was taken aback. He ventured anyway:

"Studio for what, babe?"

Bricklaying, mocked the voice.

"You know, the thing I'm not into: fashion. I'm finally going to create my own outfits, bring my sketches to life. I'm taking the leap."

He paused, collected his thoughts as best he could and asked:

"Shouldn't you be trained first? Do you have any partners ready to work with you? A stylist? Assistants?"

"You're talking to the stylist. And self-taught by the way!"

"I know you've got an eye for these things. You'll be amazing as always, babe. But the place… I'm not sure it's possible. We need the rent. It really helps us."

"As do I!"

He went quiet.

"Honey, listen. It's time I did something for me. Not for Loïc, Arthur, or even you. But only for me, Annie Soppo. I'm beginning a new chapter in my life, and rest assured I'll do things right, starting with a brand-new workspace, ideally on the roadside at Vieux-Bonaberi!"

Give me five, sis. You said it! the voice cheered.

"OK, as you wish," he finally conceded, taken off-guard by such passion. "Can you go home now? The kids are alone with Josephine."

"No, I'll still be a while. You could go home and take care of them too."

"You know very well that I would if I could."

"That's the thing, sweetie. I've learnt that where there's a will, there's a way… or you find a way."

The only response Annie got was muffled mutterings. She hung up without another word. She got back on the bus and, while it drove off once more, the young woman had a radiant smile on her face as she retrieved her faithful notebook from her bag and began sketching.

About the Authors

Alice Oyono is twenty-four and lives in Yaounde, Cameroon. She holds a Master of Science in International Business Economics and Strategy from the IESEG School of Management in Lille, France. Alice is a playwright, novelist and blogger. Her short story, "L'Inconnu du Parc" [The Stranger in the Park], was published in 2016 by the Kusoma Group in a short story collection entitled *Toi, Vis* [*You, Live*]. That same year, she was a semi-finalist for the 32nd Prix du jeune écrivain de langue française, an international prize for young French-language writers. She was also a prize-winner in the 2019 Francophonie writing competition held in Cameroon. Alice is a firm believer in family values, charity, and ethics. She is passionate about film, gospel music, and volunteers for charities.

Barah Mariette holds a BSc in Mathematics and Statistics and is currently a master's student at the University of Bamenda. She is a tech enthusiast, avid reader, storyteller, and poet. She is a writer at *Self-ish* and is currently working on a short story collection. She is reachable by email via njolika2ma@gmail.com.

Bengono Essola Edouard is a twenty-eight-year-old civil engineer. From a tender age, he developed a passion for writing, which he found to be a liberating exercise. He won the 2014 edition of the Prix de la Nouvelle Sévérin Cécile Abéga, organised in partnership with the French Institute of Cameroon (IFC), with the short story "Le Beau Jardin du Fonctionnaire". In 2017, he won the Bakwa Magazine Short Story Competition with the short story "De Passion et d'Encre" ("Of Passion and Ink"). His flash fiction piece, "La Contre-Exposition", won him the first prize in the 2017 edition of the Cène Littéraire competition. The same year, he won the National Young Writers' Competition with "Maimouna ou la fatalité".

Bertille Audrey Mbarga is a twenty-two-year-old student who recently graduated from the University of Buea with a BA in Bilingual Studies. Currently resident in Yaounde, she would like to further her studies to become a language teacher, to contribute to the training of future generations and inculcate in them the love for reading.

As a daughter of two teachers, she was introduced to the literary world at a young age and wishes to convey positive messages to the world through her writing.

Géraldin Mpesse (1991) is a secondary school teacher and a multilingual poet from Cameroon. His poems have appeared in several reviews and literary anthologies in Africa, Europe, and Latin America, including *Best New African Poets 2018* anthology, *Palabras Tabuadas*, and *Antología Mundial "La papa, seguridad alimentaria"*. Géraldin is a standing member of the African Festival of Emerging Writers (FESTAE) organising committee, a member of the reading committee of La Revue des Citoyens des Lettres, and a member of the consultative committee of Poesía en Tránsito. In 2019, he was a finalist in the short story contest organised by the Spanish Embassy in Cameroon. In addition to his literary pursuits, Géraldin Mpesse is promoter and managing editor of the *Lepan Africa Revista* magazine and is studying for a Master's in African Languages and Linguistics at the University of Yaounde I.

Howard Meh-Buh Maximus is a PhD Microbiology student at the University of Buea, Cameroon. His work has been published in *Aerodrome, The Africa Report, Bakwa Magazine, The Kalahari Review*, and *Brittle Paper*. His fiction and non-fiction pieces have been published in anthologies such as *Selves: An Afro Anthology for Creative Non-fiction, Love Stories from Africa*, and *Limbe to Lagos: Non-fiction from Cameroon and Nigeria*. He was a participant of the Literary Exchange Programme for creative non-fiction between Cameroon and Nigeria, organised by *Bakwa Magazine, Saraba Magazine*, Goethe Institute Nigeria and Goethe Institute Cameroon. He is a staff writer for *Bakwa Magazine* and is currently working on the novel that got him on the Miles Morland shortlist 2018.

Mbianyor Bill-Erich is a medical student, with a passion for creative writing. He is a young Cameroonian writer who won the fourth prize in the 2017 edition of the National Competition of Young writers of Cameroon. He is also a writer for the literary magazine *Writer's Space Africa* and *The Gideon*.

Michel Dongmo Evina lives and writes in Ngambe-Tikar, a rural locality in Cameroon. Writing for him is a matter of urgency. His writing draws from the harrowing, the absurd, and the laughable, which are the essence of the human condition. With his short story, "Naufragé du destin", he was runner-up for the 2017 Stéphane Hessel Prize for young francophone writers. He also tries his hand at poetry, and his debut poems are featured in *Bearing Witness*, an anthology that seeks to soothe the pain resulting from the socio-political crisis in the North-West and South-West Regions of Cameroon. A teacher by profession, Michel carries a quarter of a century on his shoulders.

Monique Kwachou is a Cameroonian writer, youth worker and scholar of Gender Studies and Education for Development. She published her first book, a poetry collection entitled *Writing Therapy: A Collection of Poems*, with Langaa RPCIG in 2010. She has since published poems, short stories and articles in various international magazines and anthologies including *To See the Mountain and Other Stories* (2011), *Summoning of the Rain* (2012), *It Wasn't Exactly Love* (2015) and more. She has been national Public Relations Officer for the Anglophone Cameroon Writers Association.

Nelson Kamkuimo was born at Bahouan in 1994. He is currently a trainee-teacher in Bilingual Letters at the Higher Teacher Training College (HTTC) in Yaounde. He is also a member of CLIJEC (Cameroon Youth Literary Circle). He has participated in both national and international projects, and his poems have appeared in literary magazines such as Writers Space Africa, as well as in various anthologies alongside contemporary writers of Cameroonian (*Cendres et Mémoires*), Argentinean (*Alien Minds*), American (*What Is the Deal with the Alien Buddha?*), Indian (*Aaryaveer*) and British (*Poetica: The Inner Circle Writers' Group Poetry Anthology 2019*) nationality, amongst others.

Nelson was a semi-finalist in the 32nd edition of "Prix du Jeune Écrivain de la langue française (PJE)" [French Language Young Writer's Prize]. He is also the author of *La reine de la colline et autres histoires*, an unpublished collection of tales and short stories for children.

About the Translators

Felicite Ette Enow is a Cameroonian currently residing in Yaounde. She holds a BA in Bilingual Studies from the University of Yaounde I, and an MA in Translation from the Advanced School of Translators and Interpreters, University of Buea. She trails about seven years' experience translating for end clients and agencies.

She is passionate about languages and communication and, as such, has worked in a variety of roles where she utilised her skills. She is currently a professional and freelance translator striving towards making a career in literary translation.

Hector Kamdem holds an MA in translation Studies from the University of Paris 3, with a strong point in literary translation. He has collaborated with such prominent literary translators as Amy Baram Reid in her translation of Patrice Nganang's *Mont Plaisant* [*Mount Pleasant*] into English. He adopts a militant scholarship posture to translating African texts. This posture stems from his observation that the political economy of the translation of Cameroonian and African authors is largely to the disfavour of African translators. Therefore, he advocates the local translation of local texts, or at least the collaborative translation of these texts to avoid Western bias with which 'foreign' translations are often freighted, and ultimately to enable local translators have a fair share of the translation market.

Kidio Rolland Samni is a freelance translator and ELT instructor. He holds a first degree in English Modern Letters and a *Maîtrise* in Commonwealth Literary Studies from the University of Yaounde I. A graduate from the Higher Teacher Training College (ENS) Yaounde, he has taught English Language for twelve years. He, thereafter, trained as a translator at the Advanced School of Translators and Interpreters (ASTI), University of Buea, Cameroon. He is a translation consultant and proofreader with Vortex Language Centre, Douala, Cameroon. He was born in 1980 at Ashing-Kom, Boyo Division, North West Region of Cameroon.

Maison Bindzi Concorde Diane is twenty-nine and lives in Yaounde, Cameroon. She holds a BA in Linguistics from the University of Buea, as well as an MA from the Higher Institute of Translation, Interpretation and Communication (ISTIC) in Yaounde, Cameroon. Diane interned at the Specialised School for Hearing Impaired children (ESEDA) as a French Sign Language assistant teacher in 2014. In 2018, she was an interpreter for the International Medical Corps (IMC). Diane has a deep love for her family. Passionate about music, meditation and reading, she wants to create a shelter for victims of gender-based violence.

Nchanji M. Njamnsi is a Cameroonian translator and culture writer who also dabbles in Pidgin English poetry. He holds undergraduate degrees in Law and in Communication, and a postgraduate degree in Translation.

Nfor E. Njinyoh (see Project Team section)

Zih James Kum is a Cameroonian born at Esu in 1988. He is a holder of a postgraduate diploma (DIPES 2) in Bilingual Studies and two Master's degrees (MA in Linguistics and MA in Translation). He is a member of TESOL International Association. He is an experienced teacher and professional translator. In 2017, he was a volunteer translator and reviser at the UNDP Equator Initiative. He currently teaches English and French in Yaounde. Besides, he is a lecturer in English Proficiency and some translation courses at the Higher Institute of Translation, Interpretation and Communication (ISTIC), Yaounde since October 2018.

About the Facilitators and Mentors

Creative Writing Workshop Facilitators

Billy Kahora is a writer from Nairobi, Kenya. His short fiction and creative non-fiction have appeared in *Chimurenga*, *McSweeney's*, *Granta Online*, *Internazionale*, *Vanity Fair*, and *Kwani?*. He has written a non-fiction novella titled *The True Story of David Munyakei*. His story, "Urban Zoning", was shortlisted for the Caine Prize for African Writing in 2012, "The Gorilla's Apprentice" in 2014. He wrote the screenplay for *Soul Boy* and co-wrote *Nairobi Half Life*, which won the Kalasha awards. His short story collection, *The Cape Cod Bicycle War and Other Youthful Follies*, was released in June 2019.

As Managing Editor of Kwani Trust, he edited seven issues of the *Kwani* journal and other *Kwani* publications, including *Nairobi 24* and *Kenya Burning*. He is also a Contributing Editor with the *Chimurenga Chronic*. He has been Kwani Litfest Curator since 2008 and curated Kwani Litfest 2015, under the theme Writers in Conversation: Beyond the Map of English.

He is now a Lecturer in Creative Writing at the University of Bristol.

Edwige Renée Dro is a writer from Côte d'Ivoire. Also a translator and a literary activist, she is the co-founder of Abidjan Lit, a collective of literature lovers seeking to take over Abidjan with literature. Renée's writings have been published in various magazines like *Prufrock*, *Popula* or *This Is Africa*. She is currently writing a biographical novel of Marie Séry Koré, one of the amazons who marched against the colonisers in Côte d'Ivoire in 1949.

She won a Miles Morland Writing Scholarship in 2018 and is a 2019 Mandela Washington Fellow.

Creative Writing Workshop Mentors

Babila Mutia is a Cameroonian author whose writing has been featured worldwide. He has an MA in Creative Writing and a PhD from Canada. He is the author of *The Journey's End* (a novel); *Coils of Mortal Flesh* (poetry collection); *Whose Land?* (children's book); *Before This Time, Yesterday* (a play); "The Miracle" (a short story) in *The Heinemann Book of Contemporary African Short Stories*; and "The Spirit Machine" (short story) in *The Spirit Machine and Other New Short Stories from Cameroon*. He is Associate Professor of English at the Ecole Normale Supérieure in Yaounde.

Billy Kahora (see Creative Writing Workshop Facilitators sub-section)

Edwige Dro (see Creative Writing Workshop Facilitators sub-section)

Florian Ngimbis is a Cameroonian blogger and writer, who came to the limelight upon winning the Young Francophone Writer Award in 2008. His short stories have featured in several collections and literary journals. His blog, *Kamer Kongossa*, paints a scathing, but humorous picture of contemporary Cameroon. He won the Best Francophone Blog award during the 2012 edition of the prestigious Deutsche Welle Blogs Awards (The Bob's).

Journalist and writer, **Marcus Boni Teiga** is also one of the best specialists of Antiquity and Nubian studies.

Winner of the International Imhotep Prize in 2014 at the Pan-African Book Fair in Brussels for all of his work on ancient Nubia, winner of the Reuters journalism grants in 1994 and Reuters Fellow at the Media Studies Centre of the University of Michel de Montaigne de Bordeaux 3, in France.

Since 2014, he resides in Spain but continues his research focused on ancient Black Africa at the same time as he gives Conferences in many countries, especially in Africa and Europe.

Yewande Omotoso is an architect, with an MA in creative writing from the University of Cape Town. Her debut novel, *Bomboy* (2011, Modjaji Books), won the South African Literary Award First Time Author Prize. Yewande's second novel, *The Woman Next Door* (Chatto and Windus), was published in May 2016. It was shortlisted for the International Dublin Literary Award and longlisted for the Baileys Women's Literature Prize.

Literary Translation Workshop Facilitators

Edwige Dro (see Creative Writing Workshop Facilitators sub-section)

Georgina Collins (see About Project Team section)

Ros Schwartz has translated around one hundred works of fiction and non-fiction from French over the past thirty-five years, particularly the works of Francophone novelists including Andrée Chedid, Aziz Chouaki, Fatou Diome, Dominique Eddé and Max Lobe. Her new translation of Saint-Exupéry's *The Little Prince* was published in 2010. Made a Chevialier dans l'Ordre des Arts et des Lettres for her services to French literature in 2009, she is a Fellow of the Institute of Translation and Interpreting and is currently co-chair of English PEN's Writers in Translation committee. She is co-director of Warwick Translates literary translation summer school and gives talks and masterclasses around the world.

Literary Translation Workshop Mentors

Georgina Collins (see About Project Team section)

Mona de Pracontal is a French translator based in Paris, working from English. She graduated in English and American Studies in Paris, then in film history in New York, where she lived three years. She translates works from various literary genres, as well as diverse English-speaking parts of the world—the USA, Canada, England, Wales, Ireland, Nigeria, Australia…

Her major translations include novels by Chimamanda Ngozi Adichie, Hannah Tinti, Cynan Jones, Donald Westlake, Lawrence Block, Melvin Burgess, Howard Norman, Hanif Kureishi, as well as non-fiction by William Burroughs and Gloria Steinem. She was awarded the Baudelaire Prize for literary translation in 2009 for *Half of a Yellow Sun*, by Chimamanda Ngozi Adichie, and the "Prix de traduction de la Fondation irlandaise 2019" for her translation of *Nothing on Earth*, by Conor O'Callaghan.

Roland Glasser translates literary and genre fiction, and assorted non-fiction, from French. His translation of Fiston Mwanza Mujila's *Tram 83* won the Etisalat Prize for Literature 2016 and was longlisted for the Man Booker International Prize and the Best Translated Book Award. He has translated a wide variety of authors, including Adeline Dieudonné, Anne Cuneo, Martin Page, Julien Aranda, Stéphane Garnier, and Ludovic Flamant. Roland is a co-founder of The Starling Bureau—a London-based collective of literary translators bringing the world's best books to publishers. Roland has contributed articles and essays to *The White Review*, *Asymptote*, *Literary Hub*, *Chimurenga*, *In Other Words*, and the *Fitzrovia* and *Bloomsbury Journals*. He has also worked extensively in the performing arts, chiefly as a lighting designer.

Ros Schwartz (see Literary Translation Workshop Facilitators sub-section)

Sika Fakambi grew up in Benin, between Ouidah and Cotonou, between languages. She has now settled in Nantes, and has lived in Paris, Dublin, Sydney, Montreal and Toronto. Into French, she has translated different literary voices of the Anglophone world, including poets and novelists from Australia, West Africa, the United States, the Caribbeans, and UK. In 2014, she received the Prix Baudelaire and the Prix Laure Bataillon. In 2017, she created the corp/us series.

About the Editors

Dzekashu MacViban (see Project Team section).

Nfor E. Njinyoh (see Project Team section).

About the Project Team

Dzekashu MacViban is the author of *Scions of the Malcontent* and the founder of Bakwa Books and Bakwa Magazine. His fiction has appeared in *Wasafiri*, *Kwani?*, *Jungle Jim,* and elsewhere, and his writing has been translated into Japanese, German, French and Spanish. He is the recipient of an Akademie Schloss Solitude Fellowship.

Georgina Collins is a Freelance Translator (French to English), Writer and Literary Translation Consultant, currently for the University of Bristol. She has an MA and PhD from Warwick University and worked as a Lecturer in Translation Studies at the Universities of Glasgow and Warwick before setting up her own translation business.

Georgina specialises in the translation of Francophone African texts and has published a number of academic and professional articles in this field, as well as several translated books, chapters and book sections. She has published with Penguin and Macmillan and in 2013, she won a joint

English Pen Award for Writing in Translation for her contribution to *Writing Revolution: The Voices from Tunis to Damascus* (I.B. Tauris). Georgina is passionate about poetry and in 2007, she produced the first ever French-English bilingual collection of Francophone African women's poetry. She has also translated the works of Senegalese writer, Mame Seck Mbacké, for Modern Poetry in Translation, and more recently the activist texts of Laura Boullic for *Active Art* (Paraguay Press, 2019).

Madhu Krishnan is Professor of African, World and Comparative Literatures at the University of Bristol. Her work considers ecologies of cultural production and literary activism on the African continent. She is author of *Contemporary African Literature in English: Global Locations, Postcolonial Identifications*, *Writing Spatiality in West Africa: Colonial Legacies in the Anglophone/Francophone Novel* and *Contingent Canons: Africa Literature and the Politics of Location.* With Bwesigye Bwa Mwesigire, she edited *Odokonyero: A Writivism Anthology of Short Fiction by Emerging Ugandan Writers.*

Nfor E. Njinyoh holds an MA in Translation from the Advanced School of Translators and Interpreters (ASTI), Buea, Cameroon. He is also a copy editor and an infrequent author of poetry. Two of his poems have featured on *Bakwa Magazine*.

Ruth Bush is Senior Lecturer in French and Comparative Literature at the University of Bristol, UK, where she teaches and researches African literature, translation, and cultural studies. Her first book was *Publishing Africa in French: Literary Institutions and Decolonisation 1945–67* (Liverpool University Press, 2016), which won the First Book Prize of the African Literature Association. She has also published a history of New Beacon Books, the UK's first radical black bookshop and publishing house; and co-produced an exhibition and digital resource about *Awa: la revue de la femme noire*, a pioneering early African women's magazine, produced independently in Dakar from 1964–1973.

Sign up for our newsletter at www.bakwabooks.com and receive exclusive updates, including extracts, podcasts, event notifications, discounts, competitions and giveaways.

Follow Bakwa Books

Twitter: @BakwaBooks

Instagram: @BakwaBooks

Facebook: @BakwaBooks

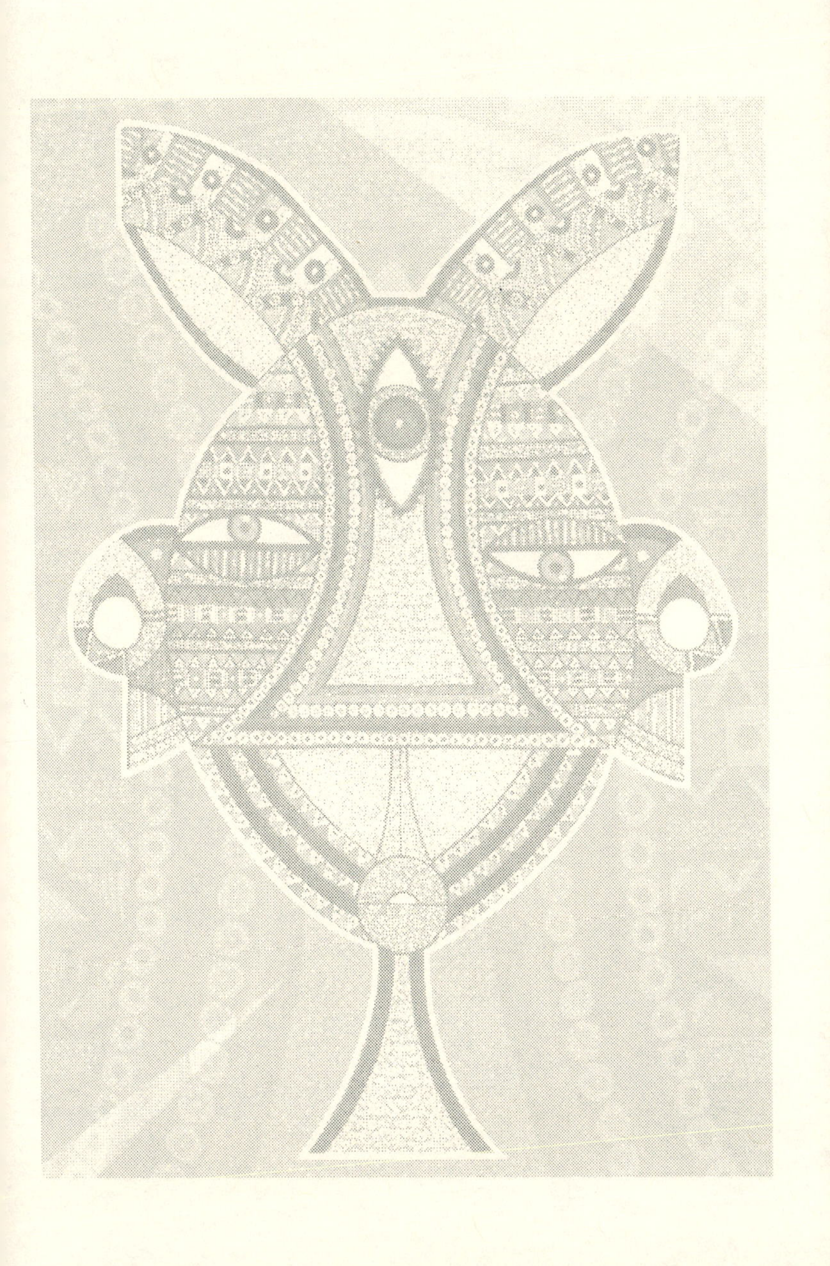

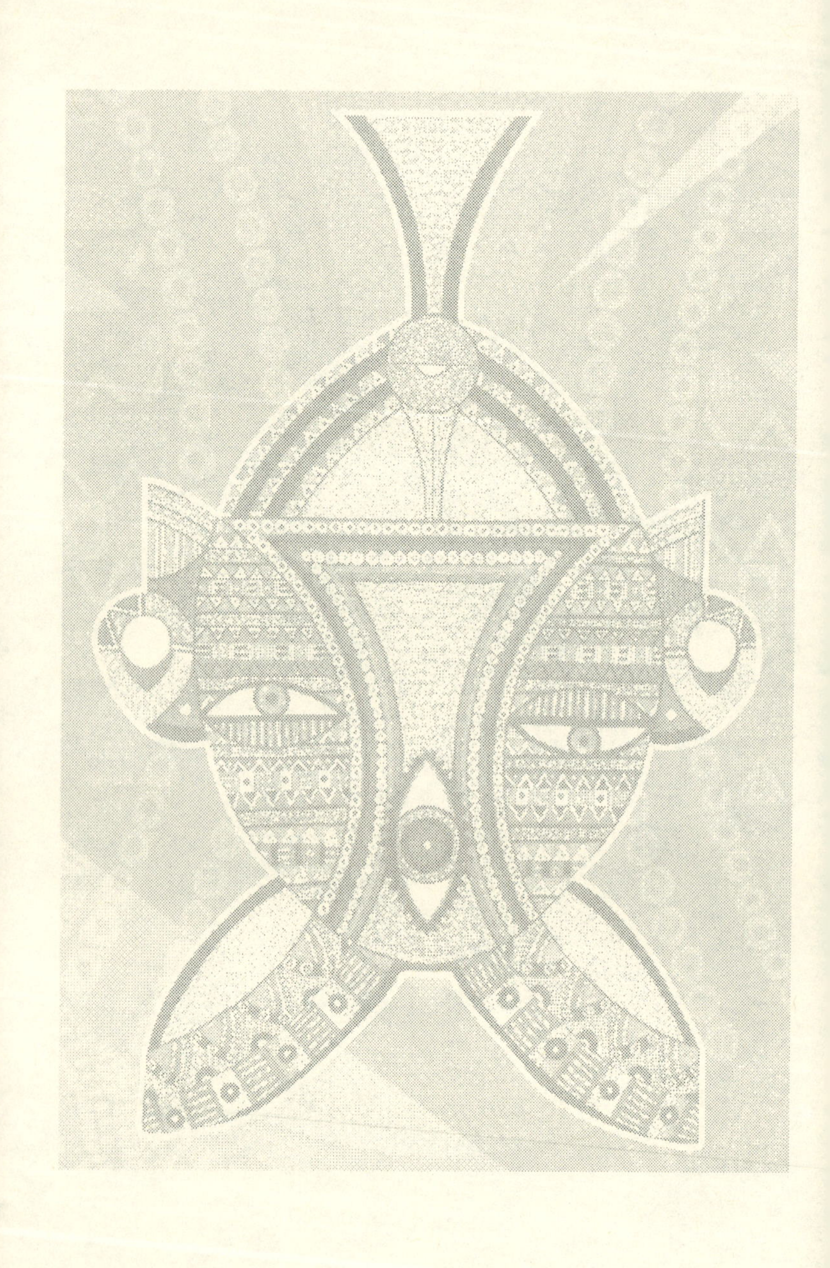

Printed in the United States
by Baker & Taylor Publisher Services

Le crépuscule des âmes sœurs

Le crépuscule des âmes sœurs

NOUVELLES

Sous la direction de
Dzekashu MacViban et Nfor E. Njinyoh

Première parution au Cameroun en 2020

La présente publication a été réalisée avec l'appui du Arts and Humanities Research Council du Royaume-Uni et de l'Université de Bristol. Nous tenons à leur exprimer notre profonde gratitude.

Bakwa Books
Kazi Hub, CAMPOST Rond Point Express, Yaoundé
www.bakwabooks.com

ISBN : 978-1-7337526-2-6

Illustration en couverture : « Afroblue », dessin de Danielle Eog Makedah
Conception de la couverture : Dante Besong

TABLE DES MATIÈRES

Dans son article intitulé “A Short History of Empathy” [Un bref historique de l’empathie], Susan Lanzoni affirme qu’il existe deux interprétations des effets de l’empathie : « Premièrement, l’empathie met un frein aux réflexions stéréotypées et, deuxièmement, l’empathie étant un processus de partage d’émotions, elle porte un accent excessif sur l’individu et se met ainsi en travers d’un changement social effectif » [NDLD : traduit de l’anglais]. S’il existe des arguments pour et contre ces deux interprétations, il n’en demeure pas moins que l’empathie, étant un prisme changeant à travers lequel l’on appréhende des réalités divergentes, revêt des significations diverses pour des personnes d’origines culturelles différentes.

Par ailleurs, la création littéraire, en raison de ses efforts inhérents et conscients d’appréciation de la condition humaine, tend à susciter de l’empathie, tel que le démontrent de récentes études. Cependant, cette empathie ne peut que se limiter à l’univers des lecteurs qui comprennent la langue dans laquelle la création littéraire en question a été conçue. C’est ici que la traduction entre en jeu. En effet, en recréant l’essence d’une œuvre dans une autre langue, la traduction brise les barrières linguistiques et lève un pan sur la vie des autres, révélant alors des réalités et des conditions — partagées ou non — susceptibles de constituer des facteurs de rapprochement plutôt que d’éloignement.

C’est avec cette hypothèse en toile de fond que Bakwa, en collaboration avec l’Université de Bristol, a organisé un

atelier de création littéraire et un atelier de traduction littéraire au Cameroun en 2019. Comptant sur la capacité de la création littéraire à éveiller de l'empathie, nous souhaitons développer l'empathie et la sympathie interlinguistiques entre Camerounais en traduisant et en mettant à leur disposition des nouvelles en anglais et en français. On ne saurait trop insister sur l'urgence de cette initiative, compte tenu de la crise qui secoue actuellement le pays et qui trouve ses origines dans des questions d'identité et de représentation linguistiques, culturelles et politiques ou encore dans l'absence de celles-ci.

Ainsi, en juin 2019, ayant pu bénéficier du financement du Arts and Humanities Research Council (AHRC) du Royaume-Uni pour ce projet, nous avons organisé simultanément deux ateliers de création littéraire — l'un en anglais, animé par Billy Kahora et l'autre en français, animé par Edwige Dro, avec cinq et six participants respectivement. Les participants, issus de milieux divers et venus de tous les coins du pays, avaient tous en commun le fait d'être de jeunes Camerounais.es et écrivain.e.s en herbe. Dans chacun des ateliers, ils ont passé une semaine intense à s'instruire ensemble de l'art de l'écriture et de la structure de la nouvelle. Les deux animateurs, chacun dans son groupe, bien qu'ayant des approches pédagogiques très distinctes, ont insisté sur les façons dont la lecture, l'écriture et le quotidien cohabitent et comment les voix prennent corps à travers l'acte de la création littéraire. La semaine s'est achevée avec la troisième édition des séances de lecture publique de Bakwa (Bakwa Reading Series).

À la suite de cet atelier, chacun des participants a bénéficié de l'accompagnement d'écrivain.e.s accompli.e.s pour polir sa nouvelle. Il s'agissait de Babila Mutia, Yewande Omotoso et Billy Kahora pour les écrivain.e.s d'expression anglaise, et de Edwige Dro, Florian Ngimbis et Marcus Boni Teiga pour les écrivain.e.s d'expression française. Ce processus de mentorat a duré trois mois, pendant lesquels, par le biais d'échanges et de discussions nourris, les mentorés ont appris que bien écrire c'est aussi réécrire. Une fois les nouvelles peaufinées, elles ont servi de matière première pour l'atelier de traduction littéraire organisé sur une semaine en octobre 2019. Aussi, aux nouvelles issues de cet atelier, nous avons décidé d'ajouter deux autres en anglais, "Things the World Didn't Tell You" (« Ces choses que le monde ne t'avait pas dites ») et "Lifesavers" (« Le choix de vivre »), extraites du recueil de nouvelles, *Of Passion and Ink* (*De passion et d'encre*), à paraître chez Bakwa.

Sous la direction des traductrices émérites Ros Schwartz, Edwige Dro et Georgina Collins, nos quatorze participants ont, de longues journées durant, étudié les particularités de la traduction littéraire par opposition aux textes à caractère technique ou commercial qu'ils traduisent au quotidien dans le cadre de leur formation ou de leur travail. Ils ont ainsi réussi et pris du plaisir à travailler ensemble sur de la prose, de la poésie, les dialogues/l'oralité, à un rythme plus lent et sans délais contraignants, pesant soigneusement chaque mot et chaque phrase choisis, afin d'en sortir avec les choix linguistiques et culturels les plus appropriés.

Un des temps forts de cet atelier a été la séance pendant laquelle les participants ont réalisé des versions en camfranglais d'un extrait du roman de Jane Austen, *Emma.* Au cours d'une autre séance, ils ont discuté de la possibilité de (re-)traduire les romans de Ferdinand Oyono et de Max Lobe. Leurs critiques au sujet des traductions anglaises des termes 'bâtons de manioc' et 'sauce d'arachide' ('cassava sticks' et 'peanut sauce' ayant été utilisés dans lesdites traductions à la place d'alternatives locales plus indiquées, telles que 'bobolo' et 'groundnut soup') ont suscité des interrogations à propos de qui devrait traduire la littérature camerounaise et pour quel public. Ces critiques soulignent également l'importance de connaissances culturelles extensives dans l'activité traduisante, mais aussi le défi de trouver et d'exprimer les rythmes d'une voix lorsqu'on s'adonne à la traduction littéraire. Chaque soir, les journées se terminaient par une séance de groupe de lecture, occasion pour les participants d'aborder les théories et les stratégies de traduction littéraire, surtout dans le contexte spécifique de l'Afrique et du Cameroun. Ils ont également débattu du rôle du traducteur en tant qu'écrivain et aussi de l'acceptabilité des interventions du traducteur — à quel point le traducteur peut/devrait-il transformer le texte ? Aussi, avons-nous eu de nombreux échanges houleux concernant la place de la traduction littéraire dans la société camerounaise, la politique linguistique, et la possibilité de rédiger et de traduire des textes en et à partir des langues et des dialectes locaux. Ces discussions ont eu un impact direct sur le travail rendu par les participants. La semaine s'est terminée par une

conférence publique, baptisée « *Literary Translation Matters* », à la Fondation Muna à Yaoundé. Cette conférence a réuni les membres du réseau de traduction littéraire naissant au Cameroun et a permis à certains des participants de lire des extraits de leurs traductions sur une plus grande scène.

Enfin, tout comme les écrivains, les traducteurs ont été confiés à des mentors — Ros Schwartz, Georgina Collins et Roland Glasser pour les traducteurs français-anglais, et Edwige Dro, Mona de Pracontal et Sika Fakambi pour les traducteurs anglais-français — pour une période de travail intense s'étalant sur trois mois. Au cours de ladite période, ils ont discuté en profondeur de leurs décisions traductologiques, parachevant progressivement leur œuvre au fil de nombreuses moutures afin de produire chacun une nouvelle qui rend hommage au texte source tout en étant une œuvre littéraire unique à part entière, dotée d'un langage poétique propre à elle-même. Le fruit de ces travaux c'est le recueil que vous tenez entre les mains.

Ce projet, qui s'inspire en partie de l'étude de faisabilité de la Dre Georgina Collins, intitulée *Formation en traduction et création littéraires en Afrique de l'Ouest* (2019) — laquelle dresse une cartographie des réseaux de traduction et création littéraires au Cameroun, en Côte d'Ivoire et au Sénégal — met donc en vitrine une nouvelle génération de jeunes écrivain.e.s et traducteur.rice.s littéraires en herbe camerounais.e.s. La présente anthologie bilingue révèle de nouvelles pistes sur lesquelles s'engage la nouvelle camerounaise, avec des récits voguant entre fantaisie, existentialisme, afrojujuisme et réalisme. Ainsi, dans « Une bataille au

crachat », un narrateur peu typique courtise l'étroite limite entre empathie, radicalisation, et instincts primitifs ; dans « Il faut trouver Jaman », un agent d'entretien travaillant dans une prison collectionne des effets appartenant à des détenus exécutés, ce qui le mènera à une intéressante découverte ; dans la nouvelle éponyme, frère et sœur reprennent contact après quarante ans de séparation, exhumant des secrets qui bouleverseront leurs vies à jamais.

Dans l'ensemble, ces nouvelles, appréhendées à travers le prisme de l'empathie, forment un kaléidoscope de réalités et d'expériences qui, en fin de compte, nous dépeignent tous comme des êtres en quête de paix, d'amour, et d'un sentiment d'appartenance. Cet ouvrage, pour nous, est une goutte d'eau dans l'océan, mais aussi une bouteille jetée dans une mer agitée, dans l'espoir que le message parviendra à autrui…

L'équipe projet.

LA VILLE COURBÉE

Nelson Kamkuimo

Je suis au carrefour l'invisible témoin.
Sur le trône des oubliés près de l'asphalte,
Dans le vide qui hante la rive nouvelle,
Dans le chaos des nuits solitaires,
Je résiste aux pas des passants.
— Nelson Kamkuimo

Je m'en souviens comme d'un premier baiser… Comment l'oublier, le premier instant de ma vie ? Tout commença par un rêve. Ayant aperçu la ville en détresse, je projetai de voler à son secours. Je suivais un chemin étroit jonché d'obstacles qui se multipliaient au fur et à mesure, comme pour m'empêcher de connaître la vie véritable et m'y impliquer.

Une sensation de chaleur me tira du sommeil. Le soleil flambait comme s'il avait été décroché de son perchoir et posé sur ma peau. Il n'en était pas loin tout de même. Sa lumière s'intensifiait en moi et je resplendissais comme du diamant. Cette communion se poursuivit, pendant qu'un tumulte, graduellement, m'assourdissait l'esprit. Dans un nuage épais, je vis des billets de banque voltiger autour de moi. Une main frêle m'ôta du soleil et me plaça à l'autre bout de la table. Je perdis aussitôt ma luminescence, promenai mon regard à la ronde, et, malgré la clarté éblouissante de la salle, je pus apercevoir, derrière la table, l'ombre qui commandait mes mouvements. J'avais du mal à distinguer son visage à cause du scintillement plus vif de son fauteuil.

Elle se leva, me saisit et quitta la salle. Au seuil de la porte, je disparus momentanément et réapparus sur une étoffe de soie rouge au milieu des murs en terre battue, et

surtout d'un enchevêtrement de vieilleries. Tout près de moi, quatre bougies rouges allumées et quelques cauris blancs ! Une forte odeur d'encens s'exhalait. Mon compagnon était là sur ses genoux, le torse nu, les yeux fermés, le visage plus perceptible et l'air rabougri. Il inspira profondément avant d'ouvrir les yeux dans un sursaut qui, visiblement, le ramena sur terre. Il souffla immédiatement sur les bougies ; la pièce s'obscurcit sous mon regard médusé. Il me saisit d'une main ferme, se leva et sortit, le dos tourné à la porte, en se faufilant au milieu de ce fouillis d'épaves. On longea un corridor étroit dans un silence retentissant. Dehors, il regarda la lune croissante, me leva vers le ciel et formula de vive voix :

« Je t'invoque, Miklash, déesse de la prospérité, viens et entre dans ma maison ! »

L'aube amorçait sa dernière ligne droite. Des éclairs fendirent le ciel. Une lumière rouge colora l'horizon et disparut aussitôt. Il s'esclaffa, et son rire saccadé se mêla aux bruits du jour. Je l'observais. Mille questions taraudaient mon esprit. Qui était cet homme ? Comment s'était-on retrouvés ensemble ? Qui était cette déesse et pourquoi me prenait-on pour bouc émissaire ? Dans mon esprit, je ne pus trouver d'élément de réponse. L'homme alla me placer sous un manguier près de sa cabane dont le front se baissait d'un côté et résistait encore grâce à deux piliers grandement entamés par les termites. Au même moment, j'essayai de comprendre sa motivation à vouloir changer le quotidien d'un être réputé dur, pas de son gré, mais parce que le Très-Haut l'avait créé ainsi. Il avait changé mon vécu, mais pas autant pour m'enorgueillir, car rien ne changeait au final ; je ne

pouvais pas me déplacer de moi-même. Il commandait chacun de mes mouvements. Je traînai deux jours à l'ombre du manguier, au point de croire qu'il m'avait abandonnée.

Quand il revint, il me tint dans sa main et me contempla, telle une mère le fruit de ses entrailles. Il me mit dans la poche de son jean, et je ne comprenais pas toujours pour quel but il avait osé défier Dieu. Était-ce du fait qu'il s'était soucié de ma léthargie après m'avoir longtemps observée dans la rue ? Non ! Il aurait changé le destin de tous les miens, et ceux-ci commenceraient aussi à s'interroger sur la vie. À quoi bon ? L'homme n'y songeait même pas. Peut-être n'était-il pas assez puissant pour parachever notre œuvre. Il m'avait donné un souffle ; mon réveil, je l'avais arraché au bout d'un combat, mais cela était-il assez pour marquer le monde ? Il me manquait la souplesse des oiseaux et l'agilité des singes, pour dégager toute pierre d'achoppement du chemin de notre bonheur.

Dans la poche de son pantalon, l'ennui me rongeait. Je me figurais mon passé qui avait été autre chose. Autrefois, j'étais un petit gravier libre au bord de la route. Quand descendait la nuit, je demeurais là. Je ne rêvais pas, je ne pensais pas, je n'éprouvais ni remords ni sensations. Le jour, quand brûlait le soleil de toute son âme, je n'avais pas besoin de refuge pour protéger mon corps difforme de ses morsures. Quant à la pluie, elle glissait sur moi sans conséquence. Les petits enfants étaient mes amis, et s'amusaient à me donner des coups de pied sur le chemin de l'école. Je ne me plaignais guère, je n'avais conscience de rien. Je menais humblement ma vie, ou, comme le diraient les philosophes,

j'existais. Les saisons passaient et se renouvelaient, sans rien changer à mon indifférence.

À présent, j'avais connu la vie. Je devais affronter ses problèmes, mener un combat duquel la nature m'avait épargnée. Depuis mon réveil, je disposais de sens pour m'ouvrir au monde. Les bruits des hommes devinrent ainsi une panacée pour moi. Nous habitions Obili, un quartier chaud de la ville. Quand mon bourreau et moi étions à la maison, accompagnés de sa petite famille, quand nous parcourions les rues émaillées de poubelles, ou quand nous étions à la brocante, je m'amusais à écouter leurs conversations remplies de mensonges et d'hypocrisies. J'étais surtout accrochée aux lèvres de mon bourreau quand il s'isolait par moment avec moi, me tenait dans sa paume et murmurait, tout excité : « Mon trésor ! Que tout se passe bien et que je sois riche ! » Son espoir me consternait à chaque fois. Dans ma situation, chacun se serait demandé, sans doute, s'il serait à la hauteur de ses attentes. Pour garder mon sang-froid, je me disais ceci : tout avait commencé quand j'étais une chose inconsciente !

Un mois après que j'étais venue à la vie, j'observais le monde et le trouvais monotone. Je l'imaginais cependant fascinant si j'avais eu une histoire différente. Un matin, mon geôlier se réveilla à l'aube et tâta sa poche comme s'il avait rêvé de mon évasion. À ses côtés, sa femme et ses deux enfants dormaient sur leur grabat. Il sortit de l'autre poche un morceau de papier-ciment enroulé. Il le déroula et souffla sur eux une poudre qui y traînait. La mère toussota, se retourna et se rendormit aussitôt. Les enfants demeurèrent

inertes. Mon bourreau sortit de cette chambre et m'emmena dans la seconde, un véritable bazar. Il créa un espace au milieu des objets usagés et implanta un décor qui m'était étrangement familier. Tissu rouge et rectangulaire. Bougies allumées et disposées à chaque angle du tissu où j'étais placée. L'odeur d'encens me pénétra l'âme. Il se mit à genoux, ferma les yeux et se concentra sur lui-même. Il fit des incantations dont je ne retins que cette phrase articulée avec ardeur : « Porte de prospérité, je t'ordonne de t'ouvrir, maintenant ! »

Une bulle d'eau jaillit au-dessus de la bougie. Une porte ouverte y scintillait. Le bourreau posa la main sur mon dos et nous nous retrouvâmes devant la porte. Quand je franchis le seuil sous sa conduite, je fus accueillie par une atmosphère paradisiaque : un soleil radieux déversait ses rayons sur une table dorée. Mon compagnon s'assit et m'installa au centre de la table. Le soleil darda mon cœur de ses rayons et me remplit de lumière. J'eus l'impression d'avoir déjà vécu cette expérience. Aussitôt, des billets de banque émanèrent de moi et recouvrirent la table. Mon bourreau, dans une ambiance effervescente, en constitua des liasses. Il fit le plein de la valise et se leva, me tenant toujours ferme. Revenu sur le point de départ, il fit tous les rituels que mon esprit avait gravés dès le premier jour. Quand il eut éteint les bougies et le feu sur l'encens, il s'en alla souffler à nouveau cette poudre dans la première chambre. Dix minutes après son départ, sa femme sursauta et réveilla ses enfants. Elle s'étonna d'avoir dormi jusqu'à huit heures.

Le soir, mon bourreau appela sa femme Marguerite et l'informa de ses projets. Il lui annonça qu'il allait bientôt cesser de fréquenter la brocante, pour se consacrer à la compagnie de vente de savon que lui avait conseillée un ami. Après tant d'années de souffrance, ne méritait-il pas de goûter au plaisir de rouler dans une voiture, de posséder des terrains et des maisons dans les quatre coins de la ville, avant de quitter la terre ? Pour sa femme c'était beau de rêver, mais il fallait d'abord trouver les moyens pour réaliser son rêve. Quand son mari revint le lendemain, dans une grosse Mercedes, elle n'en crut pas ses yeux.

Trois jours après, la famille quitta Obili en voiture. Pendant une quinzaine de minutes, la circulation était fluide. On se croyait dans un autre pays. Subitement, l'odeur des poubelles et des ornières fut supplantée par l'arôme des restaurants, des pizzerias et des fast-foods de luxe parsemés entre les barrières hautes des ambassades et des résidences cossues, les murs des hôtels, des cabarets, des boîtes de nuit, des prêts-à-porter, des supermarchés… qui bordaient la route des deux côtés. C'était le quartier Bastos. J'en entendais souvent parler, les deux gamins aussi sans doute. Ils s'efforçaient, dans leur jeu, de lire les enseignes au passage. Mon maître nous conduisit dans un logement meublé, à quelques mètres du carrefour. C'était un duplex fastueux attenant au PKC, un des clubs de remise en forme et de relaxation de Bastos, et c'est là qu'on allait vivre désormais.

Le coût de vie à Bastos était cher, mais notre secteur était très calme. Ici, les mentalités des hommes étaient étranges. Chaque famille menait sa vie dans l'intimité des

grandes barrières. Marguerite, habituée aux heures de rigolades entre voisines, semblait gênée par l'attitude de son nouvel entourage. Son mari, préoccupé par ses affaires, n'y prêtait aucune attention particulière. À table, s'il ne parlait pas d'un bien immobilier de plus, il parlait d'un lopin de terre acheté, un taxi ou un camion mis en circulation. « Nous allons posséder tout Yaoundé dans dix ans au trop… », rigola-t-il. Marguerite ne sourit pas. Elle cessa de mastiquer son aliment, comme perdue dans ses pensées. Son visage crispé témoignait d'une angoisse indicible qui la hantait depuis des jours. En l'absence de la domestique et des gamins endormis, son mari s'enquit de la raison de son inquiétude.

« D'où est-ce qu'on prend toute cette fortune subitement ? demanda-t-elle.

— Dis-moi si tu me soupçonnes de quelque chose.

— J'ai peur…

— Tu n'as aucune raison d'avoir peur, Maggi. Tu ne voulais pas qu'on soit riche ?

— Si. Mais pas…

— Réjouis-toi tout simplement, car le soleil brille de notre côté. Demain il pourra nous tourner le dos. »

Pendant que Marguerite avait encore du recul par rapport à leur nouvelle vie, son mari s'en était vite accommodé. Il est vrai qu'il avait toujours eu un sens très développé des affaires, mais il n'en demeure pas moins que le niveau avait évolué. Pour preuve, les quotidiens d'économie, les podcasts et les magazines s'intéressaient déjà à sa vie. Il y apparaissait souvent, vêtu de ses boubous blancs qu'il rapportait du Sénégal. Ses photos s'accompagnaient de quelques lignes

d'interviews, dans lesquelles il était taciturne. Il s'était déjà imposé comme un grand concurrent pour les uns, et un partenaire incontournable pour les autres, dans le monde trop controversé des affaires. Ceux qui avaient préféré taire leur orgueil lui rendaient des visites de travail en semaine dans l'entreprise à Nlongkak, et celles de courtoisie à la résidence les dimanches après-midi. Ils s'asseyaient à la terrasse, se régalaient du achu et discutaient autour des Châteaux Margaux.

Notre portail rouge portait déjà l'insigne *Attention ! Chien méchant*, comme ceux des résidences environnantes. Il ne fallut pas du temps à Médor pour démontrer qu'il était un chien de haut standing. Il avait pris de l'embonpoint en si peu de temps. Qui pouvait le comparer aux chiens galeux moutonnant sans espoir dans les rues de Yaoundé, se querellant dans les décharges avec les mouches, ou se faisant souvent écraser par des motos ? Cependant, s'il y avait quelque chose qui lui manquait et qui était la propriété des chiens vulgaires, c'était sa liberté. Tout comme moi, Médor se tortillait dans sa geôle à longueur de journée. Il ne savourait sa liberté que la nuit, quand on le relâchait pour jouer son rôle de sentinelle. Les dimanches matins, dès les premières heures, une fois libéré de sa niche, il devenait esclave d'une lourde chaîne qu'on lui fixait autour du cou. Le concierge lui donnait un bain, puis sa viande et son lait dilué de Lion d'or. Mon maître allait s'exercer avec lui au PKC, et revenait enfin le jeter dans sa niche.

Au fil des jours, je fermais les yeux sur ma captivité. Dans mes moments de recueillement, je méditais : Pourquoi Dieu n'avait-il pas voulu mettre un souffle de vie au

fond des pierres ? Le monde se porterait mieux et les hommes souffriraient moins. Les pierres s'ennuieraient peut-être, mais elles s'offriraient volontiers comme des bougies pour l'éclairage du monde. Les hommes seraient peut-être ingrats, qu'importe ! Mon maître, bien au contraire, me traitait avec plus d'affabilité depuis que son niveau de vie avait changé. S'il savait que je pouvais l'entendre, c'est sûr qu'il me chanterait des louanges. Néanmoins, quand tous deux nous étions ensemble, il me caressait du regard. Je sentais qu'il avait envie de justifier son caractère possessif envers moi. Je voulais le traiter avec indulgence, mais je n'y parvenais pas. Une force surnaturelle semblait m'inciter à la révolte. Dans mes pensées, je m'agitais désormais comme un démoniaque. Mon maître était dans son monde à lui, plein de fantaisies.

Ses premières inquiétudes surgirent le jour de notre septième voyage secret sous le ciel de notre nouveau logement. Le point de départ se situait dans une salle au premier étage. Spacieuse, elle laissait l'odeur de l'encens se dissiper aussitôt qu'on avait éteint le feu. Mon maître y entra ce matin-là et ferma la porte. Après tous les rituels et incantations, l'envol tarda à s'effectuer. Il commanda à nouveau, « Porte de prospérité, je t'ordonne de t'ouvrir maintenant ! », comme s'il croyait avoir mal articulé au départ. Mon maître ne vit pas la porte de l'or s'ouvrir, ni la bulle d'eau jaillir. Il demeura sur ses genoux, et moi sur l'étoffe de soie devant lui. Au lieu de regarder vers la bougie où allait apparaitre la bulle d'eau salutaire, il me fixa. Son regard à la fois rempli de stupeur et de déception m'interpellait. Il y avait sûrement un dernier secret qui m'échappait. Penaude, je ne compris pas

pourquoi la force divine qui agissait en moi avait voulu me lâcher et me soumettre à cette épreuve. Était-ce parce que l'idée de ma captivité me préoccupait plus que jamais ? Je devais me calmer et laisser aller les choses à la manière habituelle.

« Que se passe-t-il ? demanda-t-il d'un ton autoritaire.

— Quand sommes-nous ? » rétorquai-je instantanément.

Il sursauta comme si ma voix l'avait tiré de la rêverie. Il baissa la tête et me tourna le dos. Le vent souffla. Une bougie tomba et s'éteignit, puis tomba la deuxième, la troisième et enfin la quatrième. La salle s'obscurcit et ma voix résonna comme un tambour, renvoyant un écho qui le faisait trembler sans cesse. Je pouvais l'entendre s'agiter dans tous les sens, poussant des hurlements comme si les murs ébranlés allaient s'effondrer sur lui.

« Quel était notre contrat ? lui demandai-je.

— Je ne l'ai pas oublié, ma déesse.

— Et tu penses que cela suffit ? Depuis bientôt un an que je te comble de bonheur, tu ne t'es jamais soucié de moi en retour. Que penses-tu que je mange ? Que penses-tu que je boive ? »

Il se retourna vers la sortie et détala. Je ne compris pas la folie qui m'avait prise en ce moment. Lui aussi, s'était fait avoir par cette folie. Je voulus le retenir et lui exprimer ma désolation. J'essayai de crier « Mathias ! Mathias ! » Ma voix ne s'entendait plus. Ces mots résonnèrent plutôt au fond de mes pensées et mon idée y demeura. Abandonnée à moi-même dans la chambre à l'étage, sur l'étoffe de soie, je déambulai entre le rêve et la réalité sans pouvoir trouver mon

repère. Une demi-heure passée, la porte s'ouvrit brusquement. Mon maître entra, traînant le corps d'une femme qui saignait abondamment. Il l'étala par terre, ralluma les bougies, se mit à genoux et invoqua :

« Miklash, déesse de la prospérité, comme promis, voici ton sacrifice. Accepte-le volontiers et que la porte de l'or me soit rouverte.

— Je ne suis pas une déesse, et je n'ai jamais réclamé de sacrifice humain ! »

Il n'entendit pas mon objection. Elle n'avait même pas traversé la frontière de mes lèvres, qu'une fumée émana de moi, puis un éclat de rire. Je pris la forme d'un phacochère, m'avançai vers le sacrifice et le dévorai sans ménagement. Ce phacochère ne leva la tête qu'après avoir léché la dernière tache de sang. Quand il eut fini, il se replia sous la peau de la petite pierre que j'étais. La transition fut si brève que je ne pus la sentir. Je regardai autour de moi, épouvantée. En réexaminant ma peau, j'eus du mal à croire qu'elle était redevenue la même. Le film de ma vie jusque-là, depuis le jour de mon réveil sur une table dorée inondée de soleil, commença à trotter dans mes pensées. Beaucoup d'interrogations portées naguère, trouvèrent leur réponse. Je ne pus me débarrasser de l'image du phacochère pendant des mois. Quand j'y pensais, j'exprimais le regret de n'avoir été autre chose qu'une pierre destinée à croiser le chemin des insensés que Dieu avait aimés par mégarde, au détriment des pierres. J'aurais préféré rester dans l'ignorance des horreurs qui peuplaient la ville courbée.

Mon regret s'approfondit quand je ne revis pas Maggi les jours suivants. La tristesse des enfants grandissait, et mon

maître leur parlait d'un voyage lointain qu'elle avait entrepris. La gouvernante avait déserté les lieux quelques jours après la mystérieuse disparition de sa patronne. L'attente des fils fut très brève toutefois, les gamins ayant été appelés à rejoindre leur mère, par la même voie, cinq mois plus tard. Ce fut ensuite le tour du concierge, un jeune homme plein de promesses. Sa mort me chagrina plus que tout. Mon maître visait désormais les cadres de la compagnie SOCAMA. Il les promouvait jour après jour. Plus il les propulsait vers l'apogée, plus il précipitait leur déclin, et ils allaient bientôt finir par craquer comme du bambou, et tomber dans les filets de la petite pierre doublée de phacochère. À chaque fois, les mêmes soucis me hantaient : où se situait ma place dans une vie où je m'étais retrouvée sans le vouloir ? Si je ne pouvais plus me réjouir d'être une pierre protectrice, à quoi me servait ce maudit souffle de vie ? Si je ne pouvais pas me déplacer avec la virtuosité d'un fleuve, où pouvais-je alors créer des armes pour faire la différence ?

À partir de ce moment, j'abhorrais mon maître ainsi que toute sa race. Mon seul rêve était de changer de vie. Partir comme le vent, sans conviction et sans direction. Par ailleurs, j'avais toutes les raisons de me faire un nouveau rêve en dehors des murs de ce bagne. Qui pouvait supporter ces cris stridents d'enfants ? Le cliquetis des plats et fourchettes au milieu de la nuit ? Le babillage de la télé qui n'attendait plus l'ordre de mon maître pour s'allumer ? Le grincement des chaises, le frottement des pas contre le marbre entre les différents compartiments de l'habitat, l'éclaboussure de l'eau sortant de la pomme de douche, et qui s'écrasait sur les carreaux de la salle de bain en chantant ? Même

Médor dans la cour se sentait menacé et aboyait. Mon maître s'approchait de la fenêtre, tirait le rideau et regardait à travers la vitre. Plongé dans l'inquiétude, il fouillait en vain toutes les pièces de l'étage, avant de dévaler l'escalier. À sa vue, Médor accourait en remuant sa queue, et ils patrouillaient tout seuls à travers le domaine. Mon maître remontait. Quand l'inquiétude se muait en terreur, il me sortait de ma geôle, me serrait dans sa main et faisait des incantations. Les bruits étranges cessaient de parcourir la maison, et la paix semblait y retourner. Médor cessait alors d'aboyer. Mon maître recollait les débris de sommeil pendant que je demeurais éveillée. Le matin ne tardait pas à paraître. Le nouveau jour apportait un vent d'espoir que la nuit venait dissiper dans ses ombres. Et le cycle se refaisait.

Nous n'allions pas voir le bout du tunnel tant que mon maître n'ouvrait les yeux et regardait par-delà la barrière qui obstruait sa vue. J'étais sa victime, au même titre que tous les innocents éteints dans cette guerre ; mais j'étais prête à pardonner s'il consentait à me libérer de cette servitude une fois pour toutes. Si j'avais un combat à mener, ce ne serait pas contre lui, mais plutôt contre cet esprit qui se servait de moi pour ruiner la vie autour de lui. Cependant, son air dévoilait des projets bien contraires aux miens. Comme s'il avait lu mes intentions dans une boule de cristal, il devint un homme averti. Sa main ne quitta plus sa poche. Il avait peur de me perdre, surtout que j'étais devenue, avec Médor, son unique compagnie dans une maison à l'immensité dévastée par la solitude ; et ma peau dure lui servait de bouclier contre vents et marées.

Dans mon esprit, plus de repos. Il fallait mettre fin à nos peines. Je priais qu'un jour la poche de mon maître porterait un trou par lequel je tomberais et retrouverais à nouveau la rue. Ce jour étant au-delà de l'horizon, je croisai les bras et attendis le jour où je perdrais ma valeur à ses yeux, et qu'il déciderait de se débarrasser de moi comme d'un vulgaire petit caillou. Cependant, il entendait me miner encore plus longtemps. Ce jour-là, comme pour mettre fin à tout doute, il me plaça sur l'étoffe de soie et nous fîmes un voyage de plus dans la maison de ses ressources. Je fus placée sous les rayons du soleil radieux et, pendant que mon maître comptait ses liasses de billets avec le même enthousiasme, je focalisais toute mon attention sur une seule idée. Tout à coup, le vent emporta mon esprit par-delà les frontières. Sous son emprise, je me baladais dans tous les sens. Autour de moi, rien que de la lumière et de la canicule. Je croyais fondre sous leur effet, et me débattais tel un naufragé à la merci de flots impétueux. Peu après, le tourbillon cessa. Je me réveillai en sursaut sous les rayons du soleil qui s'étaient tempérés. Que s'était-il passé ? Sous la conduite de mon maître, nous reprîmes le chemin.

Le voyage retour se fit dans le calme. Au point initial, mon maître fit les rites finaux autour des bougies et je me retrouvai au fond de mon cachot. J'avais le sentiment étrange d'être un oiseau dans une cage ouverte. J'inspirai profondément, retins mon souffle et laissai aller mes pensées. Je me concentrai sur elles et imaginai que j'étais au rez-de-chaussée. Je visualisai longtemps cette image, et, au moment d'expirer, je disparus et fis une apparition soudaine sur le tapis. J'entendis de loin les clameurs de mon maître

et me rendis compte que j'étais libre. Frileuse, je fis le même exercice de tout à l'heure en songeant à me retrouver au Carrefour Bastos. Du coup, autour de moi, un vacarme se fit entendre. Des véhicules roulaient dans tous les sens et en appelaient à la prudence. Les bruits et les mouvements étaient attrayants. J'étais épuisée après tous ces efforts ; mais pour me sentir vraiment en sécurité, il me fallait être loin de là. Je me réfugiai à la Poste Centrale. La nuit tomba sans prévenir, me laissant sur mes marques ; car mon maître pouvait débarquer à tout moment avec son chien.

Au bord de la route, une file interminable de personnes montait et descendait çà et là. Malgré la fraîcheur nocturne, mon corps s'échauffait étrangement et je m'épuisais davantage. J'avais cependant l'impression d'exprimer un désir. Un moment après, la foule tarit, et un infortuné passa seul près du sapin au pied duquel je restais camouflée. Il marqua aveuglément des pas vers moi, pendant que mon corps s'échauffait de plus en plus. Je me mis à l'affût, inspirai profondément et fis le vide dans mon esprit. Je disparus et réapparus au même endroit, sur la peau de la victime qui s'affala en bordure de la route. Je vidai ce promeneur de tout son sang et mon désir fut assouvi ; mais pas pour longtemps. Esprit redoutable, je parcourais désormais la ville pour chercher à étancher ma soif. La nuit était plus propice. Je me dissimulais à l'entrée des snacks. Le jour, je rôdais autour des écoles. Le déplacement ne me causait plus de préjudice. À force de pratiquer, il était devenu mécanique. Il me suffisait de penser à un lieu pour m'y retrouver en une seconde.

Malgré tout, je ne réussissais à satisfaire ce besoin de sang une fois pour toutes. La seule façon d'y parvenir semblait être la mort, mais le goût de la vie me dominait. Dans mes moments de retraite, je ressassais ces épisodes avec regret. Mon esprit me projetait l'image d'un fleuve, et sans comprendre le parallèle, l'idée d'en rencontrer sur mon chemin me remplit d'appréhension. Mais un jour je me fis violence et me téléportai vers le Mfoundi, en plein cœur de la ville. Face à l'eau, je m'enquis en silence du secret qu'elle revêtait pour le salut de la ville courbée sous le poids de ma terreur. Son regard bleu me lorgnait et me remplissait d'effroi. Au fond de moi, deux voix se disputaient et me laissaient perplexe, quant à me jeter dans le fleuve ou m'éloigner de ce milieu apeurant.

𝒫

Trois années se sont écoulées. Que serais-je devenue si la mort avait été le prix de ma témérité ? Vaine n'avait pas été mon appréhension. Je me souviens qu'au moment où je me retrouvai au fond du fleuve après la dure résolution, la portion de l'eau qui avait accueilli ma chute fut portée à ébullition. La vapeur s'élevait et d'étranges bestiaux émanaient de moi. Je me démenai longtemps, et, au moment où je craquais, le corps d'un phacochère sans vie tomba au fond de l'eau et remonta lentement en surface. Je continuais à plonger dans la torpeur, graduellement, au point de perdre toute connaissance.

Je me réveillai au bord de la rue, promenai un regard panoramique et estimai avoir passé trois jours d'engourdissement. Je laissai aller mes pensées, inspirai profondément,

et retins mon souffle. Je me concentrai sur mes pensées et imaginai que j'étais au Carrefour Bastos. Autour de moi, le décor demeura le même. Condamnée sur place, j'éprouvai le regret d'être rescapée du naufrage. Peu de temps après, j'appris de nouveau à aimer la vie, à profiter de mon souffle d'une autre façon. Cachée au coin de la rue, je me contente d'observer la ville courbée sous le poids de ses vices.

Le jour, mon regard s'attarde sur les véhicules coincés dans l'embouteillage et les policiers assis dans les bars. Les petites lycéennes qui entrent dans les auberges et n'en ressortent pas. Les enfants de la rue qui font cent tours sur place, cherchant certainement un abri pour leur âme fatiguée. Les hommes endimanchés, munis de dossiers, se précipitent, s'arrêtent souvent derrière une voiture stationnée, pissent sur les roues ou tout près, puis, l'air de rien, poursuivent leur marche. Des ingénieurs cassent et recassent le dos de l'asphalte chaque jour pour enterrer des tuyaux de l'eau dont on ne verra jamais la couleur dans les ménages. J'entends la voix tonitruante des pasteurs qui invoquent partout le feu. Pourtant, les mauvais esprits s'entêtent.

J'aime bien, le soir, quand la poésie se déploie sur la ville bouillante, focaliser mon attention sur les mouvements et le vacarme des hommes. Figée à un coin du Carrefour Obili, j'aiguise ma vue et affine mon ouïe. L'ambiance des klaxons et des lumières fait de chaque jour un jour de fête. Vers le milieu de la nuit, les « panthères » sortent de leur antre ; les fantômes retournent profiter des merveilles des boîtes de nuit aux côtés des vivants. Je suis là, inoffensive. J'attends avec impatience la parade du chien et son maître — que dis-je, mon maître ! — ces deux esclaves faits l'un

pour l'autre, qui viennent fouiller la cité comme engagés par une ONG, et finir par se ravitailler dans la poubelle près de la barrière de la Garde Présidentielle. Ils ont toujours l'allure de personnes occupées ! Le chien renifle toute pierre sur son chemin. Le maître, lui, ne traverse aucune pierre sans la prendre et la passer en revue, qu'elle soit noire ou blanche, qu'elle soit un peu plus grande, plus petite, ou plus ronde. Cachée au pied du panneau, je les regarde et je ris. Chaque jour qui se lève est une nouvelle scène…

CES CHOSES
QUE LE MONDE NE T'AVAIT PAS DITES

Howard Meh-Buh Maximus

Traduit de l'anglais par
Mariette Tchamda et Fadimatou Nastainou Njapndounke

Tous les soirs, ton père arrachait une page de la Bible, la trempait dans l'eau et mâchait. Tous les soirs, il marmonnait la même prière pendant deux minutes, avant de manger la Parole de Dieu. Il mâchait précautionneusement, posément, révérencieusement. Il est possible qu'elle ait montré des signes avant-coureurs, cette chose-là, mais ils ont dû tous t'échapper. Un soir, alors que le soleil se couchait, ton père a sorti son tabouret et sa Bible noire brillante, il t'a envoyé chercher un bol d'eau, puis il a commencé par la Genèse.

Il en était à présent au Livre des Rois, et broyait la splendeur de Salomon entre ses dents, comme des lambeaux de viande de brousse. Parfois, alors que tu faisais la vaisselle dehors ou cueillais du waterleaf dans l'assemblée de pousses, ou mettais une marmite d'eau sur le foyer, que tu attendais qu'elle bouille, tu le regardais avec attention et dans ses yeux tu voyais de la certitude, des éclats de sens que tu étais certaine de ne jamais saisir.

Quand il en avait terminé avec son rituel, tu le lavais dans la pénombre de la salle de bain — une salle de bain à la porte cassée, dépourvue de miroirs, comme une preuve que le monde y était entré par effraction et vous avait dépouillés de tout ce qui vous possédiez, comme si cette seule dimension de la vie dans laquelle vous viviez était déjà de trop : vous n'aviez pas besoin d'un autre royaume pour la rendre plus claire. Dans la salle de bain, il y avait du silence, hormis le son des éclaboussures quand l'eau tiède se brisait sur le sol. Tu frottais sa chair dure et ridée, avec un gant de toilette exfoliant savonneux, souhaitant qu'un jour, en frottant son corps, tu arriverais à en détacher l'ombre aussi,

cette ombre qui s'était collée à son être comme la bave colle à l'escargot, une bave que même l'alun ne pouvait ôter. Ensuite tu essuyais délicatement sa peau avec une serviette marron et tu l'enveloppais dans un pagne. Tu lui donnais du bitterleaf soup et tu le regardais s'endormir sur le sofa élimé, te demandant à quoi il pouvait bien rêver.

Tous les matins, avant le réveil de ton père, tu étais déjà en route pour l'école. C'était différent à l'école, moins déprimant. Les gens trimballaient leurs problèmes dans leurs sacs à dos et dans leurs sacs à main zippés, et faisaient comme si tout allait bien. Contrairement à la maison, tu connaissais les réponses aux questions qu'on t'y posait :

Quelle est la formule d'une ligne droite ?

Définissez « Précipitations ».

Conjuguez le verbe « Être. »

Et puis il y avait Save, le garçon qui faisait caracoler ton cœur. Le garçon que tu finirais par aimer.

ℬ

Il t'a parlé pour la première fois le jour où tu as été traduite au conseil de discipline pour avoir fracassé la tête d'une autre élève avec une bouteille. Il s'est approché de toi dans sa veste bleue impeccable, un recueil de cantiques à la main, la démarche empreinte d'une piété si mesurée qu'on aurait dit un homme d'Église. Tu étais assise toute seule à la cantine, avant l'arrivée des vendeurs, le regard plongé dans un livre que tu ne lisais pas vraiment.

Tu as été surprise lorsqu'il t'a adressé la parole. « Salut, » a-t-il lancé et tu as hoché la tête — tu n'as pas soutenu son regard. Tu as été également surprise lorsqu'il s'est assis, a

marmonné quelques paroles que tu oublierais, avant de te dire que les filles ne devaient pas se battre. Tu l'as regardé, tu as voulu lui demander pourquoi. Était-ce parce que les filles n'avaient pas de mains pour se battre ? Ou qu'elles n'avaient simplement pas la capacité d'être assez en colère pour le faire ? Tu as voulu lui demander : alors, si les humains sont avant tout des animaux et si la seule chose qui les distingue, selon la biologie, c'est le développement de leur cerveau, leur intelligence, et si, selon les statistiques, les hommes sont plus intelligents que les femmes, cela ne signifie-t-il pas qu'en fait ce sont les femmes qui devraient se battre à tout bout champ ? Mais tu ne lui as pas demandé cela. Au lieu de quoi, tu lui as dit que les garçons ne devaient pas être sopranos dans une chorale. Tu as fermé ton livre avant d'ajouter qu'en fait, les garçons ne devaient pas aimer le chant choral du tout.

Plus tard, il allait te révéler que c'est la manière dont tu avais dit cela qui l'avait amené à proposer que vous vous revoyiez le lendemain, et tu allais te demander de quelle manière tu l'avais dit. Et pourtant tu avais répondu par la négative lorsqu'il te l'avait proposé. Et il avait insisté pour te raccompagner chez toi ce jour-là parce que :

« La solitude est un sentiment partagé par tellement de gens que ce serait extrêmement égoïste d'éprouver sa solitude tout seul[1].

— Quoi ?

— Tennessee Williams.

---

[1] Camino Real, Tennessee Williams, traduit de l'anglais par Bertrand Augier, 2017.

— T'ai-je dit que je me sentais seule ? » as-tu rétorqué en roulant des yeux.

Il a souri et ça t'a à moitié irritée, à moitié charmée, qu'il sourie comme ça.

Quand quelques heures plus tôt il t'avait dit : « Moi c'est Save », tu avais lancé : « Je le savais. Je me doutais bien que tu étais un de ces prêcheurs. »

Et il avait ri de bon cœur et répondu :

« Je n'ai pas dit Save comme le Sauveur, ou quoi que ce soit du genre. Je voulais dire que mon nom c'est Save.

— Oh, avais-tu dit, penaude. Je m'appelle Ramatou. »

B

Vous êtes passés devant les élèves agglutinés qui hélaient en criant des taxis qui filaient à vive allure, devant la femme avec un gros sac de maïs fraîchement récolté posé à ses pieds et l'homme en costume qui faisait de l'auto-stop parce que sa voiture venait de tomber en panne. Lorsqu'il a essayé de te prendre la main, tu t'es repliée sur toi-même comme si tu t'appelais Mimosa Pudica. Vous avez traversé Mile 2, observant la verdure, à perte de vue, qui prenait la route en sandwich. Il te racontait une histoire qui lui était arrivée à l'internat — au Bishop Rogan College. Deux garçons s'étaient battus pour une fille de Christ The King College ; ils s'étaient donné des coups de poings au visage jusqu'à devenir humides et ensanglantés, et quand le recteur avait demandé : « Pour l'amour de Dieu, que se passe-t-il ici ? », l'un d'eux avait stupidement répondu que l'autre lui avait piqué sa petite amie. « Tu t'imagines ? Au petit séminaire, de futurs prêtres. » Il a ri de sa propre histoire.

« Alors, pourquoi as-tu quitté BIROCOL ? Tu ne veux plus devenir le Père Save ?

— En réalité, je le veux toujours. Je voulais juste voir à quoi ressemble la vie dans un externat et dans une école mixte avant de partir pour de bon, » a-t-il répondu en riant.

Tu lui as jeté un regard, un sourire enjoué :

« Ah ouais, c'est ça. »

B

Au croisement qui menait chez toi, tu lui as posé des questions sur ses parents : « Ils n'ont pas intérêt à venir dans ma maison en pensant que j'ai kidnappé leur fils o. » Il a ri et dit qu'ils étaient partis en voyage : « Donc même si je rentre chez moi maintenant, ce sera pour retrouver une maison vide, ennuyeuse. »

Ton père était à l'intérieur lorsque vous êtes arrivés chez toi. Tu voulais que Save reste dehors pendant que tu retirais ton uniforme, mais il a insisté pour entrer. « Je veux saluer tes parents. » Il était le genre de garçon qui lorsqu'il rendait visite à une fille, tenait à saluer les parents de celle-ci avant toute chose. Le genre de garçon qui avait l'habitude que les parents le regardent avec admiration, aspirant à ce que leurs enfants prennent exemple sur sa décontraction et son raffinement. Alors, il est entré et tu aurais juré qu'il a presque fait la révérence en disant : « Bon après-midi, papa ». Mais ton père s'est contenté de le regarder et il a détourné les yeux, concentré sur les pages des vieux journaux qu'il feuilletait. Tu as commencé à entendre les battements de ton propre cœur. Dehors, il t'a dit : « je ne crois pas que ton père m'apprécie », et tu as ri, et il a dit que c'était agréable

de te voir rire, même si c'était aux dépens de sa peine, et tu as ri de plus belle, puis tu as dit : « Peine ? Tu peux être une diva hein ! »

Ce soir-là, alors que vous étiez assis sous le manguier à parler du Senior Prefect qui s'imaginait que sa fonction était un boulot rémunéré, demandait des pots-de-vin aux retardataires et aux élèves qui étaient mal habillés, pendant qu'il racontait en long et en large qu'il t'avait remarquée dans les parages, qu'il te trouvait intéressante et s'était efforcé de trouver un moyen de te dire « Salut », alors que tu te retenais de lui dire que tu avais un faible pour lui depuis aussi loin que remontaient tes souvenirs — le mignon garçon calme qui venait de l'internat —, tu as vu avec horreur ton père sortir de la maison, portant un tabouret et un bol d'eau, sa Bible sous le bras. Tu l'as regardé pendant qu'il regardait ton père arracher une page de la Bible, la tremper dans l'eau et mâcher. Tu as regardé le malaise qui se déplaçait comme une créature rampante du corps de Save jusque dans le tien.

B

Il t'a envoyé un texto ce soir-là pour te dire qu'il avait passé un bon moment. « Moi aussi », as-tu répondu. Tu as pensé à lui en te disant qu'il était si grand et mince qu'on aurait dit un arbre — un arbre long, élancé — que son teint clair lui donnait l'air plus fragile encore, qu'il riait tellement que ça te faisait également rire, que sa joie inaltérable semblait envelopper ta tristesse et l'engloutir. Ça t'a rappelé l'endocytose. Tu t'es demandé ce qu'il pensait de ton père, et lorsque tu t'es réveillée le lendemain matin, tu l'as détesté parce qu'il savait. Tu t'es détestée de lui avoir laissé savoir. Tu

n'aurais pas dû le laisser entrer dans ta maison, pas dû le laisser voir ton père manger la Bible. Alors, tu l'as évité à l'école, tu as feint de ne pas le voir quand il t'a fait signe de la main. Le principal, un petit homme à lunettes engoncé dans une veste trop serrée, s'est tenu face à toute l'école pendant le rassemblement et a annoncé ta suspension, ta punition pour avoir fracassé la tête d'une autre élève.

B

Save est venu chez toi après l'école ce jour-là, mais tu ne l'as pas laissé entrer. Il a continué de venir jusqu'à ce qu'un jour le ciel soit de son côté, devenant si lourd et gris que tu as su qu'il allait pleuvoir son approbation, alors tu as ouvert la porte et tu as laissé Save entrer. Dans ta chambre, tu lui as dit que ton père n'avait pas toujours été comme ça. Tu lui as raconté l'histoire : que ton père était Pasteur, un grand Pasteur avec une grande église, jusqu'à ce que trois filles déclarent qu'il les avait agressées sexuellement et que son monde commence à s'effondrer. Tu lui as raconté que tes parents et toi étiez devenus aussi maigres que des manches à balai à force de jeûner et réfléchir. De jeûner pour que les écailles tombent des yeux de ses fidèles et qu'ils se rendent compte que c'était juste un mensonge. Mais ça n'est jamais arrivé. Tu lui as dit que tu avais cessé de croire en l'amour parce que tu n'en avais jamais vu d'aussi solide que celui de tes parents, que ta mère était restée aux côtés de ton père tout au long du scandale, disant à qui voulait l'entendre que son mari était innocent et que ces filles étaient des agents du Diable. Et puis qu'un jour, elle t'avait emmenée au marché et t'avait acheté tellement de jouets que tu avais pensé

que Noël avait été ramené en juin, que plus tard ce jour-là ton père et toi l'aviez attendue pour le dîner, mais qu'elle n'était pas venue. Vous l'aviez attendue au petit déjeuner le lendemain, mais elle ne s'était pas montrée, vous aviez attendu encore et encore jusqu'à finir par admettre qu'elle ne reviendrait jamais.

Tu lui as dit que pendant une semaine entière, tu n'avais pas entendu ton père parler. Un jour, il avait sorti sa Bible et en avait fait un repas. Tu lui as dit que tu avais cessé de croire en l'amour.

B

Il t'apportait des notes de cours et du café dans des gobelets fantaisie, et vous étudiiez sous le manguier. Tu le regardais prier avant d'éplucher une mangue, avant de boire son café, tu le regardais prier avant d'ouvrir son livre. Il était la seule personne de ta connaissance qui n'oubliait pas de prier après le repas. Grâce à lui, tu as commencé à te rapprocher de Dieu ; grâce à cela, tu as commencé à te sentir plus légère. Désormais, quand tu lavais ton père dans la salle de bains obscure, tu souriais et chantais les chansons qu'il t'envoyait. Quand ton père dormait, tu priais pour qu'il fasse de beaux rêves.

Les semaines suivantes allaient te sourire, comme si un beau matin quelqu'un t'avait apporté un cadeau auquel tu ne t'attendais pas. Un cadeau hors de prix et qui était au-dessus de tes moyens. Ça faisait longtemps que tu n'avais pas reçu de cadeau. La dernière fois, c'était le jour où ta mère était partie.

Vous alliez main dans la main à Down Beach, manger des glaces dans des endroits cosy, et quand tu étais sûre que ton père était encore endormi, tu restais assise avec Save à regarder les jeunes hommes vêtus de shorts sales à mi-fesses transporter des sacs de ciment. Tu observais la structure qu'ils étaient en train de construire, depuis la base, et tu te comparais à ce bâtiment ; tu comparais Save à un de ces garçons, à tous ces garçons, en train de te reconstruire. Ce serait une boutique, ce bâtiment, une boutique avec des objets brillants et chers. Ce serait la boutique où, des années plus tard, tu allais trouver un mannequin souriant qui ressemblerait de façon troublante à Save.

ℬ

Une semaine avant le GCE, tu t'es rendu compte que tu étais éperdument amoureuse de lui. C'est arrivé le jour où il t'a appelée à minuit, en larmes, te disant que sa vie ne lui appartenait pas. Qu'il y avait des choses qu'il voulait faire, mais ne pouvait pas, et que ses parents le mettaient dos au mur. Il se sentait comme un animal, entravé par des chaînes, enfermé dans une cage.

« Comment ça ?

— Ce n'est rien, Rama. Je vais bien, » a-t-il répondu en sanglotant.

Tu avais envie de te précipiter chez lui et le laisser pleurer contre ta poitrine afin de le ramener à son état normal à force de caresses. Et pourtant, tu t'es sentie coupable de trouver du réconfort dans son instabilité. Qu'il semble brisé comme toi t'a donné l'impression que vos pièces pouvaient

se compléter, former quelque chose d'entier, quelque chose de solide.

Quand tu t'es rendue chez lui le lendemain, il semblait aller bien, il riait et parlait à table avec ses parents qui t'ont demandé si tu étais la camarade dont il disait qu'elle l'aidait en maths. Tu as eu un sourire crispé et tu as dit oui. C'est à ce moment-là que vous vous êtes disputés pour la première fois.

« Répétitrice de maths ? C'est ce que je suis pour toi ? La camarade de classe qui t'aide en maths ? » Il a bafouillé : « Mais c'est vrai que tu m'aides en maths. » Tu l'as regardé avec des yeux exorbités, tu es partie. Il t'a appelée pour te dire que tu dramatisais, tu sais comment sont les parents.

Votre dispute suivante s'est produite lorsque tu es allée chez lui pour la deuxième fois. La femme de ménage t'avait servi un verre de jus d'orange fraîchement pressé que tu as siroté doucement, en regardant le clip d'un prêtre âgé qui se contentait de chanter assis, pendant que le reste de la chorale se balançait en cadence. En allant déposer ton verre à la cuisine, tu as entendu par hasard la femme de ménage dire à sa mère que ton père était fou et que la folie était probablement de famille, chez vous. Le verre t'a glissé des mains, et avant que Save ne sorte de sa chambre, tu étais partie.

« Tu es partie avant que je ne sorte, pourquoi tu as fait ça ? a-t-il demandé quand il t'a appelée.

— Demande à ta mère.

— Quoi ? Qu'est-ce que ma mère a à y voir ? »

Plus tard, il a encore appelé :

« Elle dit qu'elle ne sait pas de quoi tu parles. Rama…

— Donc je suis une menteuse, ou une folle qui ne sait pas ce qu'elle raconte ?

— Quoi ? »

Tu as éteint ton téléphone et tu l'as évité pendant une semaine. Tu t'es dit que tu ne retournerais plus jamais dans cette maison.

B

Mais une bonne nouvelle, c'est une eau qui éteint les feux allumés sous le coup de la colère. La bonne nouvelle, c'était que tu avais décroché haut la main ton GCE. Deux jours que les résultats avaient été publiés, et vous fêtiez encore. Tu es rentrée de Down Beach avec Save, tous les deux enlacés, pour trouver ton père pendu au manguier, une corde autour du cou. Le choc a été si violent que tu t'es évanouie dans les bras de Save. Quand tu as repris connaissance, tu ne lui as pas parlé du léger soulagement que tu ressentais. Ni de la joie de ton père, qui avait pris tes mains entre les siennes et souri lorsque tu lui avais dit que tu avais réussi à toutes les cinq épreuves sans exception. Ni de ce que sa mort te laissait pressentir — qu'il s'était accroché à la vie en attendant que tu accomplisses quelque chose, avant de quitter ce monde qui n'avait plus de sens pour lui. Non, tu n'as rien dit de tout cela à Save. Mais tu l'as laissé te réconforter, tu l'as regardé appeler ses parents, leur dire qu'il allait passer la nuit avec toi parce que tu avais perdu ton père. Il s'est éloigné pour terminer l'appel. Il est revenu et t'a dit : « Je reste pour la nuit. » C'est cette nuit-là que tu as déboutonné sa chemise. Cette nuit-là que vous avez fait l'amour pour la première fois.

ℬ

Quelques semaines après l'enterrement de ton père, tu as longuement regardé sa photo, te souvenant que tu ne lui ressemblais en rien. Qu'il te disait toujours que tu étais le portrait craché de ta mère et n'avais hérité de lui que son intelligence. Que ta mère riait et disait : « Remercie ta bonne étoile, Rama, au moins tu ressembles à un être humain », et que ton père répondait avec humour : « Au moins tu penses comme un être humain ». Tu t'es forcée à arrêter de penser à ta mère. Elle ne méritait pas tes pensées.

ℬ

Les formulaires d'inscription à l'université avaient été mis à disposition et tu voulais aller à Buéa en retirer des exemplaires pour Save et toi. Il était un tel roc et tu te sentais vraiment en sécurité avec lui. Quelquefois, tu te demandais comment tu pouvais avoir autant de chance, et cela t'étonnait de t'estimer encore chanceuse alors que tu avais tout perdu. Tu avais de la chance parce que tu l'avais encore, lui.

Une semaine plus tard, tu l'as appelé et lui as dit que tu étais malade. Il a accouru chez toi avec un sachet de gâteaux et du café dans des gobelets fantaisie. Tu lui as demandé quelle maladie le café soignait et il a pouffé de rire. Assise sur ton lit, tu as voulu lui dire. C'est lorsque tu t'es éclairci la gorge qu'il a dit :

« Ramatou, il y a une chose dont nous devons parler. » Comment l'avait-il su ? t'es-tu demandé, le cœur battant plus fort dans ta poitrine.

— J'entre au séminaire ».

Tu l'as regardé en espérant qu'il rie. Mais il ne l'a pas fait.

« Tout est prêt et la date approche, a-t-il ajouté.

— Quoi ? » as-tu lâché, consciente que ton « quoi » sonnait creux, qu'il n'avait aucun poids. Ton regard se promenait pendant qu'il te racontait combien il avait apprécié les moments passés avec toi. Tu as regardé ses longs doigts minces et ses ongles propres, les jeunes pousses de barbe sur son visage qui semblaient déplacées tels des brins d'herbe sur un mur. Il parlait de sa mère, en disant qu'elle avait promis à Dieu que son fils Le servirait s'Il lui donnait un enfant. Qu'il n'avait pas de choix à ce sujet. Qu'il avait été élevé pour devenir prêtre. Tu as ressenti quelque chose de douloureux dans la poitrine. Tu as eu envie de rire, de lui demander si sa mère se prenait pour Anne dans la Bible, ou quoi ? Mais tu t'es ressaisie, tu lui as dit que tu l'aimais. Il t'a dit qu'il t'aimait lui aussi, mais les choses étant ce qu'elles étaient, Dieu avait besoin de lui. « Dieu n'a pas besoin de toi », as-tu crié, « Il est Dieu, Il est l'Ultime. Il n'a pas besoin de toi. *Moi*, j'ai besoin de toi. »

« Dieu est mon sauveur », a-t-il crié à son tour. Cela t'a surpris, car tu ne l'avais jamais entendu crier auparavant.

— Mais tu es à moi. Tu m'as sauvée, Save. Tu ne peux pas me quitter maintenant. Pas maintenant Save. Je t'aime.

— Je t'aime aussi Rama, mais j'aime Dieu davantage. Je t'en prie, ne m'oblige pas à choisir. » Puis, il s'est arrêté avant d'ajouter : « Tu sais, j'ai vraiment cru que tu serais heureuse pour moi ».

Tu en es restée stupéfaite. « Heureuse ? Tu es sérieux ? »

Il a dit que tu étais mélodramatique, qu'il t'avait fait part de ses rêves lors de votre première rencontre. C'est à ce moment-là que tu as vu rouge : tu as attrapé la Bible à moitié mangée par ton père et la lui as lancée à la tête. Il s'est baissé et la Bible a heurté les gobelets de café sur la table de nuit avant de tomber sur le sol, et toi tu criais :

« Va-t'en ! Fiche le camp de ma maison.

— Ramatou ?

— Va-t'en ! »

Tu l'as regardé partir, sachant que tu ne le reverrais pas avant très longtemps. Tu ne le lui avais même pas encore dit. Tu n'allais pas le lui dire. Tu as serré les bras autour du ventre. Tu as pensé à prendre un couteau, à l'y planter tant de fois que le bébé à l'intérieur finirait par mourir.

B

Neuf ans ont passé sans que tu revoies Save, sans que tu aies de ses nouvelles. Avant son départ, il t'avait appelée, mais tu n'avais pas décroché. Le jour où tu avais couru chez lui pour tirer les choses au clair, sa mère t'avait souri et t'avait dit qu'il était parti la veille. Tu avais senti ton cœur tomber dans ton ventre. Pourtant tu le voyais tous les jours, dans ton fils Hope, maintenant âgé de huit ans, dans sa taille élancée, dans sa peau claire qui rayonnait même dans la difficulté. Tu le voyais quand Hope souriait, à ses fossettes bien marquées sur ses joues qui te transperçaient le cœur, et quelquefois tu le serrais trop fort dans tes bras, ou le fouettais trop rudement parce qu'il te rappelait tant l'homme que tu aimais, l'homme qui t'avait quittée.

Deux mois après son ordination, tu as entendu dire qu'il allait venir de Bamenda visiter sa ville natale et célébrer la messe à la paroisse Sainte-Famille de Bota. La personne l'avait décrit comme un mignon Prêtre, couleur taxi, qui avait étudié au Lycée de Limbé. « Tu ne le connais pas ? Le Père Matute Save. Leur maison familiale est à Sokolo. »

Tu avais dégluti et décidé d'assister à la messe pour voir par toi-même. Il a été surpris quand il t'a vue, presque choqué. Après la messe, tu es allée à sa rencontre, Hope accroché à ton bras. Tu lui as dit qu'il avait changé. Ses biceps étaient devenus énormes et il portait des lunettes de lecture, sa barbe dessinait désormais les contours de son visage. « Vous avez des salles de gym au séminaire ? » Il a éclaté de rire. Il riait toujours beaucoup, te semblerait-il. Il t'a dit que tu étais restée la même, toujours aussi belle. Tu as ignoré le compliment et tu as demandé à Hope s'il n'allait pas saluer le Père.

Vous vous êtes revus plus tard ; il est venu chez toi. Il a voulu savoir si Hope était de lui. Tu as répondu oui, que tu avais eu l'intention de le lui dire. Il est allé à la fenêtre et y est resté un moment, silencieux. Par la suite, il t'a dit qu'il se sentait bien dans les ordres, mais qu'il se sentait aussi bien avec toi. Et tu lui as répondu qu'il ne pouvait pas avoir le beurre et l'argent du beurre. Mais alors, il t'a embrassée, et tu l'as laissé faire. Tu t'étais attendue à ce qu'il soit en colère en apprenant pour Hope, mais il ne semblait pas en colère, il semblait comblé.

Il a commencé à venir souvent, apportant du café dans des gobelets fantaisie et des jouets pour Hope. Hope sur les épaules, il courait autour de la concession en riant. Quand

il était en short et tee-shirt, n'importe quel passant voyait que c'était son fils. Tu les regardais quelquefois, perdue dans des royaumes paradisiaques, imaginant des possibilités. Les fois où il restait pour la nuit, vous attendiez que Hope s'endorme, puis il venait se blottir contre toi et le matin, il s'en allait avant le réveil du garçon. Il avait des vêtements chez toi, une brosse à dents aussi. Tu te sentais de nouveau comme tu ne t'étais pas sentie depuis neuf ans : consumée, entière.

Les voisins avaient commencé à jaser, si bien qu'un jour, Hope est venu te demander si le Père Save était son véritable père. Tu l'as regardé, tout d'abord embarrassée, et puis tu lui as dit que le Père Save était le père de tout le monde, y compris le tien. C'est pourquoi tout le monde l'appelait Mon Père. Il a hoché la tête et s'est éloigné. Tu savais qu'il n'était pas convaincu.

𝒫ℬ

Un matin, alors qu'il était resté passer la nuit, tu lui as dit, la tête contre sa poitrine, en jouant avec les poils de son torse, qu'il devait quitter le séminaire pour venir vivre avec Hope et toi, et prendre un nouveau départ « comme une vraie famille ». Il a dit que ce n'était pas possible.

« Tout est possible, as-tu rétorqué.

— Pas tout, pas ça.

— Pourquoi ? Tu as peur de ce que les gens vont dire ? »

Il t'a regardée, s'est écarté d'un air incrédule, t'a traitée d'égoïste.

Tu as riposté d'un ton sec : « Tu te moques de moi là ? C'est toi l'égoïste, tu m'as laissée seule avec ton enfant pendant neuf années entières, neuf ans ; tu sais comment on a survécu sans toi ?

— Tu ne me l'avais pas dit. Tu as eu l'occasion de me dire que tu portais mon enfant, mais tu ne l'as pas fait. Comment aurais-je pu le deviner, pour l'amour de Dieu ?

— Tu as couché avec une fille, tu l'as fait tomber amoureuse de toi, tu l'as mise enceinte, puis tu l'as quittée. Ose donc me dire que ce n'est pas le summum de la méchanceté. »

La pièce tremblait de rage. Il t'a crié d'arrêter de crier.

« Pourquoi ? Tu as honte de moi ? De Hope ? Dis-le-moi, tu as honte que les gens soient au courant pour nous ? Tout comme tu avais honte de me présenter correctement à ta famille ? » Il t'a dit que tu déraillais et tu as répliqué : « Oui, c'est ce que tout le monde raconte dans ta famille, que je suis une folle qui vient d'une famille de fous. N'est-ce pas pour cela que tu m'as quittée ? Moi et ton fils avec ? »

Il s'est levé, a remonté son pantalon et dit :

« Tu sais quoi, Rama, va au diable.

— Tu l'auras rejoint plus tôt, as-tu crié en retour, sors de ma maison.

— Je sais, c'est tout ce que tu sais faire, me repousser. » a-t-il lancé.

Il a claqué la porte derrière lui si fort que les réverbérations sont restées avec toi. Tu t'es écroulée sur le sol et tu as commencé à pleurer, tu as pleuré au point d'avoir l'impression que des pierres étaient en train de bouillir dans ta tête.

Hope t'a demandé pourquoi le Père Save ne venait plus à la maison et tu lui as répondu qu'il devait retourner dans sa paroisse, à Bamenda. Tu ne savais même pas si c'était vrai. Tu as essayé de l'appeler, mais ça sonnait dans le vide.

𝒫ℬ

La nouvelle de la mort du Père Save est arrivée par une soirée de grosse chaleur, Hope et toi étiez assis dehors et tu l'aidais à faire ses devoirs.

« Le mignon père qui a été ordonné récemment a eu un accident sur la route de Bamenda. L'autre prêtre a survécu, mais le Père Save, non. Ah, la vie », a dit la femme.

Tu as senti tes os se liquéfier.

𝒫ℬ

Pendant des semaines, tu as essayé d'invoquer le soulagement qui t'était venu à la mort de ton père. Mais il n'est pas venu. Tu n'arrivais à ressentir aucun soulagement suite à la mort de Save. Les gens n'arrêtaient pas de dire : « Comment un mignon Prêtre peut juste mourir comme ça ? Ça doit être de la sorcellerie. »

Pendant des jours, tu es restée sans rien faire. Parfois, quand Hope était à l'école, tu te rendais à Down Beach, essayais de te rappeler tes conversations avec Save. Et tu errais jusqu'à ce qu'une moto manque te renverser et que le conducteur en colère crie en pidgin : "Ah-ah, life don pass you ? You nodi look road?" C'est sur le chemin du retour, un jour, que tu t'es arrêtée devant la boutique et tu as trouvé le mannequin planté là, te souriant. Il ressemblait de façon troublante à Save.

Tu l'as rapporté à la maison. Tu as payé la vendeuse qui a pensé que tu étais bête de dépenser autant d'argent pour un mannequin.

Il est possible qu'elle ait montré des signes avant-coureurs, cette chose-là, mais ils ont dû tous échapper à Hope. Il te regardait, pendant qu'il faisait la vaisselle, réciter ce qui était devenu ton mantra : « Il est revenu. Il est revenu pour moi. Il est revenu. Il est revenu pour moi. »

Il t'a regardée couper tes cheveux avec des ciseaux, poignée par poignée, et les coller sur le visage et le torse du mannequin, là où tu te souvenais que Save avait des poils. Il t'a regardée lui mettre les vêtements que le Père avait laissés, en lui disant avec un sourire : « Voici ton Père Save ». Toutes les nuits, il te regardait dormir, allongée contre le mannequin, et parfois il s'asseyait près de ton lit lorsque tu t'endormais dans les bras du mannequin, se demandant probablement à quoi tu pouvais bien rêver.

IL FAUT TROUVER JAMAN

Bengono Essola Edouard

La nuit est encore là. Elle semble se battre contre les faibles lueurs de l'aurore qui s'obstinent à la bannir du territoire céleste. Une forme humaine arpente lentement les allées intérieures du pénitencier de Dôme. Elle traîne avec elle le bruit désagréable d'un vieux balai qui frotte avec acharnement le sol rugueux. Une brume poussiéreuse enveloppe l'ensemble. Substance furtive, elle profite des moindres ouvertures pour se propager à l'intérieur des cachots, compartiments dont quelques hôtes sont aussitôt accablés d'éternuements : c'est Mosé le balayeur qui passe…

À ses pieds, le jeune homme pousse une masse de débris : sa tâche devient pénible à mesure qu'il chemine. De temps en temps, il croise un gardien de nuit assis ou allongé sur un banc de bois, à moitié endormi, et qui sursaute à l'approche du son du balai. Un peu plus loin, un visage emmuré se dévoile derrière les barreaux métalliques pour épier le passage matinal de Mosé. Hélas, ce dernier n'a qu'un regard froid et vague à offrir au prisonnier…

Les premiers rayons du soleil surprennent Mosé au moment où il verse son poussiéreux butin dans l'un des bacs à ordures du pénitencier. Son travail terminé, il regagne avec nonchalance le vestiaire du service d'hygiène de la prison, pour y ranger ses instruments de nettoyage.

Quelque chose a changé chez lui ce matin. C'est ce que remarquent ses collègues qui le croisent dans le vestiaire. Il salue les autres et va directement vers son placard à balais ; il ne participe pas à la discussion au sujet du prisonnier exécuté deux jours plus tôt, encore moins à celle concernant le dangereux criminel déféré la veille. Même à son meilleur

ami Flavien, il n'adresse pas la parole. Non. Ce matin, Mosé fait bande à part…

Flavien, qui a remarqué l'attitude de son ami, décide d'en savoir un peu plus :

« Qu'est-ce qui ne va pas ce matin Mosé ? On dirait que tu évites les autres.

— Ce n'est rien. Je pense beaucoup à mon père ces derniers temps. Je ne l'ai pas connu, tu le sais. J'essaie d'imaginer son visage, sa voix. Il y a des périodes comme ça. Ça va passer ».

Juste ça. Pour Flavien, c'est une raison peu convaincante. Il observe Mosé qui ferme son placard, prend son sac à dos et quitte le vestiaire.

Pour retourner chez lui, Mosé doit traverser une bonne partie de la ville de Dôme. Il y a d'abord Dôme-la-belle, avec ses édifices dont les sommets sont caressés par les nuages, ses boutiques huppées, les voitures de marque qui roulent sur des tapis d'asphalte bordés de feux tricolores, de fontaines aux jets d'eau impressionnants… Il y a aussi ces messieurs en smokings sombres avec leurs mallettes à la main, ces dames en tailleurs, ces jeunes en tenues de ville chic… Réfugié dans son uniforme de travail bleu marine et délavé, Mosé se sent souvent comme le vilain petit canard au milieu de cette foule mondaine dans laquelle il baigne journellement.

Plus loin, le décor de ville moderne cède sa place à une masse d'habitations précaires. Ici, on l'appelle Dôme-la-misérable. Mosé est enfin dans son monde. Il salue au passage une maigre dame qui sèche ses vêtements, sert une blague à

un vieil homme assis sur un fauteuil roulant, sourit gentiment à une bande de gamins qui l'observe…

Dôme-la-belle cache sa misérable sœur à la vue du monde, si bien que cette dernière s'est dressée sur une colline pour épier et envier le luxe de sa riche sœur et voir ce qu'il y a derrière les immeubles de cette dernière : une imposante construction qui ressemble curieusement à un fort. C'est le pénitencier.

Depuis plusieurs années, la partie défavorisée de Dôme accueille des gens venus d'ailleurs et qui n'ont trouvé aucun autre endroit que ce petit bidonville pour s'installer.

Dôme-la-misérable n'a pas que sa misère à décrier. Au-dessus de sa tête, plane l'épée de Damoclès. Les autorités de la ville voient en elle la pépinière d'une criminalité dont il faut absolument se débarrasser. En effet, certains coins de Dôme-la-belle sont pris d'assaut par des pickpockets et des dealers originaires du bidonville.

On connaît, à Dôme-la-misérable, une sexagénaire qui a décidé d'apporter sa modeste pierre à l'éducation des jeunes. Pour ce faire, elle a ouvert une salle de classe dans sa demeure : une vieille église abandonnée dont les murs fissurés hébergent fougères et champignons. Son nom est Tante Maryvonne, surnommée par ses voisins « la dame à la canne », à cause de ce bâton sur lequel elle s'appuie toujours pour se déplacer.

Le visage de Tante Maryvonne est, dans l'esprit de Mosé, aussi ancien que ses plus vieux souvenirs. Il y a des années de cela, alors qu'il n'avait que deux ans, la tuberculose emporta sa génitrice. La dame à la canne l'avait alors

recueilli. Son père, il n'en sait pas grand-chose. Il a été exécuté dans le pénitencier de Dôme, lui a appris sa mère adoptive, après quelques semaines dans le couloir de la mort. Cela est arrivé avant la naissance de Mosé. Qu'avait-il fait ? Tante Maryvonne ne l'a jamais su.

Au moment où il arrive chez lui, Mosé trouve une ambiance familière : Tante Maryvonne assise à l'extérieur sur son rocking-chair blanc ; des jeunes des alentours sagement installés sur des bancs, ardoise et craie à la main, suivant, avec assiduité, leur leçon quotidienne de calcul. Mosé sourit à Tante Maryvonne avant de passer le seuil de la vieille église. À l'intérieur, les cloisons en brique de terre laissent s'échapper une fraîcheur qui l'apaise.

Dans sa chambre à coucher, il y a, accroché au mur, ce tableau qu'il avait acheté dans une brocante en ville : c'est une scène d'exécution. Le personnage au centre, un condamné à mort, semble souffrir de la cruelle morsure du remords. Son affliction est si grande, qu'on le dirait regrettant le type de vie qu'il aura mené, plutôt qu'un singulier épisode pervers de celle-ci. Assis sur la chaise électrique, il ne combat guère les étreintes qui l'y contraignent. Il y a un deuxième personnage qui se dresse dans le fond, quasiment effacé de la vue, malgré son imposante stature. Il apporte une once de mystère à l'ensemble. Le visage dissimulé sous une cagoule, seuls ses yeux rougis donnent accès à sa personne. Dès l'instant où il a vu ce tableau, Mosé a voulu l'avoir. Il s'imagine souvent qu'il y a, là-dedans, les derniers instants de son père.

Le jeune homme pose son sac à dos par terre et se jette sur sa couche, les yeux rivés sur le tableau, jusqu'à ce qu'il

s'égare dans le labyrinthe du sommeil. Il est presque neuf heures. S'il s'endort à cette heure, c'est parce que Mosé fait partie de l'équipe de nuit de nettoyage de la prison. Son programme au pénitencier, il ne le connaît que trop bien. Avant d'astiquer la partie de la prison qui lui est allouée, il doit brûler le contenu des cartons qu'il trouve chaque soir près des incinérateurs installés dans un petit espace à ciel ouvert, à l'arrière de la prison. Avec d'autres employés, il jette de la paperasse à l'appétit des flammes. Une tâche qu'il aime bien : la chaleur du feu le protège des assauts du froid nocturne.

Jusqu'ici, Mosé a eu affaire à des cartons ordinaires. Ceux qui contiennent des papiers provenant du secteur administratif mais, la veille, près de l'incinérateur qui lui a été confié il a reçu un carton marqué d'une croix. Il a su ce que ça voulait dire : il y avait, à l'intérieur, les objets récupérés dans la cellule d'une personne exécutée. Pour ce type de carton, les consignes sont claires. Il faut les jeter entiers dans l'incinérateur. Sans les ouvrir ! Mosé connaît très bien les consignes, mais hier, il a hésité. Il a hésité dès le moment où il a pensé à son père. Peut-être lui aussi a eu à laisser des objets qui ont fini dans les flammes. Un coup d'œil à gauche, puis à droite, et un autre derrière. Le jeune homme, curieux, s'est accroupi. Il n'aura fait aucun effort, le carton était ouvert. Des entrailles sombres de la boîte, il a extirpé une bible, un crayon, une enveloppe… Au-dessus, était marqué *à Jaman, mon fils*. Un gardien approchait. Mosé, dans un mouvement brusque, remit les objets dans le carton qu'il jeta dans l'incinérateur. Au sol, l'enveloppe était restée.

Alors que le gardien s'éloignait, Mosé la ramassa. Il avait décidé de la garder.

Collecter des objets en rapport avec les exécutions est une addiction pour Mosé. Trouver dans son esprit la mémoire d'un père inconnu, le mène parfois vers un état de dépression. Voilà justement pourquoi il avait l'esprit ailleurs ce matin. C'est cette enveloppe qui a intensifié en lui le désir de connaître son père.

Il est seize heures. Les appels de Tante Maryvonne tirent Mosé de son sommeil. Il est temps pour lui de quitter sa couche, prendre un bain et se restaurer.

Quelques instants après, le jeune homme sort. Dehors, les rayons de soleil, adoucis, ont une couleur rougeâtre. L'orange céleste disparait à l'horizon. La première chose qui attire l'attention de Mosé est le pénitencier de Dôme, visible au loin. Quand on y travaille et qu'on vit dans ce bidonville, on ne le quitte vraiment jamais. Il est toujours là, dans le champ de vision, donnant l'impression que la vie est une lemniscate. Mosé a pris avec lui l'enveloppe. Il s'assied sur le rocking-chair de Tante Maryvonne qu'il a porté jusque-là. L'enveloppe n'est guère scellée. Il retire une lettre, puis la lit :

Jaman, depuis ta plus tendre enfance, tu n'as eu aucune nouvelle de moi. Ma très longue absence n'est guère excusable, mais il faut que tu saches la vérité. Personne ne te l'apprendra si ce n'est moi. Prends la peine d'aller jusqu'au bout de cette lettre. J'ignore à quoi tu ressembles aujourd'hui, car j'ai passé tellement de temps entre quatre murs. Tu n'étais qu'un bébé la dernière fois que tu as posé les yeux sur moi. Aujourd'hui, tu dois avoir 18… ou 19 ans… Si je te revoyais maintenant, à

quoi me fierais-je pour te reconnaître ? Ton nez retroussé ? Le noir de tes yeux ? La tache de naissance sur ton cou ? Ça ne suffirait pas. Malgré tout, je veux que tu saches, par la présente lettre, tout ce que tu dois savoir de moi, tout ce qui est arrivé depuis le jour où j'ai quitté Cabane. Tu sauras comment les choses ont tourné pour que je me retrouve ici, au fond d'une sombre cellule du pénitencier de Dô…

–De Dôme… complète Mosé.

La lettre s'arrête là. Le condamné n'a sûrement pas eu le temps d'étaler toutes ses pensées. L'instant de sa mort l'aura-t-il surpris ? Hélas, Jaman ne saura jamais rien de son père. Mosé jette la lettre, lève le regard vers le ciel, laisse de nouveau sa réflexion aller à la recherche de son géniteur. Ce dernier n'a rien laissé de lui. Ou peut-être l'a-t-il fait, mais tout a fini dans le feu. La nuit, lentement, est tombée à l'insu de Mosé. Il est temps d'aller travailler.

Le lendemain matin, la scène de la veille se reproduit. Mosé est dans son coin. Avant de commencer le travail, l'équipe de jour se délecte des histoires amusantes de Flavien. La source d'inspiration de leur collègue ne tarit jamais. Ses récits atteignent les tympans de Mosé sans changer son humeur. Il part sans prévenir. En passant devant la guérite, il aperçoit une camionnette en train de se garer devant le pénitencier. Deux hommes déchargent les cartons qui serviront à contenir la paperasse destinée au feu. Certains de ces cartons recevront peut-être des croix et finiront incinérés. Mosé poursuit son chemin. L'image de l'enveloppe réapparait dans ses pensées. Le fait d'être tombé sur cette lettre ne l'investit-il pas d'un devoir, celui de la faire parvenir à Jaman ? Cette interrogation l'agacera sur le chemin.

De retour à la vieille église, le jeune homme se dirige à l'endroit où il a laissé la missive la veille. Elle n'y est plus. Il y a juste l'enveloppe, éventrée, gisant sur le sol. Tante Maryvonne a vu son fils arriver. Elle a remarqué qu'il se déplace avec hâte. N'ayant pas trouvé ce qu'il cherche, il vient vers elle, interrompant ainsi la leçon des enfants. Avant qu'il ouvre la bouche, elle lui tend la lettre.

« Qu'est-ce que c'est ? » lui demande-t-elle.

Elle est inquiète. Elle connaît la tristesse que son fils éprouve, de ne pas avoir connu son père. C'est à contrecœur qu'elle lui a donné sa bénédiction avant qu'il puisse commencer à travailler au pénitencier. Où est-il allé chercher cette lettre ? Mosé s'assied près d'elle et lui en dit un peu plus. Ayant mûrement réfléchi sur le chemin du retour, il a décidé de faire parvenir à Jaman la lettre de son père. Il veut aller à Cabane, le lieu où, selon la lettre, Jaman est censé se trouver. Ce village n'est pas bien loin. Il pense être de retour à la tombée de la nuit. Les arguments auxquels il a recours pour justifier son déplacement ne sont guère convaincants pour sa mère adoptive. Toutefois, y voyant une sorte de thérapie, cette dernière décide de le laisser faire les choses comme il l'entend.

𝒫𝒷

« Cabane ! crie le conducteur. Nous sommes à Cabane ! Quelqu'un descend ? »

Mosé se réveille en sursaut. Il a dormi durant tout le voyage. L'autocar a fait un arrêt devant un petit groupe de cases. Complètement dépaysé, le jeune homme descend du véhicule.

L'autocar reprend sa route, soulevant derrière son passage un nuage de poussière. Mosé sait qu'il ne doit pas manquer son retour, sinon il serait obligé d'attendre le lendemain pour rentrer à Dôme. De vieilles personnes, s'étant rendues compte de la venue d'un étranger, sortent des cases. Ce n'est pas tous les jours que ces gens voient un nouveau visage. Ils s'approchent de Mosé. D'aucuns lui tendent la main, d'autres n'hésitent pas à lui faire une accolade, comme s'il était un proche. Un accueil qui plonge Mosé dans la confusion. Sans attendre, il fait savoir à ce chaleureux comité d'accueil la raison de sa venue. Le nom de Jaman n'est connu de personne. Toutefois, l'un des vieillards conseille à Mosé de se rendre chez un certain Etondè, à l'autre bout du village.

Après quelques minutes de marche, Mosé reconnaît la demeure qui lui a été indiquée. Le voyant arriver, une femme, le foulard sur les épaules, s'approche de lui.

« Bonjour, salue-t-elle. Le naturopathe a beaucoup travaillé ce matin. Je vous prie de patienter, le temps pour lui de souffler un peu ».

— Je ne suis pas malade, rassure Mosé. Je viens rencontrer un certain Etondè.

— Etondè, c'est le naturopathe. Veuillez vous asseoir ici. Je reviens ».

La dame a indiqué à Mosé un vieux tronc d'arbre abattu. Quelque temps après, elle réapparait et fait savoir au visiteur que le naturopathe est prêt à le recevoir. Elle le conduit donc jusqu'à l'entrée de la case.

Celle-ci, en plus d'être exiguë, est peu fournie. Un lit de bambou ici, des plantes et des potions là. Aucun meuble.

Au centre de la pièce, Mosé découvre, accroupi devant une pierre à écraser, un vieil homme desséché aux cheveux blancs, ayant pour seul vêtement un vieux pantalon gris déchiqueté au niveau des chevilles, et pour fidèle compagnon une canne posée près de lui.

« Approche jeune étranger », dit Etondè d'une voix usée et toute tremblante

Le vieil homme écoute avec une patience vertueuse le récit de Mosé. Le jeune homme a commencé par lui lire la lettre. *Jaman… Jaman…* Etondè ne se souvient pas de ce nom. Il a beau chercher dans sa mémoire, bibliothèque riche de souvenirs lointains… Il ne trouve rien. Jaman a aujourd'hui dix-huit ou dix-neuf ans. Il n'y a plus de jeune homme de cet âge dans le village. Toutefois, un fait vient à l'esprit du vieillard. Si Jaman a cet âge-là, c'est qu'il a grandi dans l'ancien village. Etondè attrape un sac bandoulière en peau de bête, puis sa canne. Il s'appuie sur celle-ci pour se tenir sur ses jambes fragiles. Elles tremblent jusqu'à ce que le vieil homme les tende complètement. Il demande à son hôte de le suivre dans cet endroit que les populations ont abandonné il y a une dizaine d'années.

Les deux hommes s'enfoncent dans la forêt. Après une heure de marche, ils atteignent un lieu qu'Etondè désigne comme étant l'ancien village. Le lieu est marqué par une profonde absence. Le jour s'en va, nonchalant, sous la psalmodie des oiseaux. Malgré la végétation rampante et touffue qui tient les cases en otage, Mosé arrive à distinguer les murs des habitations délaissées. Les ténèbres, qui s'étalent aux alentours comme de la brume, voilent déjà les parties exposées de ces ouvrages de terre. Sa vigilance happée par le

décor, Mosé n'a pas remarqué qu'Etondè est parti il y a un moment. Ce dernier revient avec du bois mort. Se servant de son bras droit pour s'appuyer sur sa canne, il a du mal à contenir sa trouvaille de l'autre bras. Mosé se précipite pour l'aider. Après avoir installé le bois, Etondè ramasse deux petites pierres et des feuilles sèches tout près. Usant de son habileté et surtout de son expérience, il arrive à faire du feu. Puis il s'accroupit, tandis que Mosé s'assied à même le sol. Il écoute son guide qui, mué en griot, lui conte l'histoire de deux hommes, deux amis qui quittèrent le village pour rejoindre la ville, il y a de cela une vingtaine d'années. La fumée monte vers le ciel, et le son de la voix d'Etondè, telle une vague, entraîne l'esprit léger de Mosé vers la haute mer du passé… Ce dernier ne retournera pas à Dôme aujourd'hui.

Vingt ans plus tôt, deux jeunes hommes, Nassoune et Kombé, commirent le sacrilège de puiser de l'argent dans la caisse publique du village pour se rendre en ville. Cet argent devait servir à la construction d'un forage et d'une salle de classe. La vie du village les ennuyait déjà. Ils voulaient goûter à la modernité urbaine… Une nuit, ils se décidèrent. Ayant réussi à entrer dans la case où était gardé l'argent, ils le dérobèrent et disparurent. Le lendemain, le village découvrit le vol. L'absence des deux amis les accusait. De plus, les jeunes du village rapportèrent que cela faisait plusieurs mois que Nassoune et Kombé parlaient de ce départ. Seuls leur manquaient les fonds pour ouvrir une affaire en ville. Les deux hommes étaient partis, en dépit du nouveau-né que chacun laissait derrière lui.

Les mois s'enchaînèrent, et le matin du vol finit par être relégué au rang de fâcheux souvenir dans l'esprit des habitants. Pourtant, un évènement qu'on n'espérait plus survint : Kombé réapparut. La nouvelle de son retour se répandit dans le village. C'est dans sa case, alors qu'il tenait son enfant dans ses bras, qu'il fut assiégé par la foule. Le chef intervint à temps, empêchant les villageois de procéder à un lynchage. Kombé fut conduit à l'extérieur, et c'est là que, ayant reçu l'ordre de parler de ce qu'il était advenu de l'argent volé, il se mit à narrer son infortune et celle de son ami.

En effet, à peine arrivés en ville, les deux jeunes gens empruntèrent un train de vie inhabituel : loger dans un motel, manger dans des restaurants… En deux semaines ou presque, ils avaient tout dépensé. Ils se retrouvèrent dans la rue, où un inconnu pourtant louche, d'après Kombé, leur proposa de faire affaire dans la vente de stupéfiants. Ils acceptèrent. Lancés dans leur nouvelle occupation, ils se firent de l'argent. Mais cela les mêla rapidement à un homicide. Nassoune fut arrêté, et lui, il eut juste le temps de s'enfuir pour Cabane.

Après avoir écouté son histoire, les villageois convinrent qu'il fallait épargner Kombé. Il semblait que la nature s'était elle-même chargée de le punir : il était revenu de Dôme avec une blessure grave à la cuisse. Il en mourut quelques mois plus tard. Quant à Nassoune, on ne le revit plus jamais.

L'histoire de Nassoune et Kombé n'a pourtant pas découragé les jeunes du village. Un jour, un premier groupe de jeunes partit, à pied, prétextant la recherche d'une vie moderne. Un second groupe avait suivi, puis un troisième… Les rares qui revenaient mettaient leurs congénères

en garde, les instruisant sur la grande difficulté pour les nouveaux venus de s'insérer dans le milieu urbain. Mais les lumières de la ville étaient plus attirantes que ces avertissements n'étaient inquiétants. Le départ des jeunes s'accentua, les plus âgés mourraient, les cases se vidaient… Les familles, restées en petit nombre, se rapprochèrent de la route, car il n'y avait plus assez de main-d'œuvre pour cultiver la terre. Elles s'en étaient rapprochées dans le but d'échanger du bois et de la viande contre les produits de la ville. Voilà comment l'ancien village était devenu ce qu'il est aujourd'hui.

Mosé n'a pas vu le marchand de sable arriver pour l'emporter. Il s'est endormi quelque part, dans l'un des sentiers du récit d'Etondè. C'est un nouvel agencement de sons qui le réveille. Le soleil s'est levé depuis un moment déjà. La première image que Mosé reçoit est celle d'un tas de cendre. Il met quelques instants pour se rendre compte qu'Etondè n'est plus là. Il se lève et prend son sac à dos. Après un dernier regard pour l'ancien village, sanctuaire où gisent plusieurs histoires, il s'en va.

Lorsqu'il atteint enfin la case du naturopathe, il comprend pourquoi le vieil homme l'a quitté alors qu'il croulait encore sous le poids du sommeil : de nombreux patients attendent à l'entrée de sa demeure. Il doit tous les recevoir. Mosé traverse alors la case et, alors qu'il s'en éloigne, la femme au foulard le hèle. Elle le rejoint et lui tend un bracelet dont les perles sont faites de bois d'ébène. « Des bracelets comme celui-ci, explique-t-elle, le naturopathe en fabriquait il y a des années de cela, et les personnes qui en

achetaient les offraient à des êtres chers. Il m'a demandé de te le donner. C'est le dernier qu'il possédait. »

Mosé prend le bracelet. Pour lui, c'est un cadeau d'adieu, une consolation pour n'avoir pas trouvé ce qu'il est venu chercher. Il le passe à son poignet gauche, remercie la femme au foulard, et prend le chemin de retour.

ℬ

À son arrivée, Mosé trouve Tante Maryvonne assise sur son rocking-chair, à l'entrée de la vieille église. Il n'y a pas de leçon aujourd'hui pour les plus jeunes. La dame à la canne paraît très préoccupée, et Mosé ne tarde pas à savoir pourquoi : Dôme-la-misérable sera bientôt rasée. C'est le maire de la ville qui en a décidé ainsi. Le jeune homme a juste le temps de consoler sa mère adoptive. Pour avoir manqué une nuit de travail, il doit se rendre le plus tôt possible au pénitencier, afin de se justifier.

Il est environ seize heures. L'équipe de jour des balayeurs a déjà quitté le pénitencier. Aujourd'hui pourtant, il y a encore quelqu'un dans le vestiaire du service d'hygiène. C'est Flavien. Mosé est comblé. C'est la personne qu'il espérait croiser à cet endroit. Flavien se souvient à l'instant qu'il n'a nullement aperçu Mosé en matinée. Il est d'ailleurs surpris de le voir arriver à cette heure de la journée. « Une assez longue histoire mon cher ami, lui répond Mosé. Je te la raconte plus tard. Tu as déjà rédigé une réponse à une demande d'explication. N'est-ce pas ? J'ai besoin de ton aide. Je dois en préparer une d'urgence. »

Alors qu'il s'adresse à son interlocuteur, Mosé fouille le vestiaire à la recherche d'un papier et d'un stylo. Flavien ne

bouge pourtant pas d'un pouce. Son ami le remarque et s'arrête un instant.

« Qu'est-ce qu'il y a Flavien ?

— Désolé Mosé. Tu as été renvoyé. »

Flavien poursuit en expliquant à Mosé que les effectifs de la prison ont été revus à la baisse, à cause d'une contrainte budgétaire. Les autorités de la prison ont procédé à des licenciements, en commençant par le personnel déclaré absent sans justification. Il leur fallait s'appuyer sur les moindres fautes pour se débarrasser du plus grand nombre de personnes.

Mosé ne figure donc plus sur la liste des employés de la prison. Devenu tout triste, il s'allonge sur le sol. Il a perdu son emploi. S'approchant pour le consoler, Flavien recule immédiatement, l'air surpris, en découvrant le bracelet au poignet de son ami. Mosé s'en rend compte aussitôt.

« Tu as déjà vu ce bracelet quelque part ? Où ?

— Laisse tomber Mosé ».

Mosé se relève brusquement. L'attitude de Flavien cache quelque chose. Il insiste pour en savoir plus. Flavien, après maintes hésitations, avoue avoir pris le bracelet dans le carton qui contenait les objets du prisonnier qui a été exécuté trois jours plus tôt. Comme il est chargé de porter des cartons vers les incinérateurs, il les fouille souvent pour récupérer les objets qui pourraient avoir de la valeur. Et, justement, ce bracelet, il l'a vendu et il est surpris de le voir au poignet de Mosé. Ça explique pourquoi le carton marqué était ouvert quand Mosé l'a trouvé. Flavien a enfreint l'une des règles d'or en vigueur au pénitencier. Mosé aussi. Vu qu'il a fouillé dans le même carton. Ce dernier pense

qu'il tient peut-être une autre piste qui lui permettra de retrouver un proche du condamné :

« C'est donc toi qui as vidé la cellule du condamné ? Est-ce que tu connais l'un de ses proches ?

— Mais non ! Il y a cette règle qui dit que c'est le bourreau qui vide la cellule du condamné le lendemain de l'exécution. Et puis, pourquoi toutes ces questions ? »

Mosé ne répond pas à Flavien. Il tourne le dos et s'en va, la tête baissée, la démarche nonchalante. Pour lui, l'aventure s'arrête là. Il a fait tout ce qui était en son pouvoir. Et puis, il est le perdant dans l'histoire. Il a perdu son boulot. Que ce Jaman reste là où il est, car il n'a sûrement pas besoin de savoir comment son père a fini.

Ce sont ses derniers instants dans le pénitencier. Il fait tout pour les étirer. Il ne verra peut-être plus ces allées qu'il a astiquées, ces barreaux métalliques, ces visages captifs dont il ne sait rien. Il ne verra plus, depuis la vaste cour, le ciel changeant d'humeur au fil des saisons. Et il y a la guérite, qu'il traversait au moins deux fois par jour. Il n'avait même plus besoin de brandir son badge. Kunta le gros et les autres gardiens le connaissaient déjà très bien. Ils vont lui manquer. La guérite… La grande entrée de la prison. L'instant de l'ultime sortie est proche. Mosé ralentit encore. Il craint cet instant. Une force brutale vient pourtant le perturber. Son bras gauche est saisi et tiré brusquement vers l'arrière. Quelqu'un essaie de le retenir. C'est un jeune gardien de la prison.

« Comment as-tu eu ce bracelet ? crie-t-il. Il est interdit d'ouvrir les cartons marqués. »

Tout va tellement vite. Mosé n'a pas le temps de réagir. Kunta, voyant la scène depuis la guérite, accourt. Mosé reprend ses esprits, et, au moment où il se décide à s'expliquer, un détail se dévoile : Flavien a affirmé que ce sont les bourreaux qui vident les cellules des condamnés à mort le lendemain du jour de l'exécution. Mais si Flavien a ouvert le carton et que ce gardien reconnaît le bracelet, c'est qu'il est le bourreau. Que faire ? Lui demander s'il connaît un proche du prisonnier ? Non. Ce serait la preuve que Mosé a fouillé le carton. Le jeune gardien retire le bracelet de Mosé, le retourne dans tous les sens, comme s'il cherchait une preuve plus accablante. Kunta les rejoint à ce moment-là :

« Que se passe-t-il ? demande Kunta, un peu essoufflé.

— Désolé, s'excuse aussitôt le jeune gardien. Ce n'est pas le même bracelet. Celui-ci a encore toutes ses perles. Toutes mes excuses. »

Le jeune gardien se retourne et s'en va.

« Excuse-le, poursuit Kunta. Jaman est toujours carré avec le boulot.

— Jaman ? Mosé prononce le nom tout doucement.

— Pardon ?

— Rien. Je soupirais. »

Jaman… Ce n'est peut-être qu'une coïncidence. Mosé observe le gardien s'éloigner. C'est vrai qu'il a approximativement dix-huit ou dix-neuf ans. Si ce jeune homme est le Jaman de la lettre, alors il a exécuté son propre père. Les yeux de Mosé sont peu à peu attirés vers la base de la nuque du jeune gardien. Une tache sombre s'y démarque. *La tache de naissance sur ton cou ?* Cette question inscrite sur la lettre

revient dans la tête de Mosé. Il en a trop fait, pense-t-il. Un enfant n'a sûrement pas besoin de savoir qu'il a tué son père. Mosé salue Kunta et s'en va.

Sur le chemin du retour, alors qu'il traverse la ville, il aperçoit un enfant de sept ans en train de faire les poches à un passant. Ça lui est égal. Ses pensées sont désormais focalisées sur le paradis de son enfance : la vieille église n'existera plus bientôt. Où iront-ils, les autres, Tante Maryvonne et lui ? Une idée lui vient à l'esprit. À Cabane, il y a de la terre à perte de vue. On ne les chassera pas s'ils y vont, il le sait. Il se met à courir. Il a une proposition à faire à Tante Maryvonne.

LE CHOIX DE VIVRE

Monique Kwachou

Traduit de l'anglais par
Ray Ndébi et Josépha Bamba

Belinda, quinze ans, décida de mettre fin à ses jours, alors qu'elle se trouvait dans la salle de bain un samedi après-midi.

Elle prenait son bain à quatorze heures, parce que c'est ce qu'on faisait pendant les vacances scolaires quand on n'avait rien à faire. Dans tous les cas, même si tu faisais partie des personnes qui avaient l'habitude de prendre leur bain au réveil, le fait que ton cerveau savait que tu serais à la maison toute la journée, plongeait ton corps dans une paresse qui l'empêchait d'aller puiser de l'eau et prendre un bain par l'harmattan qui sévissait à Bamenda en décembre.

Elle se brossait les dents et regardait autour d'elle ; les vieux carreaux de la salle de bain de la maison familiale à Ntarinkon et la baignoire dont l'émail s'était considérablement dégradé, trahissaient leur parcours dans la classe moyenne. Pendant leurs beaux jours, son grand-père, Pa Achu, et sa femme étaient comptés parmi la crème de la crème de Bamenda, avec Pa dans l'armée et Mami travaillant comme infirmière à l'hôpital de district de Bamenda. Tous leurs enfants, les jumeaux ainsi que leur fille unique, avaient fréquenté les écoles les plus prestigieuses de leur temps : St Joseph de Sasse à Buéa ou encore Saker à Limbé. Belinda connaissait l'histoire des beaux jours de sa famille grâce à son grand-père qui ne cessait de les ressasser très souvent en mâchant de la kola amère sur la véranda, comme pour échapper à la réalité d'avoir survécu à tous ses enfants. La mère de Belinda fut la dernière à quitter ce monde, il y avait juste trois mois.

Alors qu'elle se brossait les dents, Belinda envisagea de prendre son bain avec le savon Dudu Osun d'Ameh, parce

que sa barre hydratante Dove était finie. La plupart de ses produits américains étaient finis ou finissaient. Elle savait que Mami gardait dans sa chambre certains effets du dernier container dans des cartons ; mais cela ne la rassurait pas. Le fait que ses effets finissaient la rendait plus mélancolique et lui rappelait combien sa vie était devenue misérable.

Alors qu'elle prenait le savon qu'Ameh avait récemment acheté dans l'intention de s'éclaircir la peau, les yeux de Belinda tombèrent sur une bouteille d'Advil cachée derrière un assortiment de brosses à dents, de pâtes dentifrices complètement pressées et de paquets de serviettes hygiéniques semblant se bousculer pour se faire de la place sur l'étagère. Elle prit la bouteille familière. Elle ressemblait à une de ces bouteilles que sa mère avait achetées à CVS, il y a juste un an, pour envoyer au Cameroun. Combien de fois n'avait-elle pas vu ses parents acheter des effets aux ventes de garage, à CVS, Payless, Costco et d'autres magasins insolites, les emballer et les expédier dans un container ou dans des cartons par des amis ou des parents éloignés à Mami et Pa au Cameroun ou à un des nombreux cousins et tantes éloignés ? L'apparence familière de la bouteille la poussa à vérifier la date d'expiration bien évidente imprimée en noir, qui remontait déjà à six mois. C'est à ce moment qu'elle prit sa décision. Elle ingurgiterait la bouteille de comprimés périmés et mourrait tranquillement dans son sommeil. Cela semblait une mort facile. Aucune douleur, juste un sommeil paisible et, quand elle serait de l'autre côté, elle demanderait à Dieu ce qu'elle avait bien pu faire pour mériter ce chaos que sa vie était devenue.

Sa décision prise, elle se baigna avec grand soin. Son dernier bain se devait d'être long et luxueux ; elle voulait être retrouvée aussi belle dans la mort que La Belle au Bois Dormant. Elle mit ensuite ses plus beaux vêtements de maison : le joli maillot que la mère de Junior lui avait offert avant son départ pour le Cameroun. Elle pensa à Junior, son demi-frère, qui serait certainement le seul à véritablement la pleurer, et qui lui manquerait. Elle est la seule à l'avoir accepté tel qu'il était, sans prétendre qu'il n'était pas différent, à cause de son autisme. Elle n'avait d'ailleurs jamais compris pourquoi certaines personnes pensaient que « différent » signifiait « inférieur à », évitant ainsi de l'accepter totalement.

Après s'être baignée et habillée, elle prit la bouteille de comprimés dans une main et, dans l'autre, la bouteille d'eau qu'on laissait toujours sous la table à repasser pour remplir le fer à vapeur. Elle s'assit sur le lit et entendit les faibles ressorts craquer et geindre, puis elle ferma les yeux et s'abandonna à ses dernières pensées. Comme pour se convaincre qu'elle avait une bonne raison d'aller à l'encontre de tous les conseils reçus sur le suicide à l'école primaire et au collège là-bas dans le Maryland, ses dernières pensées défilaient dans sa tête. Les évènements de ces derniers mois, et comment elle était passée de la fille qui avait des amis, sa propre chambre, et une famille qu'elle pouvait appeler sienne, à la fille qui n'avait rien que ce qu'on appelait à l'internat « amis des beaux jours », ceux qui vous souriaient quand votre cantine était pleine, et n'avaient absolument rien à faire de vous quand vous n'aviez rien.

Tout commença quand son père annonça qu'il rentrait au Cameroun. Sa mère n'y comprit rien, pas parce que c'était étrange de vouloir rentrer au pays, mais parce que personne n'était mort. Ce n'était pas non plus la fin de l'année, période affectueusement appelée « saison des mbenguistes », pour les gens de la diaspora qui revenaient au pays le temps des vacances. On était en mi-avril.

« Les gens ne rentrent pas au pays juste comme ça ! » Belinda se rappela avoir entendu sa mère le cracher à son père, exigeant une explication. Quand l'histoire de son père à propos d'une visite temporaire pour se reposer ne la convainquit pas, Belinda se rappela les coups de fil que sa mère passa au Cameroun, pour interroger les frères et sœurs de ce dernier et ses amis sur les vraies raisons de ce voyage. Ni Tantine Louisa, ni Tantine Glory, ni le meilleur ami de papa, Tonton Taylor, ne purent donner d'explication crédible à ce brusque désir de rentrer au pays. En y repensant, Belinda comprit que cette période tendue et pleine de suspicions, ponctuée de réponses partielles ou de mutismes, ne fut que le calme avant la tempête. Parce que juste après le voyage de son père, les vents qui balayaient l'océan Atlantique au réveil dévastèrent la maison et la vie qu'elle avait jusque-là connue. À peine deux semaines après le départ de papa pour le Cameroun, maman reçut un appel de Tantine Mindi. Elles regardaient le dernier épisode de America's Next Top Model, et Belinda devina qu'il s'agissait d'un appel international quand elle passa le téléphone à sa mère. L'écran affichait « Numéro inconnu », mais on savait toujours de quel pays provenait l'appel, sinon qui appelait.

Belinda entendit un cri. Sa mère se leva et quitta le salon. Debout sous le porche menant à la salle à manger, elle ne faisait que répéter : « Quoi ? Quoi ? », avant de poursuivre en pidgin : “Na wétin you di talk Mindi? I no di understand you, why you di hala me?” Et, aussi brusquement que cet appel troublant avait commencé, il cessa ; car lorsque Belinda tourna son regard vers sa mère, elle se tenait figée là, à fixer le téléphone comme si elle pouvait voir à travers l'appareil, à travers le câble, à travers l'Atlantique et dans les yeux de Tantine Mindi qui venait d'appeler. Maman ne revint pas terminer l'émission. Elle ne demanda même pas laquelle des mannequins avait gagné.

Sachant qu'il n'était pas indiqué d'outrepasser la moindre règle quand sa mère était déjà fâchée, Belinda éteignit la télé sitôt l'émission achevée, et alla souhaiter bonne nuit bien plus tôt que d'habitude. La porte de la chambre de ses parents était fermée, mais elle toqua brièvement et entra. Sa mère leva la tête, tenant le téléphone à l'oreille d'une main et dans l'autre, une carte d'appel. Son visage traduisait un mélange d'impatience, de colère, de douleur et d'incompréhension. Belinda lui souhaita une bonne nuit, espérant d'une part qu'elle serait invitée à rester et entendre ce qui n'allait pas, et d'autre part, espérant le contraire. Tout ce qu'elle reçut en retour, fut un signe de la main ; de toute façon, leur relation n'était pas de ce type. Contrairement aux mères dans les séries américaines qu'elles regardaient, sa mère n'essayait pas de devenir sa meilleure amie. Sa mère était sa mère.

Alors que Belinda retournait dans sa chambre, elle pensa que si les murs pouvaient parler, ils lui révéleraient ce

qui n'allait pas, quelle nouvelle avait gâché la soirée. Mais aussi, si les murs pouvaient parler, les siens parleraient justement de tous les comprimés cachés derrière sa table de chevet, pour perdre du poids ; des moments où elle dansait toute nue devant le miroir, essayant d'imiter les filles des clips vidéo, et des prières ferventes qu'elle adressait à genoux à Dieu, les bras levés, pour être acceptée dans la bande des filles cool de l'école avant le bal des débutants.

Le sommeil l'emporta alors qu'elle méditait sur cette bénédiction à double sens que seraient des murs capables de parler.

Belinda avala les comprimés l'un après l'autre, puis deux à la fois, se remplissant la bouche d'eau après chaque bouchée, et répéta cela jusqu'à ce qu'elle eût ingurgité quinze des ibuprofènes ovales ocre, en hommage à son âge. Elle s'allongea sur son lit après avoir rédigé un mot qui disait combien elle était désolée, mais elle « n'en pouvait plus ». Ça lui semblait étrange, mais c'est bien ce qu'elle avait vu faire dans les films où les gens s'ôtaient la vie. Ce mot sommaire prouverait à la police qu'elle n'avait pas pu être victime d'un meurtre, mais avait plutôt choisi de s'ôter la vie.

Elle aurait eu seize ans en juillet…

Elle avait rêvé de ses seize ans, ses sweet sixteen, du bal, et tout ce que l'adolescence apporterait. Elle s'était imaginée se cotisant avec ses copines pour louer une limousine, une limousine blanche, pour réussir une entrée triomphale au bal. Elle avait fantasmé sur le moment où Ty Munyoki lui demanderait finalement de sortir avec lui, ce garçon moitié chinois moitié kenyan en classe de troisième, président du

club Débat, dont elle était tombée amoureuse depuis son exposé à la Journée culturelle pendant le cours de Mme Keys. Elle s'était imaginé s'offrir à lui le soir du bal, comme la plupart des filles le faisait. Elle s'était imaginé prendre des cours d'auto-école, trouver son premier vrai travail et épargner suffisamment pour aider ses parents à acheter une voiture.

Jamais elle ne s'était vue mourir de ses propres mains avant ses seize ans. Mais, personne ne fait de cauchemars en plein jour. Les rêveries sont de belles hallucinations. Elle n'aurait pas pu s'imaginer qu'à ses seize ans, elle serait ici avec un parent mort et un autre mourant. Elle ne pouvait s'imaginer qu'elle serait dans une école où l'on n'avait jamais entendu parler de bal, ou qu'elle serait aussi laide avec des cheveux rasés que Ty (s'il avait été dans ce trou perdu) ne l'aurait jamais regardée.

Elle s'allongea sur son lit, remonta la couverture jusqu'aux aisselles, comme La Belle au Bois Dormant dans les livres illustrés de Disney. Cherchant le sommeil et attendant les effets mortels des comprimés qu'elle avait avalés, Belinda pensait à la vitesse avec laquelle les choses avaient changé après la nuit de cet appel. Elle s'était rendue à l'école le matin sans se soucier que sa mère avait quitté la maison sans la voir. Maman travaillait comme infirmière dans une maison de retraite et comme aide-soignante dans un foyer pour enfants aux besoins particuliers. Elle pouvait être appelée à tout moment et pourrait avoir eu à partir urgemment. Ce n'était pas vraiment inhabituel.

Ce qui était inhabituel, c'était de voir une Tantine Estella vêtue d'un kaba qui entrait dans la salle de gym avec la

coach plus tard dans la journée, alors que Belinda attendait d'être auditionnée pour devenir pom-pom girl. Elle avait été nerveuse, craignant de se ridiculiser et gâcher l'opportunité la plus rapide de devenir cool, mais cela changea quand elle vit Tantine Estella. Sa nervosité atteignit son paroxysme. Elle savait que quelque chose n'allait pas. Belinda avait pensé aux accidents, mais refusa d'envisager la mort. Comment aurait-elle pu penser à la mort quand Tantine Estella avait simplement dit : « On doit aller à l'hôpital maintenant » ?

Quand elles arrivèrent finalement à l'hôpital, au lieu de se précipiter au chevet de sa mère comme elle s'y attendait, elles foncèrent directement dans le bureau d'un médecin, un ami de la famille que Belinda reconnut. Sans aucune explication, il fut demandé à Belinda de montrer son bras pour une injection. Plusieurs questions trottaient dans la tête de Belinda, mais le regard suppliant de Tantine Estella l'encouragea à obéir d'abord dans le cas présent. Tantine Estella était la meilleure amie de sa mère et sa tante préférée. C'était une femme forte, avec une taille équivalente à son poids, donc elle ressemblait à une guerrière. Elle portait toujours des vêtements aux couleurs vives, du fuchsia et du vert-citron contrastant avec sa peau couleur pebbe et autant douce. Tantine Estella pouvait faire rire la mère de Belinda même si celle-ci semblait furieuse, et Tantine Estella offrait à Belinda les meilleurs cadeaux d'anniversaire. C'est pourquoi malgré son appréhension, elle resta docile, si ce n'est calme, pendant qu'on lui fit un test de dépistage du VIH à son insu. Belinda se demandait souvent ce qu'elle aurait fait si elle avait su qu'on lui faisait passer un test de VIH parce

que le choc avait tué sa mère quand elle reçut la nouvelle qu'elle avait le virus.

Mais à ce moment-là, Belinda ne savait pas. Elle avait donc attendu ses résultats dans l'ignorance, mangeant les bonbons disposés pour les clients sur la table de la salle d'attente, son esprit s'imaginant dans quel état sa mère était si le médecin était là à lui prélever du sang.

Elles n'attendirent pas longtemps. L'ami médecin appela Tantine Estella à l'écart et lui remit les résultats. Belinda la vit juste revenir, le visage strié de larmes, les bras grand ouverts pour l'enlacer. L'étreinte de Tantine Estella était ferme et elle ne faisait que marmonner : « Tout va bien. Dieu merci, il t'a épargnée, et tu vas bien. » Belinda s'était sentie suffisamment bien pour poser les questions qui lui brûlaient la langue : « Alors pourquoi pleures-tu ? Où est maman ? On peut lui rendre visite même si elle souffre de grippe ? Est-elle dans une autre chambre ici ? » Elle ne reçut des réponses que plus tard, une fois à la maison et après avoir mangé la nourriture qu'elles avaient achetée dans un fast-food. Tantine Estella parla comme si elle racontait la vie de quelqu'un d'autre. Elle appela la mère de Belinda par son prénom, plutôt que de dire "ta mère". Elle dit : « Béatrice a eu une insuffisance cardiaque après une mauvaise nouvelle. » Elle ne dit pas à Belinda quel type de nouvelle avait provoqué cette insuffisance cardiaque, encore moins que l'insuffisance cardiaque signifiait la mort. Quand Belinda posa plus de questions, Tantine Estella lui dit qu'elles auraient d'amples explications plus tard. Mais Tantine Estella lui dit qu'elle serait avec elle durant cette épreuve.

Ainsi, Belinda n'eut d'autre choix que de mettre son imagination déjà active à rude épreuve. Rien de ce qu'elle imagina ne put se rapprocher de la vérité.

Elle n'aurait pas pu s'imaginer que son père avait voyagé deux semaines auparavant sans leur dire qu'il avait été déclaré séropositif, raison pour laquelle il était rentré au Cameroun afin d'être guéri par un certain homme de Dieu. Elle n'aurait pas pu imaginer que son père qui était parti chercher un moyen de se faire soigner, fut découvert par ses cousins qui avaient appelé sa mère et lui avaient crié dessus, l'accusant d'avoir contaminé leur frère. Elle n'aurait pas pu s'imaginer que si elle n'avait pas vu sa mère ce matin-là, c'était parce que Béatrice avait pris la décision d'aller toute seule à la clinique du coin pour se faire dépister. Malgré son imagination fertile, Belinda n'aurait jamais pu s'imaginer que sa mère, ayant appris qu'elle était séropositive, avait décidé d'aller marcher un peu pour s'éclaircir les idées. Belinda n'aurait jamais pu s'imaginer que c'était pendant qu'elle marchait seule dans un parc pas très loin de son école, se demandant comment partager cette nouvelle avec sa fille, craignant qu'elle aussi ne soit infectée, que le cœur de Béatrice Achu avait lâché, à cause du poids de sa douleur et ce qu'elle s'imaginait que son unique fille ressentirait.

Belinda n'aurait pas pu s'imaginer tout ceci, mais elle comprendrait durant les semaines suivantes ce que cela pourrait être. Et cela était arrivé.

La preuve, c'est qu'elle était ici à Bamenda en décembre et il n'y avait pas de neige à l'approche de Noël. Pour la première fois, d'aussi loin qu'elle pouvait se souvenir, elle n'aurait pas de Noël blanc, ni ses parents à ses côtés.

Alors que Belinda dormait, noyée dans ses souvenirs, Ameh se dirigea d'un pas décidé vers la chambre avec la claire intention de bien l'engueuler, et probablement lui tirer les oreilles. Il revenait à Belinda de nettoyer la cuisine après qu'Ameh et Bih avaient fait la cuisine ; mais elle ne cessait de s'y soustraire. Elles dépendaient toutes de Mami et Pa maintenant, et Belinda se devait de l'accepter. Elle était certes la petite-fille directe venue des États-Unis, alors qu'Ameh et Bih n'étaient que les petites-nièces ramenées du village, mais tant qu'elle mangeait et dormait dans cette maison, elle devait remplir ses tâches. Faire la vaisselle était une petite corvée, mais la fille trouvait toujours une excuse pour s'y dérober. Hier, c'était parce qu'elle était allée au cybercafé et n'avait pas vu le temps passer ; avant cela, elle avait ses règles et souffrait de crampes — comme si les crampes avaient déjà empêché la vie de suivre son cours.

Dès qu'Ameh entra dans la chambre, elle sentit que quelque chose n'allait pas. Madame dormait, mais d'un sommeil agité ; sa tête roulant d'un côté à l'autre, ses poings fortement agrippés à la couverture. Ameh regarda Belinda, nota ses cheveux courts d'élève en pension, sa belle nuance de marron — la couleur de la kola amère avant que sa coquille ne cède — et les traces de larmes sur son visage qui révélaient ce qui avait précédé le sommeil agité. Ameh hésita, peut-être ne devrait-elle pas réveiller la petite pour la gronder. Ça pouvait attendre. C'est alors que ses yeux se posèrent sur le bout de papier sous la bouteille d'Advil. Elle lut la note une fois, puis deux fois, et après que ses yeux eurent parcouru les trois maigres lignes pour la troisième

fois, elle s'entendit s'exclamer : « Seigneur Jésus ! » quand bien même elle ne sut quoi dire.

« Lève-toi ! Lève-toi ! » Ameh martelait alors de coups le corps de Belinda, priant Dieu de la laisser vivre pour qu'elle puisse la tuer elle-même. C'est comme ça que Belinda « revint à la vie », avec les poings d'Ameh tambourinant sur sa poitrine et sa voix se brisant de sanglots à force de l'appeler et répéter sans cesse : « Jésus, Jésus, Dieu pardon ! ». Belinda toussa et bafouilla, puis ouvrit les yeux comme Ameh lui avait ordonné de le faire.

Résignée à l'idée d'être toujours en vie, Belinda se redressa et mit ses bras autour d'elle-même. La première chose qu'elle réalisa fut qu'elle avait un mal de tête. On pourrait penser qu'après avoir pris quinze comprimés d'ibuprofène, on serait au moins débarrassé d'un mal de tête. De la main, elle s'essuya les yeux et sentit ses cils encore mouillés de larmes, ce qui pouvait expliquer son mal de tête. Belinda finit par se rendre compte de la présence d'Ameh, sentant la callosité des mains d'Ameh à travers la pression que celle-ci appliquait sur ses bras, tandis qu'elle exigeait son attention, demandant de simples réponses à ses questions : « Qui a écrit ce mot ? Qu'est-ce que ça veut dire ? Lève-toi, réponds-moi ! Tu es folle ? »

« Laisse-moi tranquille. Pourquoi tu m'as réveillée ? » La voix de Belinda était faible et traînante. « Tu aurais dû me laisser. »

« Tu es folle. C'est clair ! » Ameh réagit avec une colère surprenante, pour quelqu'un qui venait de supplier Dieu de sauver Belinda. « Ou c'est la malchance avec cette famille oh ? Dieu me protège ! » Elle fit claquer ses doigts comme

pour conjurer le mauvais sort, et poursuivit, avec la claire intention de remettre Belinda à sa place. « Je dis hein, si tu veux die, pardon fais ça quand j'ai lep la piole-ci, parce que moi je ne veux pas work pour un autre deuil. C'est même quoi ! »

Quand Ameh se leva subitement et sortit, Belinda craignit pour la suite. Elle craignait la réaction de ses grands-parents ; Pa était déjà affaibli par les nombreuses pertes et Mami l'entraînerait certainement, pour une séance d'exorcisme, dans l'église pentecôtiste qu'elle fréquentait désormais.

Mais Ameh ne dit rien à Mami et Pa ; elle ne parla même pas de l'incident. Elle était beaucoup plus gentille par contre ; elle ne gronda pas vraiment Belinda et avait dû demander à Bih de la laisser tranquille. Ameh ne l'approcha finalement que trois jours plus tard. C'était un samedi, Bih était allée au marché, et Pa et Mami étaient à leur tontine. Seules les deux étaient à la maison.

Ameh retrouva Belinda dans la chambre que les filles partageaient. Elle semblait mal à l'aise quand elle demanda à Belinda de s'asseoir.

« Je veux te parler, dit-elle, de ce que tu as fait l'autre jour. Belinda resta silencieuse, attendant juste d'entendre ce à quoi elle s'était attendue, un reproche et que ses grands-parents devraient être informés.

Je n'ai rien dit à Mami et Pa, parce que ce serait de trop pour eux maintenant. Mais j'espère que tu sais que ce que tu as fait est mal. J'espère que tu le sais. »

Belinda ne savait rien de tel. Mais ne dit toujours rien.

Ameh poursuivit : « Je pensais à comment parler de ce qui t'a poussée à penser à une telle chose. » Belinda remarqua qu'Ameh avait du mal à dire suicide. « Je sais que tu as traversé un moment difficile, mais je crois que tu es plus bénie que tu ne le réalises. »

Belinda sentit ses yeux piquer. Elle était au bord des larmes, mais s'efforçait de ne pas pleurer en présence d'Ameh. Que Ameh ait remarqué ce trouble ou pas, elle continua à parler calmement. « Je me suis renseignée à propos de ceci chez un ami », et comme Belinda baissait la tête, frustrée, Ameh ajouta rapidement : « Je n'ai pas dit qu'il s'agissait de toi, et il n'est même pas au Cameroun. Je lui ai juste demandé comment aider quelqu'un dans ton cas. » Belinda entendit clairement « Quelqu'un de suicidaire ». « Il a dit certaines choses, beaucoup de choses. Et il m'a rappelé ce film que nous avions regardé ensemble, quand il était au Cameroun, *Écrire pour exister*. Je l'ai encore regardé hier. On peut le regarder ensemble, si tu veux bien. Mais ça m'a donné cette idée qui, j'espère, aidera. »

Ameh quitta la porte contre laquelle elle s'était appuyée et d'où elle parlait durant tout ce temps, et pendant qu'elle approchait, Belinda leva la tête, remarquant un cahier entre ses mains pour la première fois.

« Prends ce cahier ; je veux que tu t'en serves comme journal. Si tu ne peux pas me parler, écris juste ce qui te trouble et laisse-le dans le sac marron sous le lit. Personne n'y touche. Nous serons les seules à utiliser le journal. J'y écrirai des instructions de temps à autre pour que tu y penses, comme des exercices. Mon ami m'en a donné quelques-unes. Tu peux répondre comme tu veux. »

Ameh s'arrêta de parler pendant un instant, probablement exaspérée par le silence de Belinda. Quand elle rouvrit la bouche, ses mots étaient une faible supplication. « Je ne veux pas parler de ça à Mami et Pa, je veux comprendre et aider. S'il te plait Belinda, je t'en supplie, s'il te plait ne pense pas à t'ôter la vie. Je t'en prie, essaie ce journal et aide-moi à t'aider, d'accord ? S'il te plait. »

Les larmes avec lesquelles Belinda luttait jusque-là, coulaient maintenant librement. Ameh la rejoignit sur le lit et la prit dans ses bras ; c'était maintenant au tour d'Ameh d'être silencieuse et seuls les sanglots de Belinda résonnaient dans la maison vide.

Voilà comment Ameh devint psychologue amateur ; allant régulièrement au cybercafé en quête de connaissance auprès de son ancien camarade de l'ENS qui poursuivait à présent ses études comme conseiller aux États-Unis, tout cela dans le but d'aider Belinda à surmonter ce qu'aucune des deux ne comprenait.

Durant les semaines qui suivirent, elles eurent des conversations entières via le journal. Et comme Belinda retournait à l'internat avec la rentrée des classes, Ameh lui rendait visite chaque vendredi. Un des employés du campus était un ami de la famille, et elles se retrouvaient là-bas pour les échanges de journal. Un journal devint deux, puis quatre avant les prochaines vacances.

Belinda écrivait dans le journal tout souci qui lui pesait ; s'il fallait ou non pardonner à son père, et si oui, comment ? Pourquoi elle devait rester avec Mami et Pa, quand bien même ils faisaient peu d'effort pour la comprendre, comprendre qu'elle était différente. Ou quelque monologue de

mécontentement ; ses rêves de comment ses sweet sixteen seraient, ses réflexions sur l'internat et ce que ça faisait d'être intimidée et n'avoir aucune échappatoire… elle préférait de loin une école ordinaire.

Après chaque note, utilisant un stylo de couleur différente, bleue ou rouge pour se distinguer de la couleur noire préférée de Belinda, Ameh insérait des lignes par-ci, par-là, comme si elle analysait le fil de la pensée de Belinda, trouvant la négativité, attaquant sa logique partiale et suggérant une autre perspective. Avec son stylo rouge, Ameh corrigeait la perception que Belinda avait d'elle-même :

Non, tu n'es pas laide avec tes cheveux courts. Tu es comme une élève devrait être, et tu es belle, regarde tes dents blanches et nettes, ta peau est si belle, je l'envie ; tu as les mêmes yeux que Tantine Béatrice et Pa sourit toujours à cause d'eux.

Une fois en écrivant dans le journal, Belinda s'était plaint d'être maltraitée par Mami et Pa qui étaient avares avec les effets qui lui avaient été envoyés par bateau après la vente de la maison de ses parents aux États-Unis. Elle s'étendit sur le fait qu'on l'avait forcée à vivre au Cameroun, alors qu'elle avait la nationalité américaine, enragea de n'avoir même pas une bonne allocation comme les autres enfants de son école dont les parents étaient aux États-Unis.

Belinda reçut le journal le dimanche suivant pour voir la note de deux pages d'Ameh au stylo bleu, livrant des points qui avaient échappé à Belinda ou ce que Pa et Mami avaient, avec une part de gentillesse et une part de condescendance qui caractérisaient les adultes, jugé pas nécessaire de lui dire.

C'est Ameh qui lui apprit que la plupart des épargnes de ses parents avaient été utilisées entre le voyage soudain de son père pour le Cameroun, et la mort de sa mère, ainsi que le rapatriement immédiat de sa dépouille au pays. Ameh l'avait aussi informée que l'histoire de son père avait fait le tour de Buéa, où il était basé, et que la boutique qu'il y avait établie tournait mal, parce que les gens stigmatisaient toujours les malades du SIDA. Il pouvait à peine financer son traitement, encore moins soutenir financièrement Belinda. On lui avait demandé de rentrer aux États-Unis, mais il semblait préférer de loin attendre ce qui arriverait éventuellement.

La note d'Ameh informa aussi Belinda que la maison où elle avait vécu avec ses parents avait été saisie, et les effets qu'elle avait dans des caisses étaient les derniers qu'elle aurait jamais ; Mami et Pa essayaient juste de les économiser. Tantine Estella avait envoyé les colis, Ameh écrivit, elle avait tant bien que mal empaqueté ses effets personnels, vendant ce qui pouvait l'être et achetant les commodités dont Belinda et ses grands-parents pourraient avoir besoin au Cameroun… des choses qu'elle avait déjà vu la mère de Belinda acheter. Peu d'amis des parents de Belinda avaient aidé en dehors des contributions pour les obsèques, la mère de Junior étant l'une des rares à avoir envoyé des vêtements à Belinda.

Il n'y avait pas d'argent, Ameh lui dit ; Mami et Pa dépendaient des loyers qu'ils recevaient des locataires des chambres qu'ils avaient construites il y a des décennies sur un terrain menant jusqu'au village. Cette source de revenus s'était améliorée grâce à ce que la mère de Belinda envoyait

régulièrement et le paiement irrégulier de leur pension que versait le fonds d'assurance de l'État, la CNPS.

Ameh acheva cette note sur un ton dur. Belinda, avait-elle dit, se devait d'accepter la nouvelle réalité. Elle avait peu et devait être reconnaissante envers des personnes telles que Tantine Estella qui aidaient, ainsi que Mami et Pa qui essayaient de leur mieux avec le peu qu'ils avaient.

Après cette note, Belinda n'écrivit pas la semaine qui suivit. Plus que jamais, elle se sentait comme un fardeau et voulut mourir. Peut-être Ameh l'avait senti, peut-être pensa-t-elle qu'elle devait faire quelque chose pour entretenir les échanges dans le journal. Peu importe la raison, les notes du journal étaient désormais menées par Ameh qui forçait Belinda à écrire avec « un devoir de maison », ou écrivait ses propres messages juste pour qu'elle lise ou réponde.

Belinda prenait le journal et lisait, écrit au stylo rouge : « Écris cinq choses que tu détestes sur ta vie, et cinq choses que tu aimes ». Belinda écrivait sept choses qu'elle détestait, et citait Ameh, Tantine Estella et Junior comme les seules bonnes choses. Ameh commençait une liste intitulée : *Les raisons de vivre de Belinda* et gardait des pages pliées après les pages de la liste, expliquant au bas avec un astérisque, que plus de raisons continueraient de leur arriver, donc qu'elles devraient laisser plus d'espace.

Belinda pensa à tout cela sur le vol pour le Cameroun. Elle était repartie aux États-Unis sitôt le GCE "A" Level obtenu, et n'était revenue que deux fois depuis lors : une fois pour les obsèques de son grand-père, et une autre fois pour le mariage d'Ameh. Ameh l'avait sauvée, lui avait

donné un objectif et avait inspiré sa décision d'étudier la Psychologie clinique et aider d'autres à choisir encore la vie, comme elle avait été aidée.

Elle pensait régulièrement à Ameh, à sa thérapie sans formation, faite uniquement d'amour et de volonté. Mais jusqu'à présent, après toutes ces années, Belinda ne commençait qu'à réaliser qu'Ameh n'avait jamais montré sa propre douleur. Pourquoi n'avait-elle jamais laissé une page blanche pour qu'Ameh partage avec elle ce qui la perturbait ? Pourquoi ne lui avait-elle jamais renvoyé l'ascenseur, une fois devenue adulte ? Comment avait-elle pensé qu'un appel deux fois par mois et des cadeaux d'argent pour les anniversaires et les fêtes de fin d'année suffisaient ? Elle avait cru qu'Ameh était heureuse en tant que diplômée de l'École Normale Supérieure, professeure de lycées avec un salaire assez régulier, un mari et une fille magnifique. Une conviction qui fut balayée deux jours auparavant quand elle apprit qu'Ameh était hospitalisée et sous assistance respiratoire après ce qui était rapporté comme la plus récente des bastonnades régulières aux mains de son mari.

Impatiente dans son siège, Belinda essaya de se représenter une Ameh abusée et serra ses poings. N'est-ce pas une tentative de suicide d'un autre genre, que de rester dans une relation qui vous étouffe ? Ameh avait-elle jamais rédigé une note, mentionné quelque chose qui aurait pu être un SOS ? Rien ne lui vint à l'esprit. Mais comme Ameh l'avait fait plus d'une décennie avant quand elle trouva son mot, Belinda murmura la prière de deux mots : « Dieu, pardon. » Avec ces deux mots, Belinda pressa l'avion d'arriver à temps, espérant qu'il n'était pas trop tard, qu'Ameh était encore en

vie, et plaida pour que la personne qui l'avait aidée à reprendre goût à la vie ait une seconde chance.

LA FOLLE JOURNÉE

Mbianyor Bill-Erich

Traduit de l'anglais par
Marie-Hélène Ngoah Ngalle

Pour la troisième fois cette semaine, le sommeil me fuit. Je roule sur un côté du lit, mes yeux s'ajustant à la chambre obscure. Dehors, au loin, un hibou hulule alors que la nuit fait lentement place à un nouveau jour. Plusieurs pensées taraudent mon esprit. Cela fait déjà trois jours que Pa Ajebe est mort dans son sommeil. La mort ne vient jamais en silence et ce n'est donc pas une surprise que chaque bouche ait une histoire à raconter. Mais qui peut savoir ce qui s'était vraiment passé ? Jusqu'à présent, personne n'a encore vu la dépouille. Un homme riche ne peut quand même pas mourir dans son sommeil, surtout pas dans cette ville.

Pa Ajebe est l'un des hommes les plus riches de la ville. Sa villa est la plus immense de toute la plantation avec un grand portail vert ayant de grands battants toujours fermés, comme pour protéger les regards envieux de se tourmenter en admirant des choses qu'ils ne pourraient jamais posséder. Dans son coin de la ville, les rues sont bien goudronnées, l'eau est toujours propre et courante et les lumières ne s'éteignent jamais. J'ai grandi dans les bidonvilles de l'autre côté du pont. Là-bas, les taudis sont collés les uns aux autres et abritent plus de personnes qu'ils n'en devraient. Des enfants à moitié nus jouent dans des flaques d'eau stagnante infestées d'algues, insouciants des morves épaisses et jaunâtres qui coulent de leurs narines. Il fut un moment où je vivais sous le pont, sur les rives d'une rivière boueuse qui s'étouffait avec les ordures de la ville. On s'adonnait parfois au vol à la tire pour survivre et d'autres fois, on organisait au bord de la route des spectacles de danse ou de tours de magie inventés pour quiconque aurait un franc à donner. C'est

comme cela que j'ai rencontré Madame Sonia et Amanda sur la route menant au marché des fermiers.

Le soleil était tenace ce matin-là, et j'avais déjà l'estomac dans les talons quand je vis la petite dame lécher un cornet de glace en traînant derrière sa mère. Je m'approchai d'elle et lui proposai de lui montrer de la vraie magie en échange d'une petite récompense. Lorsqu'elle accepta, je sortis ma corde, la couvris avec mes mains, marmonnai un patois étrange tout en faisant des mouvements rapides et quand j'ouvris mes mains, la corde avait disparu. C'était l'éclat de rire d'Amanda qui amena sa mère à se retourner et à nous surprendre. Elle hurla de colère sur le fait de parler aux étrangers et me donna un avertissement sévère avant d'entraîner sa fille loin de moi.

Le mois suivant, je rôdais autour des chemins qui menaient au marché espérant retomber sur la petite dame, mais elle ne revint plus jamais. Puis un jour, alors que je dormais sous l'un des hangars abandonnés du vieux marché, Madame Sonia vint. Elle demanda à rencontrer mes parents et lorsqu'elle se rendit compte que je n'en avais aucun, elle m'invita à porter mes affaires et à la suivre chez elle. Elle disait que c'était pour le bien de sa fille. Et comme ça je reçus une entrée dans un monde qui autrement ne m'aurait jamais appartenu.

Madame Sonia et son mari avaient fait montre d'une générosité incommensurable à mon égard, et maintenant, le vieux n'était plus, tué par un doigt qu'on ne voyait pas encore. La nouvelle avait renvoyé des ondes de choc déferlantes à travers la propriété. Le nombre de visites à la villa avait triplé durant les deux derniers jours principalement

avec l'affluence des membres de la haute société. Des successions de réunions s'enchaînent dans les multiples pièces spacieuses de la villa, et les échos de chuchotement remplissent tous les couloirs. Des pas se pressent pour vaquer à diverses occupations. Après d'interminables heures de concertations et d'organisations, Madame Sonia rassemble tout le personnel domestique dans l'une des plus grandes pièces à l'étage pour une réunion à huis clos. Une pareille réunion ne présage rien de bon pour nous. Nous sommes là, nos cœurs battant comme les tambours du groupe local, nos esprits craignant le pire quand Madame Sonia nous surprend tous avec sa grande annonce.

« Un invité très important nous viendra de la capitale. Les deux prochains jours seront pleins de préparatifs pour la grande cérémonie qui se tiendra à l'hôtel de ville. Pa sera ramené à la vie et ce sera un peu avant que la vérité soit dévoilée aux yeux de tout le monde ». Elle n'en dit pas plus, guettant nos réactions, le visage rayonnant de satisfaction.

Il n'y aurait pas de funérailles. Madame Sonia a sciemment allumé un feu dont elle sait qu'il ne s'éteindra pas de sitôt. Aucun homme n'a encore jamais été ressuscité d'entre les morts, même pas avec l'afflux d'hommes de Dieu ces derniers temps qui prétendent avoir toutes sortes de pouvoirs et détenir les clés de portes n'existant pas encore. Il semble n'y avoir aucune fin à la liste des choses que l'argent peut acheter. Des spéculations vont bon train sur l'identité de l'auguste invité, jusqu'à ce que le jour arrive enfin.

B

Un coq chante au loin alors que le voile de nuages sombres se lève. Plusieurs travaux se font au fil des heures. La salle des fêtes a été retapée ; de nouvelles tôles ont remplacé le toit de chaume autrefois poreux et ses murs fraîchement peints sont d'une douce lueur vert citron au soleil. Sur la colline menant à la ville, où se dressait jadis le panneau d'affichage endommagé par les intempéries, de hauts poteaux de fer portant les inscriptions « Bienvenue à Manjo » ont été érigés. Les rues ont été nettoyées de l'entrée jusqu'à l'endroit où se tiendra la réunion, et les routes qui autrefois comportaient des nids-de-poule aussi creux que des marmites de born-house ont été rebouchées et aplanies. Toutes les choses que l'élite retorse et la politique tordue n'ont pas pu faire en de nombreuses années sont accomplies à l'heure. J'ai été chargé de superviser les derniers préparatifs à l'hôtel de ville.

Dans l'arrière-cour de l'enceinte, une multitude de femmes effectuent des tâches dans une gaieté indescriptible. Certaines hachent des feuilles fraîches de Eru et de becquant pendant que d'autres pilent d'énormes marmites d'e'bai en pleine cuisson sur des fours à sciure de bois. On aurait dit qu'une fille de la maison se mariait. L'odeur de la viande cuite à la vapeur et du poulet frit doré domine l'air. Certaines femmes sont déjà constituées en groupes et servent des potins juteux de leurs lèvres prêtes comme l'huile chaude grésillant dans les friteuses. D'autres sont occupées à déguster d'énormes morceaux de viande tandis que les plus malines remplissent des sachets plastiques pour leurs enfants à la maison. Devant le manoir, il y a une terrasse ayant trois fois la superficie du terrain de football local sur

lequel des auvents sont installés par de jeunes hommes travaillant bruyamment. Un auvent portant l'inscription « non invités » est la dernière chose qui retient mon attention quand je traverse le portail vert en sortant.

Il est presque midi quand la salle est enfin prête. Des chaises en plastique ont été disposées en plusieurs rangées bien délimitées et au centre de la pièce, une estrade a été montée. De nouveaux ventilateurs de plafond tournent inlassablement dans une harmonie précise en diffusant de l'air dans le hall. Dehors, une foule agitée commence à se former, leur anxiété est comparable aux éclairs dans l'air. Même le soleil est sorti pour regarder. Bientôt le cortège funèbre fera son entrée dans la salle. Il y a un malaise dans mon ventre. L'idée de ce qui pourrait arriver cet après-midi est troublante. Les grandes maisons renferment de grands secrets et cette maison n'est pas une exception.

Peu de temps après, des sirènes retentissent au loin, accompagnées de voix de femmes chantant des cantiques de deuil. La plupart des élites et des hommes titrés sont déjà installés dans la salle. Il y a parmi eux, Mbé Nkematem, porte-parole du chef de la communauté qui sera absent aujourd'hui. Dehors, les sirènes et les cris stridents des spectateurs déconcertés par la flotte de Land Cruisers présente se rapprochent. Je vois la scène dans ma tête, car lorsque nous étions encore de petits garçons, nous essayions de battre les voitures de vitesse dans une course improvisée soulevant le maximum de poussière possible. Parfois, nous imitions les hommes musclés qui, vêtus de vestes noires avec des lu-

nettes assorties, défilaient tout près de chaque côté du corbillard. Le cortège arrive sur les lieux et progressivement les voitures se vident.

Madame Sonia est la femme la plus imposante de la foule. Elle est plus grande que la plupart des femmes, avec une forte forme masculine. Son teint clair accentue la barbe hirsute qui se développe lentement sous son menton. Elle porte une longue robe violette, garnie de dentelle et d'asoebi finement tissés ensemble. Malgré sa taille, elle dégage une élégance et une grâce qu'aucune femme du village ne peut égaler. Aux côtés de sa mère, Amanda est à peine visible. Pour une fillette de dix ans, elle est précoce, avec une silhouette fine, un teint caramel et des cheveux noirs courts. Elle porte une robe noire à pois blancs. Quatre videurs transportent le cercueil — qui paraît tissé de bambou rare — et défilent en cortège solennel jusqu'à l'estrade où ils le déposent délicatement. Puis, Amanda et sa mère prennent place à la rangée proche de l'estrade. Des pieds se frottent sur sol alors que le reste des invités se bousculent pour occuper les sièges restants. Je reste dans un coin de la pièce, derrière l'endroit où la famille est installée. Amanda jette un coup d'œil dans ma direction mais je fais mine de ne pas la voir.

B

Avant que tout le monde ne s'installe, deux Volkswagen blanches se garent à l'entrée et tous les regards convergent vers elles. Un jeune homme, d'environ vingt-cinq ans, descend de la première voiture, tenant dans une main un bâton et une Bible dans l'autre. Il porte un très grand boubou

rouge et a l'air sévère. Il est suivi par deux femmes qui ont à peu près le même âge que lui. La première tient un bocal en verre vide qui reflète un bleu de diamant au contact du soleil. La deuxième fille tient une bouteille et un tissu blanc plié. Le jeune homme entre dans la salle et fait signe à tout le monde de se lever. Immédiatement, tout le monde se lève. Alors la portière de la deuxième voiture s'ouvre et un homme en sort. Il semble à la fin de la quarantaine, avec des rides d'âge fermement imprimées sur son front pourtant il n'a aucun cheveu gris et n'est pas chauve — ça a une couleur noire de suie. Il a choisi un smoking blanc et une cravate rouge pour l'occasion. Sa montre est en or et ses chaussures sont en daim noir. Sur le majeur de sa main droite il porte une grosse bague incrustée d'une pierre précieuse sombre. Il y a une aura autour de lui, accentuée encore plus par l'odeur de son eau de Cologne. Il fait son entrée dans la salle, dans un cortège lent et cérémonieux mené par ses trois assistants. L'air s'épaissit et le silence s'accumule comme des nuages de pluie. Il se dirige tout droit vers le fauteuil qui a été apprêté pour lui — C'est le seul siège sur l'estrade — et s'assied en face du cercueil qui contient la dépouille de Pa Ajebe. Le jeune homme fait de nouveau signe et tout le monde s'assied.

Madame Sonia se dirige au pied de l'estrade et un microphone lui est donné.

« Chers frères et sœurs, le jour est venu. Il y a trois jours, mon mari, un prestigieux fils de cette communauté s'est endormi et ne s'est plus réveillé. Vous avez tous appris la nouvelle et ensemble, nous n'avons cessé de pleurer notre perte. C'était un homme bon et il avait encore plusieurs raisons

de vivre, beaucoup à faire pour cette communauté. La Bible ne dit-elle pas dans le livre des Psaumes que le juste vivra longtemps et héritera de la terre ? N'est-ce pas Jésus lui-même qui a dit dans le livre de Matthieu que celui qui demande reçoit ? Ainsi nous avons demandé au Seigneur de faire ce que seul Lui peut faire. Nous avons devant nous aujourd'hui quelqu'un qui communie directement avec le Seigneur. Un homme saint, une main du Très Haut, et il est l'homme choisi pour accomplir cette merveille sous nos yeux ». Elle dit la dernière partie vigoureusement, marque une courte pause avant de continuer.

« Comme il a été pour Lazare, qu'il en soit ainsi pour notre bien-aimé Pa. La vérité sera alors révélée parce que seule la vérité libère ».

Elle rend le micro à l'assistant et regagne sa place près de sa fille.

Le gars monte ensuite sur la scène avec le micro, s'incline face contre terre devant le prophète et le lui remet. Le prophète ordonne à l'homme de se lever, lui murmure quelque chose à l'oreille et prend le micro. Le garçon acquiesce rapidement et sort en vitesse de la salle. L'air vibre de la même essence étrange quand l'homme de Dieu se lève de son siège.

« Enfants de Manjo, nous sommes ici dans de circonstances très graves ! Le genre d'affaire que le Seigneur ne prend pas à la légère ! » La voix dominante de l'homme de Dieu résonne dans la salle bondée.

« Dans le livre de Jean, la Bible nous parle d'un homme appelé Lazare, un misérable qui était l'ami du Seigneur. Un

jour, ce pauvre homme tomba malade et mourut, mais sa famille implora le Seigneur et il fut ressuscité. Alléluia ! »

L'amen qui suit secoue les quatre murs de la salle surpeuplée avant de s'éteindre.

« Nous sommes réunis ici aujourd'hui parce qu'une histoire similaire s'est produite. Sauf que cette fois, c'est la vie d'un homme riche qui a été écourtée par des malfaiteurs ».

« Ah ! Les gens sont méchants oh ! » souffle la dame à côté de moi à son voisin.

« N'avons-nous pas entendu qu'il est écrit : "Tu ne tueras point" ? Et si le Seigneur a pu ressusciter le pauvre Lazare des morts, alors comment ne pas exaucer les prières de son digne fils ? Mais, avant, nous devons exposer le diable qui s'est enraciné dans l'un d'entre vous ».

« Chasse-le oh, le père ! » s'écrie une autre femme quelque part dans la foule.

L'homme de Dieu lève une main et un silence lourd descend dans la salle. « Donnons d'abord une dernière chance au pécheur de venir confesser son méfait devant la famille de Pa Ajebe. Sinon, la justice du Seigneur va tonner d'en haut ».

Quand il dit ceci, le soleil recule lentement et est remplacé par des nuages gris qui projettent une matité surnaturelle autour de la salle. Je regarde Amanda s'agiter sur sa chaise, puis elle se retourne et regarde dans ma direction une seconde fois.

« Qui vivra verra ! » s'exclament des gens en tournant les têtes dans chaque direction, s'attendant à ce que le coupable se lève. Dans la rangée près de l'entrée principale, un vieil

homme avec un chapeau rouge orné d'une plume noire se lève.

« J'ai toujours su que Pa Moses était un sorcier », j'entends Madame Sonia dire, ne s'adressant à personne en particulier. « Tous son saint-saint là n'est juste qu'un masque » mais l'homme sort lentement par une porte latérale avant même qu'elle ne finisse de parler, lui laissant un goût de honte sur sa langue.

Cinq minutes s'écoulent avant que la voix du prophète ne s'entende de nouveau. « Si le diable ne veut pas saisir la chance à l'honneur, alors il doit être traîné publiquement pour que tout le monde puisse le voir ». De son index, il fait signe à son assistante qui tient le bocal en verre d'avancer. Elle dépose le bocal aux pieds du prophète sur le podium et y verse un peu d'eau. Il dessine alors un cercle en l'air, prononce quelques mots en des langues étranges et le bocal commence à trembler à l'endroit où il a été posé. Les mouvements sont très lents au début et à peine visibles, puis ils commencent à prendre de la vitesse. Un chaos commence dans la salle parce que tout le monde se bouscule pour voir le bocal en mouvement, ceux à l'arrière montant sur tout ce qu'ils peuvent trouver.

Après un petit moment, les mouvements giratoires du bocal cessent et les gens reprennent obstinément leurs places. L'homme de Dieu entonne un chant familier.

« Le pouvoir dépasse le pouvoir, le pouvoir dépasse le pouvoir, le pouvoir dépasse le pouvoir, c'est Jésus le pouvoir ! »

Les gens chantent sans enthousiasme et le regardent descendre de l'estrade. Ses yeux scrutent les quatre coins de

la salle bondée. À ce niveau, son assistant revient dans la salle tout en sueur et rejoint les deux autres assistantes où elles sont assises. Il hoche la tête à l'homme de Dieu en passant. Tous les regards sont maintenant figés sur l'homme de Dieu qui se promène entre les rangées de chaises. Il s'arrête devant Madame Sonia et dit :

« La lumière et les ténèbres ne doivent jamais se mélanger. Le diable ne doit pas demeurer dans la demeure des enfants de Dieu ». Sa voix retentit dans les haut-parleurs.

« Le diable est ici, assis juste dans cette même rangée ».

Les gens se jettent des regards interrogateurs comme si un symbole avait été marqué sur le front du coupable. Madame Sonia serre fermement sa fille contre elle comme pour la protéger d'une présence invisible. L'odeur de l'eau de Cologne devient plus forte lorsqu'il se rapproche de l'endroit où je me tiens. Ma tête est baissée et mon cœur bat à toute vitesse. Quand je lève la tête, mes yeux rencontrent une paire inconnue. L'homme de Dieu est devant moi, voltigeant comme un faucon au-dessus des poussins perdus, le regard de la mort sur son visage. Je titube un peu en arrière alors que je sens la prise ferme du prophète sur mon poignet. Je ressens la froideur de sa bague sur ma peau et il souffle quelque chose en une langue étrange en me conduisant sur l'estrade, provoquant un chahut.

« Du jamais vu ! Benji ! Toi ? » J'entends le frémissement dans la voix de Madame Sonia.

« Que devient le monde ? » dit un vieil homme lorsque nous nous frayons un chemin vers le podium. « Hmmm, les enfants d'aujourd'hui. Tu nourris un enfant avec une cuillère et il te mord le bras ».

L'homme de Dieu lève une main en l'air et le chahut cesse. J'essaie de parler mais aucun mot ne vient. Les bulles d'air dans ma poitrine m'étouffent. Ça doit être un rêve je crois mais la voix du prophète est bien réelle.

« Parle jeune homme, qu'as-tu à voir avec la mort de Pa Ajebe ? »

Quelque chose commence à se produire en moi. Ma tête tourne légèrement et mes pieds tremblent. Mon esprit commence à plonger dans un sommeil et tout autour de moi s'assombrit. Je sens une vague de froid m'envahir, couler dans chaque fibre de mon être et je me sens pris au piège dans un corps qui n'est pas le mien. Alors, ma bouche s'ouvre et quelqu'un parle mais ce n'est pas moi.

« Oui, je l'ai fait », dit la voix. « J'ai tué Pa Ajebe. C'était un homme mauvais ».

En entendant cela, Madame Sonia tangue en avant et en un rien de temps, ses grandes mains saisissent mon col et étranglent le peu d'air qui me reste dans la gorge. Les malédictions coulent de sa bouche. Un vieil homme se précipite sur l'estrade et tente de la retirer, mais son emprise est forte. Elle libère alors une main, qu'elle utilise pour appliquer de grosses gifles sur ma tête. Plusieurs personnes arrivent et avec un peu plus d'efforts parviennent à la tirer mais pas avant qu'elle ne m'ait griffé le visage avec ses ongles.

« Tu ferais mieux de commencer à parler avant que je ne te corrige correctement, lança-t-elle. Laissez-moi apprendre à cet ingrat une leçon qu'il n'oubliera jamais ! » dit-elle aux trois hommes qui la retiennent.

L'homme de Dieu ordonne à tout le monde de regagner sa place. Je suis toujours là, au pied de l'estrade pour que

tout le monde me voie, la sueur ruisselant sur mon corps et la honte inscrite sur tout mon visage. La réalité me frappe. Le cercueil de l'homme dont je viens d'avouer le meurtre se trouve devant moi. J'ai la tête qui cogne, je sens une piqûre sur mes joues, mon cou est douloureux, les larmes remplissent mes yeux.

Derrière moi, la voix du prophète sonne comme dans un rêve. « Jeune homme, dis-nous toute la vérité pour que nous puissions commencer à restaurer l'esprit errant de Pa dans son corps au royaume des vivants ».

Je lutte contre mes larmes. Je ne sais rien des esprits ou des sphères mais qui suis-je face à la voix de cet homme de Dieu ou à l'influence de Madame Ajebe. Il y a d'autres vérités que je sais, des secrets qui m'ont été confiés, des erreurs dont il ne faudrait jamais parler. Ma vie défile comme un film devant mes yeux. Je pense à Marem et à mon enfant à naître, à l'argent sous mon lit. Je pense à la mort mais il n'y a aucun mot.

« Parle non, Benji ! la voix d'un homme intervient. Ou tu préfères que nous te battions ? »

— Il refuse de parler, dit l'homme de Dieu. Alors, le Seigneur nous le montrera. Après tout, quelque chose peut-il être caché au Seigneur ? Devant lui, même les ténèbres deviennent lumière ». Il commence à parler en langues marchant sans cesse dans un sens puis dans l'autre. Ses assistants l'imitent, je regarde, les larmes aveuglant mes yeux.

«Gloiiiiiiiiiiiirrrrrre à Dieu ! il s'écrie.

— Alléluia, les gens répondent en chœur.

— La terre appartient au Seigneur et à sa plénitude. Que peut-il lui être caché ? Où pourrait-on cacher ses délits ? Quel secret peut être caché à la face du Tout-Puissant ? » Il tourne sa tête dans toutes les directions et s'arrête finalement sur la rangée où Madame Sonia et sa fille sont assises. La foule est silencieuse. Personne ne répond, comme s'ils ont tous peur que leurs propres secrets soient révélés.

L'homme de Dieu choisit un autre chant pour rompre le silence. C'est un autre chant que je connais bien. Un autre jour, mes lèvres mâcheraient des mots pour la chanter, mais aujourd'hui cette chanson n'est qu'une épine de plus dans la couronne qui repose déjà sur ma tête. Quel homme face à la mort choisit de chanter une chanson ? La voix familière du prophète interrompt encore le chant.

« Retourne-toi, fils de l'iniquité, et regarde le Seigneur défaire le mal que tu as fait devant tes propres yeux ! »

J'obéis promptement aux instructions comme je l'ai toujours fait la plupart du temps, jusqu'ici. Avoir le dos tourné à la foule est le meilleur bouclier contre les regards accusateurs lancés dans ma direction et les nombreux chuchotements allant d'une bouche à une oreille dans un cycle infini. Le prophète fait un signe et cette fois, la deuxième assistante, tenant le tissu blanc, l'apporte et se prosterne face contre le sol devant lui. Il prend le tissu de la main tendue de son assistante avant qu'elle se relève.

« Aujourd'hui, habitants de Manjo, vous verrez la puissance du Seigneur ! Car le Saint qui est assis sur le trône est ici parmi nous. Celui-là qui est capable de donner la vie aux os asséchés est ici. Saint ! » Il fait une pause, lève la tête et regarde au loin, sa vue apparemment fixée sur des royaumes

bien au-delà de ce que nos yeux ordinaires peuvent percevoir. Le silence dans la salle se cristallise en de nombreuses formes amorphes. Brusquement il sort de sa transe, ses lèvres retournées dans un large sourire. Il marche à pas courts et sûrs vers l'endroit où le cercueil est posé, et, sans aide, soulève le coffre. Il y a un tapage lorsque les femmes et les enfants hurlent, se serrant les uns les autres pour se soutenir.

Là, sur la scène isolée au centre de la salle communautaire, au cœur de la communauté de Manjo, se trouve le corps de Pa Ajebe, au vu et au su de tout le monde. Le prophète n'attend pas une seconde de plus. Presque immédiatement, il déplie le tissu blanc et commence à l'étaler sur le corps du défunt. Il y a quelque chose d'un peu déplacé. Mort comme il est supposé l'être, le corps de Pa est indemne. Son visage a l'essence de la vie elle-même, comme si la mort n'était jamais passée par là. Une pensée commence à germer dans mon esprit, un espoir silencieux luttant contre l'immobilité du corps qui repose maintenant sous le drap de lin blanc.

« Attendez ! » Ma voix traverse le chahut dans la salle comme une lame coupant de l'acier. Peu à peu, de nombreux sons indistincts dans la salle s'éteignent et le silence est de nouveau lourd. Pendant un instant, je ne sais comment procéder. Puis je sens mes pieds me transporter vers le haut des escaliers qui mènent à la scène où le prophète est figé, son visage pâle et ses yeux ouverts, son regard, celui de l'égarement.

UNE BATAILLE AUX CRACHATS

Géraldin Mpesse

On me dit que le pays est anémié
Les vampires l'ont vidé de son sang
Que bientôt le rideau des ombres
Nous séparera de lui
— Géraldin Mpesse

« Libérez donc l'entrée, bande de vandales ! » hurla le garde du corps du recteur en repoussant la foule de son bras droit. Il ouvrit la portière de la grosse Prado noire. Le patron de l'université, un homme aussi condescendant, qui n'avait jamais accordé l'audience à un étudiant depuis que le décret l'avait hissé à ce rang, en sortit, enfila sa veste grise et ajusta le nœud de sa cravate rouge. Il entra dans le hall de son cabinet. Ruben, le président du Parlement, le poursuivit en s'écriant : « Notre lettre, Monsieur le Recteur ! » Un vigile le bouscula et lui asséna un coup de poing en pleine poitrine. Le coup résonna dans ma tête comme l'écho d'un tambour bamiléké. Ruben recula, plié en deux, haletant sous la douleur, se massant la poitrine. Après un certain temps, il se redressa et siffla. Au loin, noyé dans la brise froide de ce matin de juin, un bruit se fit entendre du côté du grand stade de football, allant en s'amplifiant. Je grimpai sur un poteau et m'élançai sur le faîte d'un toit pour voir ce qu'il en était, mais l'épais brouillard masquait le spectacle. Le virus de la curiosité était là, me hantant, me collant à la peau tel du parfum haoussa. Un essaim d'abeilles, dont j'ignorais la provenance tout autant que la destination, passa au-dessus de ma tête dans un bourdonnement inquiétant. Pris de panique, je regagnai le sol d'un bond.

C'est là que je les vis. Une forêt d'étudiants grimpait la colline qui traverse la cour de l'amphithéâtre 502, certains munis de pancartes, d'autres de couvercles de marmites. Ils chantaient d'un ton mélancolique : « Nous sommes les oubliés de la Nation… mais c'est dans la rue que toutes les batailles se gagnent ». Ils reprirent à l'unisson, moult fois ce refrain, telle une rhapsodie du malheur : « La rue est le pupitre où les marginalisés chantent leur misère ». Sur les pancartes, on pouvait lire : *Monsieur le Recteur, l'histoire nous parle d'elle-même. Pensez-y. Comme nous, vous avez été étudiant dans cette université…*

Le soleil, tardait à darder ses rayons sur Yaoundé, mais les étudiants transpiraient à grosses gouttes. Assis sur une termitière, je regardais la scène avec indifférence, car j'avais peu de foi en un changement émanant d'hommes aussi nonchalants que des escargots. On aurait dit des fidèles du Corpus Christi suivant la grande hostie. Probablement incapables d'arracher le moindre nul face aux vigiles fumants de rage et brûlants de montrer au recteur qu'ils faisaient leur travail avec abnégation, et que lui, Monsieur le Recteur, n'avait rien à se reprocher, surtout venant des étudiants, éternels plaignants.

Les voyant ainsi, il me vint à l'idée de leur dire d'arrêter de faire les cons et d'inspirer la pitié, comme s'ils étaient des quémandeurs de leurs droits, que les cris des petites bêtes sont de douces chansons aux oreilles des prédateurs qui veulent les dévorer, que le monde n'entend ni les cris ni les pleurs. Je descendis de la termitière et les suivis. Un coup de sifflet retentit et, à l'unisson, ils poussèrent un grand cri,

renforcé par une cacophonie agaçante d'écho de bidons et de résonnement de couvercles de marmites.

J'aurais pu m'éloigner dès le commencement de cette histoire, quand Ruben faisait du porte-à-porte pour annoncer à nos voisins que c'était ce jour le point culminant du ras-le-bol ; qu'ils en avaient plein le cœur, que ça passe ou ça casse, Etoudi, le centre du pouvoir, entendrait enfin leur cri.

Même s'ils avaient raison, ce n'était pas pour autant qu'ils allaient risquer leur vie. Pour quasi rien, une licence, un master ou un doctorat qui n'ouvraient pas sur grand-chose. C'était trop osé, putain ! Nombre d'entre eux aurait mieux fait de rentrer dans les villages, rejoindre leurs parents et défricher bananeraies et cacaoyères, s'échiner dans les champs de mil, de sorgho ou de café.

B

Ôter sa chemise, exhiber ses gros muscles, intimider les étudiants. On aurait dit que Champi, le gros vigile, n'attendait que ce genre de situation pour se venger de tous ses combats perdus dans les rings de boxe, du temps où il aspirait à une grande carrière. Il se bomba la poitrine en exhibant ses pectoraux qu'il faisait tressauter, se mordit les lèvres et roua une dizaine d'étudiants de coups de poing. À cause de ses cinquante-six ans masqués par engouement pour les activités sportives et d'un embonpoint bien prononcé, il s'essouffla très vite et finit adossé contre un tronc de papayer, les mains sur les genoux. Alors qu'il se redressait, un énorme caillou percuta sa nuque…

Une sirène se fit entendre depuis le Château. Je fus pris de panique et me recroquevillai sous la Prado. Deux énormes camions de la police antiémeutes entrèrent dans le Campus à tombeau ouvert et se garèrent sur l'esplanade devant le rectorat. Ils semblaient avoir été prévenus… Chaque policier cagoulé qui en descendait, tenait dans la main gauche un bouclier antiémeute, et dans la droite un gourdin. D'une pichenette, l'un d'eux décrocha une bombe lacrymogène dont il aspergea le premier rang d'étudiants. Ceux-ci se dispersèrent comme une colonie de termites sortis de terre. Un autre asséna un coup de ceinturon dans le dos de Ruben. Sa chemise déchirée laissa entrevoir un énorme hématome formé quasi instantanément. Il tomba, toussota, un filet de sang sur le menton. Ses compères accoururent en essaim et l'emmenèrent. Un frisson me parcourut. L'indignation qui grondait en moi me souffla que je pouvais faire quelque chose pour ces pauvres étudiants. Non, plutôt faire quelque chose pour nous, pour sortir de cette misère orchestrée, volontairement, par le Recteur et le Chef de la Restauration pour s'offrir des Fortuner dernier cri, des séjours avec des wolowoss dans les hôtels huppés de Kribi, ou des vestes haute couture chez Gucci ou Kenzo.

Je fis un grand bond en avant, atterris sur la haie de fleurs et aveuglai ce couillon de policier d'un seul jet de salive. Il s'écroula en hurlant : « Mes yeux ! »

Je voulus capituler, de peur de recevoir une balle dans la tête. Mais il me souvint que la victoire s'arrache au bout du combat.

Ruben et moi avions quitté Etam-Bafia en octobre pour nous installer dans la cité universitaire et bénéficier des repas du Restaurant. À Etam-Bafia, je vivais des restes de notre voisin Zang, un militaire à la retraite.

L'annonce par Ruben de ce changement de quartier avait déclenché quelque chose en moi, comme si je venais de briser les chaînes de la misère qui me maintenaient captif dans ce nauséeux et immonde bidonville. Oui, la misère d'Etam-Bafia était aussi légendaire que l'opulence de Bastos. Je crus d'emblée qu'il avait décroché un emploi, puisque je n'avais aucune idée claire sur ce qu'était la Cité U. Ce nom me faisait penser à des rues pavées jouxtant de hautes barrières couronnées de barbelés, à l'intérieur desquelles les toits végétalisés laissaient à peine entrevoir les villas et châteaux qu'ils surmontaient. À l'époque, ce déménagement me donnait l'impression d'être un fils de pauvre adopté par un riche.

Nous nous installâmes à la Cité U un 14 octobre, dans la chambre A14. Je réalisai enfin qu'il s'agissait de la Cité Universitaire. Un sentiment de désolation naquit en moi, mais ça valait la peine d'y vivre. Pour la première fois, je séjournais dans un habitat avec un vrai plancher et des murs en parpaings de ciment. Je me retrouvais désormais au milieu d'équipements dont j'ignorais le nom.

Le premier mot que je mémorisai fut « placard », car mon voisin de chambre y rangeait souvent quelques provisions pour moi. En face du lit, il y avait, sur l'étagère en rotin, une cuisinière à gaz que Ruben avait achetée chez Ar-

tur, un enseignant en cours d'intégration qui avait été affecté à Ngarigombo. Acquisition inutile, car jamais, au grand jamais, je n'avais vu de feu allumé dans cette pièce.

ℬ

La certitude d'une défaite prenait forme pour les étudiants téméraires qui tenaient encore tête aux policiers. Ils regardaient leurs camarades se tordre de douleur. Bras fracturés, dents cassées, portraits refaits.

Je décidai de rentrer.

Comment continuer de vivre dans ce mouroir ? Un mouroir où l'herbe poussait sans gêne à l'entrée même du Restaurant universitaire. Un Restaurant où la moisissure rampante rongeait des murs qui donnaient l'impression de souffrir de la lèpre. Je traversai sa cour, revoyant, comme dans un rêve éveillé, ces étudiants-là qui se bousculaient dans les rangs. J'y allais chaque midi et soir pour ingurgiter des morceaux de poisson, des lichettes de pain, des grains de riz qui restaient collés dans l'assiette d'une étudiante qui, soit par vantardise, soit par manque d'appétit, abandonnait son plat. Je m'en délectais.

Dieu est miséricordieux ! Alors que je traversais la cour, je trouvai un avocat sur mon chemin. Pendant que je le savourais, j'entendis un hurlement d'agonisant à une dizaine de mètres. Être humain ou bête ? Une brise souffla et abaissa les buissons. Je vis un homme dans l'herbe, vêtu de kaki et imaginai qu'il s'agissait d'un policier, à coup sûr. Je m'essuyai la bouche d'un revers de langue et courus répondre à l'appel du hurlement.

Le policier étranglait Awulu, notre voisin de la chambre D14. L'étudiant respirait à peine. Les yeux lui sortaient des orbites. Mais, curieusement, pas une seule larme ne ruisselait sur ses joues. Pourtant, son agitation montrait à suffisance que la douleur était à son comble. Cette ignoble scène faisait penser à un porc faisant son ultime adieu entre les mains d'un boucher. Un frisson me glaça le sang. Le policier le lâcha. Il inspira une bouffée d'air et toussa à répétition, essaya de s'enfuir ; mais le policier le coinça contre une balustrade, lui donna un coup de pied dans le dos et lui demanda : « Fils de pauvre, quel niveau fais-tu ici ? » Awulu ne pipa mot, il continuait de respirer comme un agonisant dans l'attente de l'onction des malades. « C'est à toi que je m'adresse, imbécile ! Tu ne parles pas ? » lança-t-il d'un ton impérial. L'étudiant avala sa salive deux fois et parla d'une pauvre voix brisée : « Je suis… Je suis… au niveau 4, chef ». Le pied écrasant la cuisse de sa victime d'une méchante botte noire, le policier sortit un paquet de cigarettes d'une poche de son treillis, en retira une sèche, l'alluma, l'aspira et, après plusieurs secondes, rejeta une épaisse fumée dans l'air. Ensuite, il sortit un sachet de whisky King Arthur de la même poche, l'ouvrit d'un coup de dents et but d'une traite. Awulu le regardait du coin de l'œil comme s'il voulait lui demander de lui passer son mégot. « Mon petit, à la guerre comme à la guerre. Tu m'entends ? En attendant qu'avec tes diplômes, tu deviennes sous-préfet, préfet ou gouverneur, je te mets d'abord au pas. Tu vas répéter après moi. C'est un exercice facile. Allons-y : *le CEPE dépasse la Licence*. Répète ! » Il toisa le policier et celui-ci le gifla si fortement que les empreintes de ses doigts se gravèrent sur son

visage. Deux colonnes de larmes dégoulinèrent de ses yeux et stagnèrent sur sa lèvre supérieure. Le policier tenait à ce qu'il exécute son ordre. « *Le CEPE dépasse la Licence.* Répète ! Encore… » intima-t-il derechef. On aurait dit que le mot CEPE n'existait pas dans le vocabulaire d'Awulu. Il refusa de parler. Je les contournai et me rapprochai discrètement. Caché derrière un manguier, en face du policier, je fis crisser les feuilles mortes sous moi. Quand il leva les yeux, je bondis et j'y crachai. Il perdit la vue à l'instant. Je pris la clé des champs.

Un policier caché derrière un palmier, l'index sur la gâchette, interpellait un collègue qui passait par-là : « Il est temps, oh, mon frère ! Il est temps que nous passions à la vitesse supérieure ! Je sens en moi une folle envie de presser les seins d'une jeune étudiante, comme une éponge. Quitte à ressentir la raideur de ce petit noyau qui s'y forme souvent ».

Son collègue ne pipa mot. Il continua son chemin comme si ce n'était pas à lui qu'on s'adressait. L'autre sortit de sa cachette et lança : « Bon sang ! As-tu déjà assisté à un massacre sans viol ? Tu n'es qu'un sale traitre ! »

Sur ce, il s'en fut.

Je le suivis.

Il déambula longtemps sur le campus sans apercevoir la moindre silhouette d'étudiante. Il vit enfin des vêtements de femme accrochés sur une timide corde à sécher au deuxième étage du bâtiment D. Arme en bandoulière, il courut comme un drogué, frappa du pied deux fois la porte de la chambre D24. Les paumelles s'arrachèrent, éventrant la

structure. Il entra précipitamment. Mais il n'y avait personne.

Il se caressa le pubis et la fermeture de son pantalon gonfla d'un coup. Du revers de la main, il balança la boîte à maquillage qui était posée sur la fenêtre, éparpilla les papiers sur la table, vida la bouteille d'huile végétale par la fenêtre. Il balaya la chambre du regard et riva ses yeux sur le lit. Il y avait un slip étalé à côté d'une serviette. Repoussant son arme dans le dos, il prit le slip et le porta à son nez, le huma dévotement, tel un prêtre baisant le corporal. Le brandissant au-dessus de sa tête, il le scruta comme pour localiser quelque chose. Quoi donc ? Des tâches de menstrues ? Des pertes blanches ? Caché derrière la porte, j'étais curieux de savoir ce que ce pervers en ferait.

Je suivais des yeux chacun de ses mouvements. Il redéposa le slip sur le lit et ouvrit sa braguette, le reprit et frotta son immense pénis tordu à l'endroit où se pose le vagin. Très vite, ce fut le cri de soulagement. Je fus ébahi de le voir se comporter comme un tordu en manque de sexe, alors qu'il portait une alliance à son annulaire gauche. Le policier remit son sexe à sa place et se jeta sur le petit lit de tout son poids. Il y resta longuement, sans bouger. Je crus qu'il était mort. Mais il se releva bruyamment, s'essuya le visage tout en fixant le sol devant lui. Son regard s'attarda sur le petit Jésus sur un mur, cloué sur une croix en bois rongée par les charançons. Il me vint à l'esprit d'employer mon arme secrète contre lui, mais je me retins.

Il ouvrit le petit frigo, se saisit d'une bouteille de jus entamée, la but à la trompette puis sortit, avec la mine d'un soldat ayant accompli sa mission. Le malheur des uns fait le

bonheur des autres, pensai-je en sortant de ma cachette pour saisir le paquet de bifaga posé sur l'étagère. Je l'ingurgitai en un clin d'œil. Au sortir de la chambre, je ne sus quel chemin avait emprunté le policier, pourtant, je venais d'entendre un toussotement percer le silence. Était-il allé à la recherche d'une autre proie ?

Les bifaga m'avaient laissé sur ma faim. À la recherche d'une quelconque pitance, je fis le tour du bâtiment et crus entendre la voix de Ruben. Je fonçai vers notre chambre. Hélas, rien ! J'hallucinais.

Était-il encore vivant ? Je le savais combattif et persévérant.

Semblant répondre à un appel, je grimpai la colline surplombant le lac Obili. Au sommet, des types scrutaient le campus. Des blocs-notes, des dictaphones, des caméras. Des journalistes. Celui apparaissant comme leur chef semblait en colère. « Quel gâchis ! » s'écria-t-il en hochant la tête. « On m'a pourtant dit que les étudiants saccageaient les amphithéâtres ! »

Caché dans les fourrés, je m'endormis.

À mon réveil, la nuit était presque tombée. Je me rendis à Obili, dans la rue des bars, des grillades et du poisson braisé, pour quêter mon repas du soir. À l'entame de la rue, devant une boutique-bar, un journaliste pérorait dans les haut-parleurs d'un poste radio. Il affirmait que les policiers avaient donné une leçon de morale aux étudiants qui saccageaient les amphithéâtres. Un ivrogne qui écoutait lança : « Les longs crayons dérangent. Ils se plaignent trop. Ils pensent que qui vit mieux dans ce pays ? Hein ! Depuis

qu'Ahidjo est parti, nous supportons juste. On va alors faire comment ? » Les gens acquiesçaient.

À Mirador, les clients se trémoussaient entre les tables. Les pas de danse qu'ils exécutaient donnaient l'impression qu'ils avaient tous noyé leurs soucis du matin. J'entrai dans le bar. J'avais repéré un plat de poulet abandonné sous une table. Esquivant adroitement les jambes en mouvement, je réussis à atteindre mon objectif et me saisis d'un pilon entamé, dégoulinant de condiments que je léchai au passage. La musique s'arrêta tout à coup et j'entendis le jingle du journal de vingt heures. Je laissai tomber l'os retenu par mes mâchoires. Le premier journaliste annonça les titres. D'une voix rassurante et intelligible, le second lut le décret présidentiel : « Est, à compter de la date de signature de la présente décision, nommé au poste de Recteur de l'Université de Yaoundé 1, Monsieur Issoplo Pierre, professeur titulaire des universités, précédemment en service au Ministère de l'Enseignement Supérieur, en remplacement de Monsieur Minale Paul, révoqué de ses fonctions. » Je miaulai de bonheur. Quelqu'un remarqua ma présence et me balança un coup de pied rageur tout en hurlant : « Depuis quand on laisse les chats entrer dans ce bar ? »

Je bondis, le poil hérissé, prêt à cracher.

DIMANCHES SAINS

Barah Mariette

Traduit de l'anglais par
Jessie Judith Ndjeya Nkouetchou et Patient Xavier Nong

Là où le soleil est à son zénith, là où se croisent toutes les routes principales de Kimboh, l'homme s'assied, le regard farouche. Le vent harmattan est arrivé avec des cadeaux magnifiques : des bouts de papier voltigeant dans la poussière tels des confettis lors d'un mariage. L'homme rassemble sous lui des ordures du tas d'immondices d'à côté pour en faire un coussin et dit : « Ici ! C'est mon territoire, ici, je suis le roi. » Son rire s'entend à travers le village. Tous les passants le fixent, et la plupart froncent le nez. Tout ce qu'il voit, c'est leurs esprits tortueux, pleins de méchanceté et d'hypocrisie. Alors qu'il perçoit l'aiguillon métallique rouillé de leurs murmures, un amas de salive se forme dans sa gorge. Il se lève pour cracher, mais change d'avis et décide de continuer à chanter dans sa tête. Chaque jour a sa mélodie ; celle d'aujourd'hui, c'est « Agatha ». Le trajet jusqu'à la maison d'Agatha l'amène à traverser Kimboh, vers la route qui mène au marché de Mbveh, le marché principal. Il regarde toutes les constructions et décide que la maison d'Agatha est la bâtisse la plus élevée, celle avec beaucoup de fenêtres. Agatha est son unique sœur, et il avait toujours pensé que si l'argent était une personne, il ressemblerait certainement à Agatha, ronde et fraîche comme une feuille de laitue bien arrosée. Elle pourvoyait à tous ses besoins : vêtements, chaussures, nourriture. Il ne se perdait jamais quand il allait chez Agatha.

L'homme s'appelle Edwin Amoben ; les gens l'appellent Amor. Certains l'appellent « mon père », ce qui le réjouit. Ce dimanche, comme la plupart des dimanches, il se retrouve à la St Martin's Church, l'église située à quelques kilomètres de la place principale du village de Kimboh. Celle-

ci est entourée d'un portail en fer de couleur verte, avec de petites fleurs alignées le long de l'allée rocailleuse. Dans l'enceinte, on trouve aussi le presbytère et la salle paroissiale. Amoben s'assied sur le banc en planches tout près de la chorale et, lorsque les choristes sont sur le point de chanter la deuxième strophe du cantique 107, il se met à taper du pied, les yeux presque fermés, puis entonne de sa voix de ténor puissante et limpide :

All you who thirst come unto me,
Come have some wine for free,
Hunger and thirst shall pass away,
Come unto your God.

Le dimanche, la St Martin's Church est généralement remplie de gens qui lèvent la tête vers le ciel, comme s'ils attendaient Dieu. De sa place, Amoben peut voir la plupart des gens, en particulier le crâne nu et luisant de Pah Lucas. Esquissant un sourire éclatant, il se tourne vers le garçon assis près de lui et dit : « Mes problèmes sont aussi interminables que cette église. »

Les habitants de Kimboh chérissent le dimanche : c'est un jour de communion, un jour où les sourires sont adressés gracieusement, les réconciliations généreusement réparties, et chaque mets spécial dégusté religieusement, un jour où le vin de palme a meilleur goût. Dimanche est le jour préféré d'Amoben, pas seulement en raison de son lien à Dieu en tant qu'ancien séminariste, mais parce qu'il croit qu'il y a quelque chose de merveilleux à se rendre à l'église, à être dans un lieu où tant de personnes viennent purifier leur âme uniquement pour cette journée. Pour ceux qui, comme lui, n'ont jamais manqué une messe du dimanche de toute leur

vie, c'est une habitude invariable. Dimanche est son jour de chance. Dimanche, le vent souffle différemment, le soleil brille moins violemment, et quand il pleut, la pluie vient par jaillissements successifs de bénédictions. Dimanche, les voix dans sa tête s'en vont ailleurs. Dimanche était le jour où tout avait commencé, le jour où il était certain que tout finirait.

Amoben descend le chemin de terre sinueux qui mène à la rivière, donnant un coup de pied au moindre caillou qu'il voit. De grands eucalyptus bordent le chemin des deux côtés, répandant un parfum de menthe fraîche légèrement étouffant. Il en coupe une branche, la met dans sa bouche et la mâche.

Je dois me laver les dents avant de me rendre au pays de l'homme blanc, pense-t-il. *Cette rivière pourrait-elle me conduire au lieu où se trouve mon fils ? Au lieu où les sourires rayonnants de Njobati réchauffent mon cœur ? Aucun lieu n'est trop loin pour moi, pas même le pays de l'homme blanc. Mes jambes sont assez solides. Une, deux, trois… vingt, oui, je dois traverser vingt rivières avant d'y arriver ; je dois les voir.*

Il est sur le point de traverser la deuxième rivière lorsqu'une forme se dessine devant lui. Soudain le vent se calme, nettoyant en douceur les parties nues de son corps ; il a oublié quelques-uns de ses vêtements sur la place du village. Il se balance d'une jambe sur l'autre, puis regarde à nouveau : il voit son bébé qui rampe lentement sur le pont légèrement cassé et instable, avec un sourire révélant sa première dent qui pousse. Il se précipite vers le bébé, puis s'arrête, pensant : *Mon bébé doit se débrouiller seul ; mon bébé doit être libre et fort comme moi.* Ensuite Amor avance à

grands pas vers le bébé, mais avant de l'atteindre, il aperçoit Njobati. Elle tire le bébé vers elle et hurle : « Ne touche pas à mon bébé ! Va chercher tes vêtements ! »

Faisant fi d'eux, il va s'accroupir sur le rocher mouillé près de la rivière et dit : « J'étais censé être prêtre et distribuer la sainte communion à tous les villageois. » De fines gouttelettes de larmes ruissellent sur ses joues.

B

Encore une année avant d'être ordonné prêtre. En attendant, Amoben devait effectuer des travaux communautaires. Il décida d'enseigner dans une école locale. Y avait-il meilleur endroit que son Kimboh natal ? Il aimait la façon dont les belles collines étaient hautes et majestueuses, presque comme pour protéger le territoire, la manière dont chaque quartier semblait perché sur une colline, donnant l'impression qu'on montait ou qu'on descendait à chaque fois. Une terre aux conditions climatiques extrêmes : la poussière se collait à chaque chose et à chacun en saison sèche, et la boue emprisonnait les usagers en saison pluvieuse. Le temps semblait s'apaiser peu à peu à Kimboh. C'était un village de gens curieux, si proches les uns des autres, que l'on pouvait entendre distinctement des propos du genre :

« As-tu appris que Pah Pius n'est pas retourné chez lui la nuit dernière ?

— Oui, j'entends dire qu'il entretient une autre femme à Mbveh. »

La conversation pouvait s'étendre sur divers sujets pris au hasard. Il était content d'être à nouveau avec ces gens si

aimables et accueillants, qui se sont toujours imaginé que faire vœu de chasteté et de pauvreté, porter une robe blanche, pouvait rendre quelqu'un « exceptionnel ». Il pouvait déjà sentir les fruits juteux de l'expérience qu'il aurait en servant sa communauté.

L'école était juchée au sommet de la colline. L'établissement était constitué de plusieurs salles disposées en forme de L. Au milieu de l'école, il y avait une cloche, un large dispositif en fer suspendu à un moignon. Il suffisait de lancer une pierre sur la cloche pour attirer l'attention des élèves. L'école était entourée de vastes champs qui ne demandaient qu'à devenir pâture. C'était une école si rarement pleine qu'il était possible de croiser tout le monde, élèves et personnel enseignant, au moins une fois par jour. Amoben avait choisi d'assister les élèves en mathématiques et en catéchèse.

Le jour de leur rencontre, il était assis devant la salle des professeurs, en train de réviser, quand Njobati et son amie s'approchèrent. Il ne se souvenait pas de l'autre élève, son nom ou même de toute leur conversation. Il se souvenait seulement de Njobati, de la façon dont ses yeux s'étaient plissés quand elle sourit.

Njobati Miriam vivait à quelques mètres de Kimboh Hospital, l'hôpital qui se trouvait à l'arrière du village. On appelait leur maison « la maison allemande », parce qu'elle était construite avec des murs blancs très solides et des colonnes en blocs à base de grosses pierres noires. Les nombreuses fenêtres vitrées ainsi que les larges et doux carreaux lui conféraient une touche raffinée et étrangère. Son père

était un homme costaud, au teint noir, qui souriait rarement. Sa mère avait toujours une apparence négligée ; on eût presque dit qu'elle n'accordait de l'importance qu'à ses bijoux coûteux et à ses cheveux magnifiques. Ils étaient de fervents chrétiens catholiques, présents à toutes les messes ; nul n'ignorait que la place sur la troisième rangée de la deuxième colonne était la leur. Les chrétiens de la St Martin's Church de Kimboh s'asseyaient toujours à la même place dans l'église, de sorte qu'ils pouvaient reconnaître un étranger à la place qu'il occupait.

Njobati avait toujours été très bonne élève, mais certainement pas en mathématiques. Elle en était très perturbée. Un vrai feu dans ses yeux embrasait tout ce qui résistait à sa beauté fragile. Sa peau d'une nuance de brun donnait l'impression qu'elle venait de prendre son bain.

Elle avait besoin d'aide en mathématiques. Apparemment, elle était promise à un bel avenir ; son futur s'annonçait manifestement grandiose. Amoben l'avait vue se battre encore et encore avec les chiffres. Il décida d'organiser des cours de soutien tous les mardis et samedis après l'école. Parfois d'autres élèves en difficulté avec les mathématiques manquaient à l'appel, mais elle était tenace. Une fois les cours terminés, elle faisait route avec Amoben, portant pour lui son sac jusqu'à sa petite hutte. Une attirance inhabituelle était ainsi née et l'avait pris au dépourvu, perturbant d'abord sa tranquillité, puis lui procurant la paix.

𝒫

Amoben est assis au premier rang de la St Martin's Church. Ses doigts évoluent par petits bouts, profitant de la sensation que procure chaque perle du saint Rosaire. Il y a longtemps déjà que ces minuscules perles blanches ne le quittent plus. Il lui avait fallu économiser longtemps pour acquérir ce précieux objet ; le révérend père Romanus l'avait ramené tout droit de Rome. Il interrompt l'égrènement pour se concentrer ; c'est le moment crucial, l'instant de purification. L'odeur de l'encens emplit son esprit, et bien que tout le monde soit assis, il se met debout, les mains levées, et dit à voix haute, en même temps que le prêtre :

« Prenez et mangez-en tous. Ceci est mon corps, livré pour vous ; faites ceci en mémoire de moi. »

Il ajoute un « cling, cling, cling » pour accompagner les traditionnels sons de cloches que l'on entend pendant la consécration.

À la fin de la messe, il se dirige en toute hâte vers la place du village. Juste à cet instant, il se rend compte que sa chemise, d'un blanc devenu presque marron, a besoin d'être repassée, que son pantacourt a besoin d'être boutonné, et aussi qu'il lui manque une chaussure. Il est sur le point de s'asseoir au pied d'un poteau électrique, mais il change d'avis. Il s'avance et s'assied près de la sculpture ancienne d'un fon « disparu » ; il semble qu'il a désespérément besoin de compagnie, celle d'une personne importante. Puisque c'est dimanche, les images affluent librement dans sa tête ; à l'heure actuelle, il s'y trouve encore.

B

L'atmosphère entre eux était toujours électrique ; elle était faite de cordes tendues prêtes à créer de nouvelles symphonies chaque fois qu'ils se touchaient. Chaque contact produisait diverses vagues de frissons sur tout son corps dont même la plus fervente neuvaine ne pouvait le délivrer. Le temps ce jour-là avait été glacial et rude. Toutes les années de son enfance à Kimboh ne l'avaient pas préparé à une telle grippe. Il était couché, grelotant, incapable d'aller à l'école. Njo lui avait rendu visite dans sa hutte. Elle portait un tee-shirt bleu pâle qui épousait généreusement ses formes. Cette image hantait ses pensées et ses rêves. Elle revint le lendemain, puis le jour d'après, pour l'aider à prendre ses médicaments. Ce jour-là, elle s'était assise au bord du lit pour l'aider à manger. Il se rapprocha, se disant que si elle reculait, ce serait un signe pour ne pas continuer. Elle resta là, sans bouger. Et lorsque leurs lèvres se rencontrèrent, il la sentit trembler elle aussi. Tout à coup, leurs deux visages devinrent un seul, un visage qui n'avait pas existé jusque-là : le visage pur et tremblant du désir. Le baiser ne l'avait pas quitté, il était resté collé à ses lèvres comme du vin de palme fraîchement recueilli. Chaque fois n'était pas assez, alors il goûtait de ce vin, allant en peu plus loin à chaque fois…

Ce dimanche matin là, après être rentré au séminaire, il ouvrit la lettre qu'il avait gardée pendant des jours, puis il fixa les mots ; son cœur bondit et fit des sauts périlleux à n'en plus finir. Il fixa encore les mots, inclina légèrement le papier vers la lumière. Peut-être lisait-il mal, peut-être les rayons de lumière n'avaient pas touché tous les mots.

C'était un jour ensoleillé, et bien que le soleil dansât comme une folle, éclairant tout, Amoben grelotait.

Mon cher Amor,

J'espère que tu te portes bien. M'as-tu oubliée ? Je prie depuis pour obtenir le pardon, comme tu me l'as demandé. La nuit dernière, j'ai même récité trente « Je vous salue Marie », bien que ne retrouvant pas mon rosaire. Le nouvel enseignant de mathématiques est très cruel : il m'a donné un zéro à son évaluation. Il parle trop vite, et lorsque nous nous plaignons, il efface rapidement le tableau. Tout le monde en classe se demande si tu viendras réviser avec nous avant les examens de fin d'année.

Il y a quelque chose que tu dois savoir : ma santé est précaire ces derniers temps. La plupart des matins, ma température est très élevée. Je dors beaucoup, surtout pendant les cours. Tout le monde s'en plaint, surtout maman. L'autre jour, j'ai brûlé toute la marmite de viande parce que je m'étais endormie. J'ai même vomi tout le contenu de mon estomac dans la cuvette des toilettes ; Dieu merci, il n'y avait personne aux alentours. Je pensais que c'était juste le paludisme, jusqu'à ce que j'aie un retard. J'ai des problèmes. Mes parents vont me tuer quand ils le découvriront. Reviens vite, j'ai besoin d'aide.

Cordialement,

Njobati.

Cette lettre déroba le sommeil d'Amoben. Manger n'était qu'une nuisance à laquelle il ne se permettait de penser. La lettre le hantait nuit et jour. Il n'osa en parler à per-

sonne d'autre ; la culpabilité était son nouveau collier, devenant plus petit, plus serré chaque jour. Il était devenu une incarnation de la trahison de Dieu. Dieu qui l'avait appelé, qui lui avait fait confiance. Il avait plongé Njobati et son bébé à naître dans une situation éprouvante. Les jours passèrent. La nouvelle ne le quitta pas. Elle pesait de tout son poids sur lui, assombrissant ses jours et le privant de tout espoir. La prière devint un cri lointain. Dieu l'entendrait-il ? Amoben était à présent son propre dieu, un dieu qui commettait des erreurs, un dieu perdu. Un dieu qui devait assumer ses actes.

Il fit ses bagages et quitta le séminaire. Nul ne savait s'il y retournerait. Il n'en était pas certain lui-même. On ne lui permit pas de la voir. Il ne put être à ses côtés quand elle souffrit seule : les métamorphoses physiques, la fringale. Il ne put pas la tenir dans ses bras et lui dire qu'elle pouvait compter sur lui. Le père de Njobati menaça de faire enfermer Amoben ; la seule chose qui le retint fut son grand respect pour l'église.

Amoben s'efforça de rester loin d'elle mais n'y parvint pas. Il se rendit ces jours-là à l'église pour voir si elle y était, pour être dans ce lieu qui apaisait son âme troublée, pour regarder bien en face ces gens qui désormais murmuraient sur son passage. Ceux qui étaient courageux lui demandaient le plus souvent :

« Mon père, quand allez-vous retourner au séminaire, que je puisse vous faire frire du garri à emporter ?

— Bientôt », répondait-il toujours.

Alors ils continuaient à murmurer, parce qu'il ne s'en allait pas.

Plusieurs mois s'écoulèrent. Parfois sur la pointe des pieds, sans bruit, alors qu'il engloutissait les boules de fufu corn que sa mère avait l'habitude de préparer. Parfois encore, les jours volaient inlassablement tels des oiseaux qui ne se perchaient jamais haut dans le ciel.

Ce jour-là, il faisait la grasse matinée. Il était resté silencieusement dans sa petite hutte, soupirant et ruminant sa peine. Il entendit frapper à sa porte mais resta coi. Il n'attendait personne ce jour-là. Comme les coups à la porte persistaient, il ouvrit et trouva là un petit garçon qui lui tendit un petit bout de papier. « Aunty m'a demandé de te remettre ça », dit-il.

Mon cher Père Amoben,

Cette lettre sera la dernière que tu liras de moi, car je m'en vais loin d'ici, très loin. Mes parents ne veulent pas de honte. Nous nous en allons. Nous partons pour la France dès que possible. J'irai dans un couvent. Quand papa a fait cette suggestion, j'ai pensé que c'était une bonne idée. Je dois m'occuper du bébé pendant qu'il sera à l'orphelinat. Je dois me repentir de mes péchés. Ne nous cherche pas, ça ne t'aidera pas. Et ne va pas parler du bébé autour de toi ; cela ne sera pas bon pour ma famille, l'église et toi.

Sincères salutations.

Il lut cette lettre à plusieurs reprises. Chaque mot était comme une lance qui s'enfonçait profondément dans son cœur, dérobant ses mots. Plusieurs mois durant, les yeux grand ouverts, il garda le regard fixé devant lui, s'accrochant

toujours à son unique source d'énergie : le silence. Pas même Agatha ne parvenait à démêler les mots dans sa tête.

B

Le matin où Amoben commence à parler, le ciel se met à vomir sans crier gare. Il quitte l'église et se dit en lui-même : *Cet endroit m'étouffe ! Pourquoi essaient-ils de me parler de Dieu ? Je sais qui est Dieu. Je l'ai vu quelque part dans ses yeux, pendant qu'elle me fixait. Je le vois dans l'air pendant que ces petites particules voltigent, se heurtant les unes aux autres.* Il y a un moment qu'il n'a pas prié ; les mots ne sortent tout simplement pas. Ce jour-là, ils sortent par des cris sur la place du marché.

Il hurle :

« Njobati ! »

« Calamai ! » (En bon papa, il avait donné un nom à son bébé.)

« Nyuy Ta-ta ! »

Les spectateurs sont frappés d'étonnement. Pourquoi mêler Dieu à tout ça ?

Il se réveille le lendemain dans sa hutte, le corps entièrement trempé de sueur, assez pour remplir un puits. Des chaînes nouent son poignet et ses chevilles. Il s'interroge : *Qui essaie de me retenir, et pourquoi ? Qu'est-ce que j'ai fait de mal ? Je veux juste voir mon fils et Njobati.* Il tourne en rond dans sa chambre, mais ne parvient pas à reconnaître l'air putride qui y règne ; ses yeux piquent et se remplissent de larmes. Tout dégage une forte odeur de pisse, de sueur chaude et de quelque chose d'autre. Les deux principaux trous dans le sol lui sourient, et il peut les entendre lui dire

bon retour. On peut imaginer qu'ils sont là depuis longtemps, comme une vieille plaie non soignée. Un vent fort pénètre dans la chambre en douceur, et avec lui une sensation rafraîchissante qui lui fait se demander s'il est endormi ou parfaitement éveillé. Il y a du mouvement autour de sa chaise. Quand il se tourne pour vérifier, il la voit assise sur l'unique chaise à bascule, Njobati avec bébé Calamai. Il essaie de briser ses chaînes, mais elles restent accrochées à lui. Il se débat, mais en vain. Le voyant se débattre, elle avance vers lui, puis, de son petit doigt, lui rend sa liberté.

« Repose-toi un peu, ça fait bien longtemps que tu te débats, dit-elle. À ton réveil, tu devras rentrer au séminaire. »

Amoben se couche et ferme les yeux. Un profond sommeil s'empare de lui. Il se réveille avec un seul objectif.

« Viens, allons sur la place du village ; tout le monde doit voir mon fils », jubile-t-il tandis qu'il prend son fils dans ses bras.

Ce moment magique peut faire d'un jour une éternité — les heures, les minutes, les secondes s'égrènent lentement. Si Dieu est amour et l'amour est Dieu, alors Njobati et Calamai étaient des dieux, ses dieux… l'objet de sa quête permanente et de son adoration. Pour lui, la vie est un fil brûlant aux deux extrémités, dont le feu n'atteint jamais le centre. Alors il attend et attend, jusqu'à ce que la chaleur l'envahisse.

LE CRÉPUSCULE DES ÂMES SŒURS

Bertille Audrey Mbarga

De son pas allègre habituel, Mulema allait à la boulangerie Njeiforbi, s'acheter du pain complet pour son petit déjeuner. Elle salua de loin Mohamed le boutiquier en passant devant son échoppe, puis le jeune Alain qui venait d'ouvrir sa boutique d'électronique où il vendait des téléphones, accessoires, et des ampoules… Un peu plus loin, entre une maison encore en chantier et une ruelle parsemée de pierres, se trouvait une église dite réveillée où les fidèles s'adonnaient à tue-tête à des chants glorieux pour leur service du dimanche. Mulema leur jeta un œil amusé et, au coin de la ruelle, entra dans la boulangerie. La dame lança un bonjour joyeux à Epossi la serveuse à qui elle n'avait plus besoin de donner sa commande depuis le temps, car cette dernière connaissait parfaitement son goût. Elle était l'une des rares, si ce n'est même la seule que tous à l'unanimité trouvaient aimable et attachante, alors ils s'arrangeaient à lui faciliter la tâche lorsqu'elle faisait des emplettes chez eux.

Vivant seule depuis plusieurs années déjà, tous les dimanches, vers treize heures, elle se rendait à Down Beach chez sa fille, afin de passer la soirée avec elle et ses petits-enfants ; c'était sa manière de briser la routine de la semaine écoulée. Elle se faisait toujours raccompagner par son gendre avant vingt et une heure, et rendez-vous était pris pour le dimanche suivant. Ainsi était réglée la vie paisible de Mulema qui avait en horreur les imprévus. Mbondi lui avait pourtant demandé à plusieurs reprises de s'installer avec eux, mais elle voulait garder son espace et se sentait encore parfaitement autonome ; elle déclinait donc gentiment l'offre à chaque fois.

À un peu moins de neuf heures du matin, lors du trajet retour, alors que les premiers rayons de soleil se faisaient encore timides, elle se cloua brusquement au milieu de la route. Son pain emballé dans un petit sac en papier se retrouva au sol. Elle manqua de justesse de se faire percuter par une Ford qui, heureusement, roulait à vitesse moyenne. Mulema resta plantée là, ne réalisant pas encore tout le branlebas dont elle fut la cause. Le conducteur de la Ford, un monsieur dont la mine déconfite trahissait l'état de ses soucis, descendit et accourut vers elle, de même que les badauds et les commerçants qu'elle venait de saluer. L'attroupement, en plus de causer un embouteillage infernal, attira l'attention de cet homme qui fit comme tous les autres, et se dirigea vers la vieille dame. Les mêmes questions fusèrent de partout : « Est-ce que vous allez bien ? » « Mama Annie y a quoi ? » « Il faut l'amener à l'hôpital ! »…

Epossi essaya de ramasser le pain, mais voyant qu'il avait été piétiné par la bande de curieux, elle y renonça. Au milieu de tout ça, Mulema resta de marbre, telle une poupée de cire, étrangère à toute cette agitation. Mohamed la secoua délicatement. Elle sembla revenir à elle, quand, sans un mot, il lui tint la main afin de l'aider à traverser la route, s'éloigner de toute cette agitation et rentrer chez elle. Elle se laissa guider. L'homme arriva à leur hauteur à cet instant précis et la reconnut aussitôt.

« Mulema ?? » il s'étonna d'une voix remplie d'émotion.

Elle ne lui répondit pas. Il s'adressa au boutiquier.

« Laissez, je vais la ramener chez elle, ce n'est qu'un choc, rien de grave.

— Je ne vous ai jamais vu dans le coin, et encore moins avec elle, donc désolé, je ne peux pas vous la laisser comme ça. »

Annie sembla retrouver l'usage de la parole et posa chaleureusement son autre main sur celle du boutiquier.

« Merci Mohamed, ça va mieux, ne t'inquiète pas, je le connais.

D'accord Mama. Après alors. »

Mulema et cet homme avancèrent doucement, dans un silence presque gênant. Elle, prenant appui sur lui, et lui, se laissant diriger par elle, puisqu'il ne connaissait pas sa maison. Derrière eux, un bruit de pas se rapprochait de plus en plus vite, et au moment de se retourner et demander qui c'était, Mulema reconnut Epossi. Elle lui apportait un autre bout de pain tout chaud. Cette dernière la remercia, insista pour payer, mais Epossi s'y opposa.

Cela faisait plus d'une quarantaine d'années qu'ils ne s'étaient pas revus, cet homme et elle. Sanda était son nom. Malgré son âge, il avait un certain charisme. La maturité se dégageant de ses traits exprimait clairement qu'il fut l'hôte même de la beauté durant ses beaux jours. Vêtu d'un chapeau de paille, d'une chemisette carrelée rose pâle et d'un jean, il avait encore fière allure. Engagé dans diverses œuvres humanitaires, il avait voyagé à travers le monde et n'était jamais revenu au Cameroun, ni pour les obsèques de leur père, ni pour celles de sa propre mère. Il n'avait d'ailleurs jamais eu l'intention de revenir après ce qui s'était passé la dernière fois, et Mulema non plus n'avait pas voulu le revoir. Elle avait ainsi quitté Yaoundé pour Limbé et y vivait paisiblement depuis lors. N'eut été l'insuffisance rénale de

sa fille Mbondi quelques mois plus tôt, elle ne serait jamais allée sur Facebook, n'aurait pas créé de compte, n'aurait pas tapé sur la barre de recherche « Sanda Essomba » et ne l'aurait pas contacté après l'avoir reconnu sur les photos. Ils avaient échangé quelques heures et elle avait été claire : il fait un don anonyme à la patiente Mbondi Ada et après les soins liés à son opération, il rentre. Pas besoin de se revoir. Il l'avait accepté sans rechigner. Elle était navrée d'être aussi radicale et de devoir passer impérativement par lui — mais elle n'avait pas le choix, ou, du moins elle ne l'avait plus. Il était son seul parent proche et le besoin se faisait urgent. N'ayant ni la force, ni l'envie de perdre son unique enfant, elle avait dû envisager cette hypothèse. Vingt ans plus tôt déjà, elle avait eu à offrir son rein gauche à sa fille, et ne pouvait donc plus se permettre de lui en offrir un autre. Elle l'avait tout de même suggéré mais Mbondi s'y était farouchement opposée. Lorsque Sanda, dans sa vie d'expatrié avait reçu ce message, il n'avait pas hésité une seule seconde à se jeter dans le premier avion et à rappliquer afin d'offrir un rein à sa nièce qu'il n'avait jamais connue. Il n'était même pas sûr d'être un donneur compatible, mais il était sûr d'une chose : il attendait depuis longtemps l'excuse parfaite pour rentrer au pays et revoir sa demi-sœur…

L'opération avait eu lieu depuis plus d'un mois, mais Sanda ne s'était pas senti la force de respecter les clauses de leur arrangement. Il ne pouvait pas repartir comme ça ; il voulait à tout prix la revoir, ne serait-ce que quelques secondes, le temps pour lui de combler ce vide qu'il ressentait. Par précaution, elle ne s'était pas présentée à l'hôpital durant toute la période où sa fille y était internée, et elle avait

vu juste. Il faisait le guet, depuis sa voiture, garée sur le parking. Malgré tout, il ne renonça point. Il avait alors demandé aux médecins où la mère de la patiente résidait. Tous lui répondaient : « à Clerks' Quarters », sans détails supplémentaires. Depuis lors, Sanda arpentait le quartier, demandant par-ci, par-là où elle vivait ; mais il n'avançait pas vraiment dans ses recherches.

Ce matin, le destin avait décidé de lui donner un coup de pouce, et Mulema, qui habituellement achetait son pain à sept heures, le fit un peu plus tard, et c'est ainsi qu'elle le vit en premier. Le croyant déjà reparti, elle crut à un mirage ou un sosie, et la somme de toutes sortes d'émotions qui fluctuaient en elle en ce moment-là, causa son moment de blanc. Il la vit à son tour, attiré par la foule. Quand il l'aperçut, il reconnut d'abord son long cou fin qui lui rappelait Cléopâtre. Plus proche, il la trouva plutôt exquise dans sa robe bleue à pois blancs et ses tongs couleur kaki. Sa longue chevelure grisonnante, retenue avec un simple bandeau bleu, adoucissait ses traits ; et avec sa peau satinée, l'on pouvait facilement lui donner cinquante ans maximum, alors qu'elle en avait plus. « Tu n'as pas changé… » fut la première chose qu'il voulut lui dire, mais il se garda de le faire.

« Alors ça fait quoi ? Quarante ans qu'on ne s'est pas vu ? » demanda-t-il, en guise d'incipit.

Mulema venait d'indiquer à Sanda un fauteuil de couleur pers, tandis qu'elle se dirigeait vers l'armoire en Bubinga où étaient rangés les tasses et le couvert. Elle prit deux grosses tasses et les posa sur la table de la salle à manger, se délectant déjà du goût du lait qu'elle allait boire. Vu son âge, elle avait besoin de calcium afin d'éviter une éventuelle

ostéoporose ; elle ne lésinait de ce fait pas sur les produits laitiers.

« Pour être exacte, ça fait quarante ans huit mois, et six jours.

— Ah toujours aussi précise et méticuleuse.

— Il y a des choses qui ne changent pas.

— Et d'autres qui changent… »

Ils se regardèrent un instant, car cette phrase était lourde de sens et tous les deux avaient fait les frais de ce changement. Dire qu'ils s'étaient fiancés et avaient vécu maritalement pendant près de deux ans ! Aujourd'hui, par souci d'éthique, ils étaient obligés de se comporter comme s'il n'y avait jamais rien eu. Le calme s'installa et Mulema remplit machinalement les tasses de lait et de cacao en poudre. Afin de combler la gêne, Sanda regarda autour de lui et, au milieu des photos accrochées au mur, entre une photo d'Annie et celle de sa fille, il remarqua, dans un cadre joliment doré, à gauche de la porte d'entrée, la photo d'un jeune homme en tenue. Il demanda qui c'était, bien que la réponse fût évidente.

« C'est le père de Mbondi. Hélas il est mort au combat avant que nous n'ayons eu le temps de nous marier. »

Elle donnait la même rengaine à chaque fois qu'on lui posait la question depuis des décennies, et, à force, elle avait fini par presque y croire. Elle n'avait pourtant aucune idée de qui pouvait être le monsieur sur la photo, elle savait juste qu'il était vraiment mort au combat.

« Ah d'accord. C'était un bel homme, tu as bon goût.

— Oui je sais, merci. J'ai toujours eu bon goût. »

Elle le dit en ricanant, puis devant le silence de Sanda, elle se rendit compte que c'était déplacé. Mais de quoi pouvait-elle donc parler puisque tout ou presque était déplacé vu leur contexte ?

« Beurre ou confiture ? lui demanda-t-elle bien qu'elle connût la réponse.

— Mes goûts n'ont pas changé tu sais, je prends toujours les deux. »

Ils sourirent tous deux instinctivement, car ça leur rappelait à quel point leurs petits déjeuners d'antan étaient joyeux. Elle l'invita à venir s'asseoir à table. Il regarda autour de lui et trouva sa maison très jolie ; tout était savamment choisi, dans les moindres détails. Des rideaux turcs, un mobilier fait de bois raffiné, sûrement par les meilleurs menuisiers locaux ; du papier peint rose cendre sur les murs, un grand lustre au milieu du salon. Un cadre de porte sphérique sans battant faisait office de voie d'accès à la salle à manger dont les couleurs monochromes contrastaient avec les couleurs vives du salon. Presque tout y était noir ou blanc : la table en ébène recouverte par une nappe en vinyle et les chaises en bois blanc, les voilages étaient successivement noirs et blancs, les carreaux au sol idem. Seuls les lambris au plafond et la grande armoire en Bubinga étaient marron.

Il s'assit, le petit déjeuner fut très silencieux, mais ils eurent bien vite fini. Cette fois, Sanda l'aida à débarrasser, et ils allèrent s'asseoir à la terrasse arrière donnant sur une grande cour pavée où étaient garées trois voitures. Aux coins, des espaces jardins où étaient plantés avec harmonie des camélias et des narcisses faisaient honneur à ce lieu. À

droite, au fond, se trouvait un petit potager où elle cueillait des légumes pour ses pot-au-feu. Elle aimait le grand air et le calme, ainsi, elle venait s'asseoir là tous les soirs sur un des trois rocking-chairs, et lisait un bouquin jusqu'au moment où elle allait se préparer un déjeuner. Après son repas, elle regardait généralement un peu de télé ou continuait sa lecture si le livre était particulièrement intéressant. Elle mangeait encore, peu avant vingt heures, et se mettait au lit avec son bréviaire. Quelquefois, l'envie lui venait de faire le pâté de maisons et certains voisins, en la voyant passer, en profitaient pour lui proposer d'ausculter leurs enfants, bien qu'elle fût en retraite depuis belle lurette. Quelle excellente pédiatre elle avait été durant sa carrière ! Et elle l'était encore !

Ils s'assirent chacun sur une chaise, et Mulema fut celle qui posa une question en premier cette fois-là.

« Alors t'as fait quoi de beau tout ce temps ?

— Ah, bien des choses ! Il faudrait presque une vie pour tout te raconter, tu sais… J'ai visité une vingtaine de pays après mon départ, grâce à des œuvres humanitaires, puis je me suis posé aux USA où j'ai travaillé quelques années en tant que développeur de logiciels. Je menais une petite vie tranquille quand j'ai vu ton message, et je suis là. En gros, c'est le résumé de ma vie.

— Tu n'as pas pris femme alors ? » demanda-t-elle amusée, car il n'avait pas mentionné ce pan de sa vie.

Sanda marqua un temps mort où il repensa à sa vie sentimentale chaotique. Au début de ses voyages humanitaires, il ne s'approchait d'aucune fille ; à son arrivée aux USA, il

changea la donne. Il se jetait sur toutes les filles qui lui rappelaient physiquement Mulema, fussent-elles étudiantes, ingénieures, coiffeuses ou même prostituées. Puis un jour, dans le cadre professionnel, il rencontra la mère de ses enfants dont il faillit tomber amoureux. Kimberly, une jeune rousse à la peau aussi blanche que de la craie et au joli minois parsemé de points. Elle avait la même personnalité timide et réservée que Mulema, et c'est ce qui lui plut en elle ; seulement, elle n'était pas Mulema. Il ne put en tomber amoureux.

Mulema se racla la gorge et se redressa légèrement, voyant que la réponse à sa question ne venait pas. Sanda revint à lui et se racla également la gorge.

« Je ne me suis jamais marié mais j'ai eu deux enfants. Carter le garçon et Brook la fille… des jumeaux qui terminent bientôt leurs études à l'université de Stanford.

— Waouh super ! Et où est leur mère ? Vous viviez ensemble ?

— Oui, je vivais avec elle et les enfants jusqu'à leur bac, puis je me suis installé dans un autre état, suffisamment loin pour profiter du calme de la nature, mais suffisamment près pour revoir les enfants de temps en temps. Ton message a été une grande bouffée d'air… J'avais arrêté d'espérer que tu me ferais signe. J'ai mis mon vrai nom sur Facebook juste pour toi, mais toi tu ne l'as pas fait et tu ne l'aurais pas fait si Mbondi n'avait pas eu de problèmes. Pourquoi ?

— C'était évident non ? C'était mieux pour nous qu'on s'éloigne. »

Ah oui, c'était beaucoup mieux, car si elle avait su où il était, elle n'aurait pas hésité à le rejoindre ; l'adage selon lequel « là où le cœur est, les pieds n'hésitent pas à aller » n'existait pas par pur caprice. Elle l'avait tellement aimé, qu'elle se demandait si c'était normal d'aimer quelqu'un plus que soi-même. Il lui avait tout appris : s'amuser, faire du vélo, conduire une voiture, nager et même faire la lessive à la main, car chez elle c'est la ménagère qui s'en chargeait. Elle avait l'impression que c'est lui qui l'avait faite, qu'elle était née pour lui. Malheureusement, après deux ans de vie commune et cinq fausses couches à la clé, le médecin leur avait annoncé qu'ils étaient parents proches et c'était la cause de leur infortune. À l'époque, cette nouvelle avait fait un énorme scandale ; leurs mères avaient été les meilleures amies du monde. Après cette révélation, il paraissait donc évident que celle de Sanda avait eu une liaison avec le père de Mulema, et la mère de cette dernière ne le leur pardonna jamais. Cette irresponsabilité avait mené ces jeunes vers le chemin du non-retour malgré eux, et, après un tour au village, ils durent se séparer.

« Et toi, à part ton fiancé, tu as eu quelqu'un d'autre ?

— Oui bien sûr, quelques hommes par-ci, par-là, mais je n'ai rien voulu de sérieux, je n'ai pas fait d'autre enfant… »

Elle se tut, et pour changer de sujet, lui demanda.

« Dans quels pays es-tu allé ? »

Il lui parla alors avec enthousiasme de la terre sainte d'Israël, des pyramides d'Égypte, des temples du Japon, de chine et bien d'autres. Il ne voulait pas lui raconter comment il avait failli mourir d'Ebola en Sierra Leone lors d'une

mission humanitaire, ou encore parler des populations manquant d'eau potable en Amérique latine. Elle l'écoutait attentivement, comme si du miel coulait de ses lèvres et elle ne voulait pas en perdre la moindre goutte. C'était vraiment passionnant. Bien vite, ce récit la renvoya à ces moments durant leur relation où ils avaient effectué ensemble quelques voyages dans des villes phares telles que Paris pour la tour Eiffel, Londres pour le Buckingham Palace et Dakar pour l'ile de Gorée. Et c'est à cette période également, lorsqu'elle allait vers ses vingt-six ans et lui en avait déjà vingt-sept, que leur romance dut prendre fin brutalement après deux ans de vie commune, cinq ans de relation ; mais depuis dix ans, ils étaient amoureux.

Leurs causeries allaient bon train, la complicité qu'ils avaient cru avoir perdue au début s'était déjà complètement réinstallée et ils riaient aux éclats ; ils revivaient leurs souvenirs et ça leur mettait du baume au cœur. Ils étaient à même de se comprendre sans même se parler, de se voir sans avoir besoin de se regarder, de se ressentir sans se toucher. Ils le savaient tous les deux, ils étaient des âmes sœurs. De toute leur vie, ils n'avaient été aussi fusionnels avec personne d'autre, et même s'ils l'avaient voulu, ils n'auraient pas pu. Eux, tous les deux, c'était exclusif.

Au bout d'un moment, elle se leva pour aller chercher du jus d'orange bio dans une carafe en verre au frigo. Sanda prit deux verres et ils rentrèrent s'asseoir. Ils discutèrent de tellement de choses qu'ils s'oublièrent et ne virent pas le temps passer. Ils ne remarquèrent même pas que le soleil avait entamé son voyage vers l'ouest ; c'était juste eux deux, et le monde n'existait plus. Ils étaient dans leur bulle où

tout était rose et où ils n'étaient pas frères et sœurs. Ils étaient juste un homme et une femme qui s'aimaient, tels Adam et Ève ; et leur fruit défendu à eux était de ne pas succomber aux délices de la chair. Une voix les tira de leur sphère de bonheur.

« Mama, t'es là ? »

Mulema reconnut la voix de sa fille. Elle se tut, prit une gorgée de jus, et Sanda fit de même. Mbondi vit la porte arrière ouverte et s'y dirigea. Elle se tint sur le pas de la porte et Sanda eut enfin le privilège de voir celle à qui il avait fait don d'une partie de lui. Il la trouva grande, menue et à la peau mate foncée, tout comme Mulema. Ses yeux marron très clairs rappelaient cependant ceux de sa mère à lui, et cela le fit sursauter. Il fixa son hôtesse qui baissa la tête et ne dit mot…

Mbondi fit un sourire en coin à sa mère, puis s'adressa à Sanda en se dirigeant vers lui, attendant qu'il lui tende la main.

« Bonsoir monsieur.

— Bonsoir jeune demoiselle.

— Vous êtes un ami de ma mère ? Je ne vous ai jamais vu.

— Je suis son demi-frère, donc ton oncle… Tu peux me tutoyer Mbondi. »

Instinctivement Mbondi se pencha vers lui et le prit dans ses bras. À part son grand-père et sa grand-mère maternelle, elle n'avait pas connu d'autres membres de sa famille, d'ailleurs elle n'en avait pas. Là, la providence lui permettait de rencontrer son oncle dont elle avait quelquefois entendu parler, mais dont la photo n'était nulle part. Elle

avait même fini par se demander s'il existait vraiment, à force de tant de silence et de demi-mots à son sujet, et surtout d'absence même lors d'évènements importants tels que les obsèques de ses grands-parents.

Mulema se montra très joyeuse en esquissant un sourire face à l'émotion s'emplissant de sa fille qui tira le rocking-chair un peu plus près de Sanda pour s'y installer. Elle se sentit tout de suite à l'aise. Elle avait carrément oublié qu'elle était venue parce que sa mère n'avait pas daigné se présenter à leur rendez-vous hebdomadaire, et elle en était inquiète. Cette dernière balança à son oncle une rafale de questions. Elle voulait tout savoir, où il était passé tout ce temps, pourquoi il ne donnait pas signe de vie, et, la question qui lui brûlait les lèvres, pourquoi il s'était éloigné de la famille. Sanda semblait étouffer sous le poids des questions, mais il y répondait avec plaisir ; il ne s'attendait pas à ce qu'elle soit si chaleureuse avec lui, qui avait été étranger à toute sa vie. Mbondi l'écoutait attentivement comme sa mère le faisait quelque temps plus tôt.

« Dis, tonton, tu seras encore là la semaine prochaine ? Je vais fêter mes quarante ans. »

Il se mit à toussoter, sous le regard inquiet des deux femmes. Mulema lui proposa un verre d'eau mais il demanda les toilettes. Alors elle se proposa de l'accompagner. Après lui avoir montré la porte au bout du couloir, elle lui tourna le dos.

« C'est ma fille n'est-ce pas ? »

Elle hocha la tête lentement, comme si elle hésitait à acquiescer.

« Le seul de nos bébés à avoir voulu rester.

— Pourquoi tu ne me l'as pas dit ?

— C'était déjà assez difficile pour nous deux d'apprendre que nous étions demi-frère et sœur donc je ne voulais pas en rajouter… Ça aurait servi à quoi que je te le dise ? T'allais revenir ?

— Peut-être bien, je ne sais pas ! Mais ce que je sais c'est que je compte rattraper le temps perdu. Je ne compte plus rentrer… Je veux passer du temps avec elle.

— Chuuuttt… Ne dis pas ça, elle pourrait t'entendre. En plus, je n'étais pas sûre que je mènerais cette grossesse à terme… C'est Mama qui m'a poussée à la garder, la seule avec qui j'ai partagé ce secret. »

Mécaniquement, il dirigea son regard vers le couloir. Mulema se tourna et en fit autant ; c'est alors qu'ils remarquèrent que, depuis un bon moment, Mbondi les écoutait. Ses deux mains étaient superposées sur son nez et sa bouche et ses larmes glissaient en continu sur ses joues saillantes.

« Depuis quand t'es là ? Qu'est-ce que tu as entendu ?

— J'ai tout entendu Mama. »

Mulema se sentit faiblir, sa pire crainte était en train de se réaliser. Elle ne voulait pas se faire juger par sa fille, mais voilà que l'irréparable s'était produit. Elle se mit à maudire Sanda d'être revenu et d'avoir accepté de l'aider. Si seulement elle ne lui avait pas écrit, si seulement elle avait cherché une autre solution, si seulement elle n'avait pas choisi le chemin de la facilité, ils n'en auraient pas été là en ce moment. Le temps n'était plus aux regrets, il fallait désormais trouver la bonne conduite à tenir. Pour la première fois depuis longtemps, Mulema se mit à pleurer à chaudes larmes en disant à sa fille qu'elle était désolée de lui avoir

caché la vérité. Mbondi alla vers sa mère et la prit dans ses bras.

« Mama, j'ai suivi toute l'histoire… Je sais que ce n'était pas de votre faute et, crois-moi, il y a bien longtemps que j'ai arrêté de croire que cet homme sur la photo au salon est mon père. »

Elle sourit en essuyant les larmes qui continuaient de lui couler sur les joues.

« Je ne lui ressemble pas du tout, et c'est la seule et unique photo de lui qui existe… Tout ça m'a mis la puce à l'oreille, et, finalement, je suis très heureuse que mon père soit quelqu'un de si bien. Viens, papa ! »

La joie qui gagna Sanda fut indescriptible. On aurait cru que c'était la première fois qu'on l'appelait papa.

CE SOURIRE-LÀ

Alice Oyono

Ce matin-là encore, la porte d'entrée grinça. Un son fort désagréable. Annie soupira ; elle avait encore oublié d'appeler le menuisier. Franchissant le paillasson qui lui souhaitait la bienvenue, elle balança ses clés sur le meuble le plus proche, un canapé rouge au cuir quelque peu défraîchi. Les sacs de courses qui lui encombraient les bras suivirent la même trajectoire sans ménagement. Elle s'étira. Le marché était décidément sa bête noire. Elle en rentrait toujours en sueur, épuisée et d'une humeur massacrante.

Elle inspecta le salon. Des chaussures et des voitures télécommandées y traînaient. Dans un coin, un tee-shirt ; près de l'abat-jour, une gourde. Les enfants étaient rentrés de l'école. Si mercredi était un jour éprouvant à cause du passage obligatoire au marché, il l'était encore plus à cause de ses enfants qui rentraient plus tôt de l'école et malheureusement pour elle, avec plus d'énergie.

Elle dirait à Joséphine, sa femme de ménage, de remettre de l'ordre dans ce souk. Pour l'instant, elle avait besoin d'un grand verre d'eau bien fraîche. Contournant le canapé d'angle d'un pas lourd, elle s'arrêta un instant devant le miroir encastré du buffet et observa la jeune femme qui lui faisait face. Son reflet la fit grimacer : teint, trop pâle à son goût, cuisses, trop grosses et jean pas assez ajusté. Elle avait le visage fin, des yeux rieurs et de longs cheveux frisés qu'elle avait tenté de dompter avec un serre-tête. Elle était vêtue d'une chemise trop grande, qu'une broche dorée avec des perles blanches ornait ; un jean slim au-dessus de sandales à fines lanières, la soulignait fidèlement. Une autre raison pour laquelle elle n'aimait pas aller au marché était

qu'elle ne passait jamais inaperçue. Les vendeurs à la sauvette et autres badauds l'accostaient toujours, lui proposant leurs services ou lui lançant des compliments parfois déplacés. Annie était habituée à ce qu'on l'appelle « Mami nyanga » ou Kardashian ; ce qui était certes gênant mais sûrement pas méchant. À trente-sept ans, elle savait qu'elle avait une plastique et un style plus soignés que la plupart de ses congénères. Joséphine insinuait souvent qu'elle aurait pu être mannequin. Elle, en doutait. Après quatre maternités, en dépit de ses longues jambes et ses traits fins, sa plastique n'était plus aussi irréprochable. Pourtant son style, lui, était impeccable. Elle y veillait. Après une pirouette sur elle-même, elle abandonna son reflet. Mais avant de franchir la porte qui menait à la cuisine, son attention fut captée par un objet par terre.

C'étaient plutôt plusieurs objets. Des morceaux d'objet. Des morceaux de son vase préféré, seul héritage de sa feue grand-mère, dispersés sur le sol. Elle en resta bouche bée. Visiblement, on avait maladroitement essayé de les dissimuler sous un tabouret. C'était donc ça les bruits de pas entendus dans les escaliers en entrant : les malfaiteurs se réfugiant à l'étage pour échapper au courroux de leur mère. Elle repensa à toutes les fois où elle leur avait interdit de jouer dans le salon et une espèce de frisson parcourut tout son corps.

Était-ce Arthur, son petit dernier de quatre ans, ou alors Loïc son aîné de quatorze ans ? Les plus turbulents issus de son ventre. Annie fulminait, ses mains tremblaient mais elle n'arrivait toujours pas à prononcer le moindre mot. Finalement elle décida d'appeler son mari et laisser éclater sa colère auprès de lui. Il saurait assurément la convaincre de ne

pas trucider leur progéniture. C'était un homme qui savait en toutes circonstances garder son calme et c'était là une des rares qualités que sa femme voulait bien lui accorder.

Monsieur Soppo décrocha à la première tonalité.

« Tu lis dans mes pensées ma chérie, j'allais t'appeler.

— Chéri, je vais faire quelque chose à tes enfants je t'assure. Je n'en peux plus ! »

Dits à haute voix, ces cinq petits mots étaient libérateurs. Elle aurait voulu les dire encore, les chanter, se les faire tatouer. JE N'EN PEUX PLUS, JE N'EN PEUX PLUS.

« Qu'est-ce qu'ils ont encore fait, ces petits monstres ? demanda-t-il avec douceur.

— Ils ont brisé le vase de mémé, celui qui était au salon, sur l'étagère ».

Il y avait comme un trémolo dans sa voix.

« Aïe ! »

Monsieur Soppo marqua un temps d'arrêt avant de poursuivre :

« Ne t'en fais pas chérie, je connais un monsieur à Douala, il travaille dans les brocantes, il peut le recoller. Conserve juste bien les morceaux, ça va aller je vais m'en occuper. »

Annie hocha la tête machinalement, le frisson avait disparu. Son époux réussissait toujours à l'apaiser, il a les mots, comme son amie Diane avait coutume de dire. Peut-être était-ce cette capacité hors du commun qui lui avait permis de lui faire tout accepter, tout supporter, durant toutes ces années.

Bon, la maison de Nkongsamba c'était leur idée à tous

les deux. Douala était bien trop bruyante pour y habiter. Ils avaient tous les deux grandi là-bas et désiraient autre chose. Les grands espaces, la sécurité pour les enfants, le calme… Mais le reste, la maison et les enfants à gérer toute seule… Lui, toujours coincé dans les airs, rarement joignable, innover en cuisine tous les jours, les crises d'adolescence, les réunions de parents d'élèves, la solitude dans leur lit conjugal… Ce n'était pas dans sa liste de souhaits. Elle aurait pu travailler, elle aurait sûrement dû. Mais jamais l'opportunité ne s'était présentée. Toutes ses journées depuis l'âge de vingt-trois ans étaient juste… trop remplies. Elle avait eu Loïc, puis Emmanuelle était arrivée deux ans plus tard, ensuite Kevin. Elle n'avait plus jamais eu le temps ni la volonté de chercher un emploi. Lui, il l'avait convaincue qu'elle n'y était pas obligée, qu'il subviendrait aux besoins de sa famille et qu'elle devrait en prendre soin en son absence. C'est ce qu'elle avait fait, quatorze ans durant.

« J'ai une bonne nouvelle sinon, c'est pour cela que je voulais t'appeler. Tu te souviens de Madame Françoise ? »

Annie fronça les sourcils. Oui elle s'en souvenait, cette multidivorcée qui ne portait que des tailleurs Chanel et se promenait en première classe entre Yaoundé et Paris toutes les semaines. La passagère préférée de son mari.

« Oui, qu'est-ce qu'il y a avec elle ? Elle a trouvé un nouveau mari ? »

Monsieur Soppo rigola dans le combiné.

« Non, voyons ! Elle veut d'ailleurs que je lui présente Charles, j'y suis encore opposé pour l'instant ».

Il rit de plus belle.

« Non mais, figure-toi qu'elle m'a invité à la *Fashion*

Week de Paris qui aura lieu le mois prochain ! Elle a ses entrées là-bas apparemment ».

Annie ne dit rien, elle n'était même pas sûre de pouvoir encore parler, sa gorge était nouée. Ne sentant pas le malaise, son époux ajouta :

« Elle m'a même proposé de t'emmener, mais je lui ai dit que ces choses-là, ce n'était plus trop ton truc… Et puis les enfants… »

Annie n'entendit pas la suite, elle avait raccroché le téléphone. Le frisson était revenu, plus fort, plus intense. Elle poussa un cri qu'elle ne reconnut pas, un cri qui semblait provenir de bien plus profond que sa gorge, un cri qui résonna dans la grande maison rouge.

Va-t'en de là ! fit une voix dans sa tête.

Comme poussée par une force invisible, elle grimpa les escaliers à vive allure, traversa le long couloir et déboula comme une furie dans sa chambre à coucher. Elle ouvrit d'un coup sec son armoire en bois verni et en sortit au hasard des vêtements qu'elle jeta sur la moquette, puis se saisit d'une valise sur l'étagère supérieure de son dressing, qu'elle se mit à remplir. Elle y entassa des jeans, des jupes, des chemisiers en lin, des chemises en soie. Puis elle la referma après y avoir fourré sa trousse de toilette et deux sandales plates.

Une bourrasque fit claquer la porte de son balcon. Annie sursauta. Elle laissa tomber sa besogne et se dirigea vers la porte vitrée qu'elle verrouilla d'un coup sec, puis, resta un instant à contempler son endroit préféré de la maison : une chaise longue en rotin, un fauteuil à bascule et un petit bar d'extérieur, tous abrités sous un auvent multicolore. C'est là, à l'abri des regards, que chaque jour depuis de

nombreuses années, la jeune maman se livrait à son activité favorite ; elle noircissait les feuilles de son fidèle bloc-notes de croquis en tous genres : robes évasées à plumes, bustiers ajustés en dentelle, tailleurs chics en lin. Ils étaient de toutes les couleurs et égayaient ses journées. Quand elle feuilletait le bloc-notes à toute vitesse, elle voyait le défilé de ses rêves se mettre en forme sous ses yeux. Ses modèles avançaient sur le podium, le pas fier. La musique entraînante leur donnait des ailes, les applaudissements ne s'arrêtaient pas. Elle saluait de loin, faisait de grands sourires, une dernière révérence et elle s'en retournait derrière le rideau, comme tous les créateurs de mode avant elle. Son balcon, au moins, lui manquerait.

Elle redescendit les marches de l'escalier sous les regards interrogateurs dissimulés derrière des portes entrebâillées. Joséphine l'attendait en bas des marches, les sacs de courses dans les mains. Elle ne lui accorda pas un regard, se saisit de son sac à main sur le canapé et claqua la porte d'entrée derrière elle. Elle entendait bien la jeune femme lui poser des questions, mais on aurait dit que son esprit n'assimilait plus. Le cerveau en ébullition, elle ne songeait qu'à s'extirper de cette maison. Délaissant sa voiture garée devant le porche, elle héla une moto qui passait par là :

« Garanti Express, 500 ! »

Le chauffeur de l'engin, surpris mais heureux de cette proposition plus que généreuse, s'arrêta pour laisser monter la passagère encombrée de la petite valise, puis démarra dans un nuage de poussière…

𝒫

« Prochain arrêt Bafang ! »

La voix du chauffeur la tira de son sommeil. Elle jeta un coup d'œil par la fenêtre du car ; les paysages défilaient : forêts, habitations, plantations. Et le cycle recommençait. Elle trouvait ça apaisant. Ses compagnons de route n'étaient pas très nombreux et dormaient tous, ou presque… Il y avait cet homme, la barbe poivre et sel, le faciès quelconque, qui n'arrêtait pas de se retourner pour lui poser des questions. D'où elle venait, où elle allait… Si elle était mariée. À chaque fois qu'il ouvrait la bouche, une petite veine se dessinait sur le front d'Annie. Il redoublait de poésie tout en fleurissant son langage, pourtant, elle sentait la moutarde lui monter au nez. Était-ce le fait qu'il aurait pu être son père ou sa voix qui montait trop dans les aiguës ? Toujours est-il que la jeune femme le rabroua méchamment :

« Cessez de m'importuner tonton, tout ça ne vous regarde pas ! J'aimerais profiter de mon voyage en silence si possible ! »

Honteux, l'homme se recroquevilla en silence dans son siège et ne se retourna plus. Satisfaite, Annie esquissa un sourire puis se couvrit les épaules avec son foulard. La température dans l'auto était un peu basse. Elle sortit aussi son téléphone de son sac à main, l'écran était plein. Des appels manqués de son mari, des messages de Loïc et Emmanuelle, elle soupira en les découvrant :

« Maman, tu es partie où ? » demandait Loïc.

« C'était Arthur, ce n'était pas moi. Je ne jouais même pas avec lui. » avouait-il.

« Maman on mange quoi ? » interrogeait Emmanuelle.

« Je peux toujours aller dormir chez ma copine ce soir

non ? Tu avais dit oui ! » s'inquiétait-elle.

Annie éteignit son téléphone d'un geste brusque. Joséphine trouverait bien comment nourrir les petits.

Je savais que c'était Arthur, lui fit la voix.

Elle haussa les épaules. Tout ça lui importait peu à présent, la maison, les enfants, le mari… Tout ce qu'elle voulait c'était le silence. Ce bus, elle y resterait pour toujours, les gens étaient silencieux, plus personne ne la sollicitait. Elle soupira.

Et l'autre idiot, il a eu le culot de dire que ce n'était plus trop notre truc ces choses-là ! La Fashion Week ! Mais il est malade lui ! s'insurgea la voix.

Il n'était pas méchant son mari, elle le savait bien gauche, maladroit, égocentrique, mais pas méchant. Il ne pouvait pas savoir, lui, qu'en cachette sa femme dessinait des croquis dans un bloc-notes, des tenues somptueuses qu'elle rêvait un jour de confectionner. Bien sûr, il savait que sa femme toujours bien habillée, même chez eux, était une mordue de magazines de mode. Ça, il le savait et en était fier. Mais qu'elle nourrissait toujours ce rêve, après toutes ces années, il l'ignorait…

Ce qui était une passion dans sa jeunesse, s'était transformé en exutoire avec les années. Lorsqu'elle tenait son crayon, elle se sentait libre, jeune, capable de tout accomplir. Elle rêvait de ce jour où ses créations seraient présentées au monde, tel un arc-en-ciel de dentelle et de tissus. Mais elle se contentait de rêver, et c'était son époux qui faisait des rêves une réalité. Lorsqu'ils s'étaient rencontrés, c'était un jeune élève pilote qui venait en vacances au pays. Elle, une jeune étudiante en Marketing à l'Université de Yaoundé. Il

sentait bon l'avion et parlait de pays qu'elle n'avait jamais visités. Elle était sous le charme. Diane les avait présentés lors d'une fête qu'elle organisait chez ses parents. Le jeune Soppo était tout simplement le plus beau. Avec ses épaules larges, son sourire charmeur et sa carrure d'athlète, il n'avait pas eu à la courtiser longtemps. Elle l'avait tout de suite aimé.

Une secousse la tira de ses pensées. Elle se saisit de son sac à main, puis en fit sortir son bloc-notes et un crayon. Feuilletant d'un geste las les pages noircies de croquis, elle s'échappa à nouveau. La dentelle, les coupes évasées, les longues traînes, les asymétries, les gros boutons… Tout y était, se mélangeant et se succédant dans un tourbillon éclectique de styles. Annie se mit à dessiner un buste, puis une taille et ensuite des jambes interminables.

Le car s'immobilisa enfin et les passagers descendirent un à un. Ils n'avaient pas roulé très longtemps, mais Annie se sentait dans un autre monde, à l'atmosphère différente. Elle se sentait respirer à nouveau. Les gens de Bafang lui semblaient étonnamment joyeux ; ils marchaient lentement, comme s'ils flottaient. Les arbres paraissaient plus verts, le vent plus doux. Elle s'assit sur un banc et se mit à observer autour d'elle ; une maman tenait son fils par la main, il suçait un bonbon ; de petits garçons jouaient au football plus loin, de grosses pierres leur servaient de goals ; de jeunes gens marchaient et riaient en bande, bras dessus bras dessous. Elle inspira longuement, ferma les yeux et s'imagina, pouvoir arrêter le temps, pouvoir capturer l'instant. Tout était calme en elle, aucun vent, aucune agitation.

Son esprit ne faisait plus qu'un avec la nature. Elle avait rarement ressenti pareille sérénité. L'inconscience était-elle donc le chemin caché pour accéder à la liberté ? Elle aurait tout plaqué il y a longtemps si elle l'avait su. La liberté était fascinante, savoureuse. Elle arrivait à en ressentir le goût sur sa langue, subtil, sucré.

Lorsqu'elle ouvrit les yeux, un regard marron la transperçait. C'était une adolescente, au visage fin et au corps élancé, qui lui ressemblait. Elle s'était détachée du groupe qui riait à gorge déployée quelques instants auparavant, pour venir se planter là, devant Annie, avec ses tresses violettes et ses baskets un peu jaunies.

« Grande sœur, excusez-moi de vous déranger, je voulais juste vous dire que vous êtes trop stylée. »

Annie se considéra encore, furtivement, de la tête aux pieds, puis rendit son sourire à la jeune fille. Elle lui donnait quinze ans à tout casser.

« Merci, ma belle, c'est très gentil. J'ai mis ce que j'avais sous la main ce matin ; répliqua-t-elle en haussant les épaules.

— Il faut passer assister à notre spectacle de danse qui aura lieu là-bas sur l'esplanade. On pourra aussi se vanter d'avoir des spectateurs VIP… »

Annie sourit à nouveau et remercia intérieurement la jeune fille de ne pas l'avoir qualifiée de Kardashian. Danser, cela faisait un moment qu'elle ne s'était plus livrée à cet exercice. Ses jambes seraient sûrement surprises de devoir esquisser des mouvements en concordance avec ses bras. Ça promettait d'être drôle.

Et puis, je te ferais remarquer qu'on n'a rien de mieux à

faire et qu'on n'a même pas de destination précise, lui souffla la voix.

« D'accord, allons-y. » conclut Annie.

Elle emboîta le pas à la bande. Ariane, la jeune adolescente, lui apprit qu'elle était présidente du club danse de son collège et qu'ils étaient en voyage scolaire. Ils préparaient une prestation gratuite sur la place des fêtes, pour « ambiancer » un peu la ville. Il y avait chez elle une insouciance et une joie de vivre qui touchèrent le cœur de la jeune maman. Ariane parlait vite et fort, ses camarades faisaient oui de la tête. Elle donnait des instructions claires sans pour autant être trop ferme. C'était un leader. La troupe disparut dans un bar et en ressortit quelques minutes plus tard, parée de tenues agrémentées de feuillages, les pieds nus. La place des fêtes se remplit, de jeunes et de moins jeunes venus assister au spectacle. Des balafons, des tam-tams, puis des joueurs s'installèrent sous un arbre et, au son des premières notes, la foule se mit en mouvement. Ariane et ses amis étaient sur l'estrade, leur public sifflait pour les encourager. Leurs pas étaient fluides, coordonnés, vivants. Le vert des feuilles accrochées à leurs reins contrastait avec l'orangé de leurs casquettes et le noir de leur grain de peau. Le vent souffla comme pour les accompagner dans leur danse ; ils semblèrent le capturer et en faire un acolyte. Plus légers, plus sensuels, ils ondulaient au rythme des tambours, dansant tour à tour au centre de l'octogone qu'ils avaient formé. Ariane se démarquait des autres. Elle dansait indéniablement bien, oui, mais elle avait quelque chose en plus. Elle arborait un sourire… radieux. Annie reconnaissait ce sourire, c'était le sourire de la passion, le sourire de quelqu'un

qui fait ce qu'il aime. Elle avait le même lorsqu'elle dessinait sur son balcon, elle avait eu le même des années auparavant, un matin de juillet…

Au milieu de cette foule dansante, la jeune femme se revit à quinze ans. Ce matin-là, elle se trouvait devant le styliste émérite Alphadi, en tant que participante au concours national Jeunes Talents de la Mode 1997. Entourée d'une trentaine de concurrentes, elle faisait face au jury sur une scène bien trop haute. Le créateur de mode la regardait avec dédain, regardait ses croquis avec dédain, regardait la robe qu'elle avait cousue avec encore plus de dédain. Les larmes lui montaient aux yeux, elle les retenait de toutes ses forces. Puis la sentence, implacable, glaciale :

« Vos créations, mademoiselle, sont médiocres, sans panache. Je ne pense pas que vous ayez un quelconque talent dans ce domaine. »

Il la regardait dans les yeux et son doigt pointait dans sa direction. Annie était tétanisée. Elle n'arrivait pas à parler. Elle ne se défendit pas, et ne le maudit pas. Elle tourna juste les talons et s'en alla. Et de même, son rêve de devenir styliste déserta sa pensée ce jour-là.

Sa mère l'avait consolée à son retour. Elle lui avait essuyé les larmes et lui avait conseillé :

« Fais ton école ma fille, ce genre de métier ne paye pas, de toutes les façons. Et pour réussir là-bas, il faut être bizarre. Fais ton école, tu trouveras un bon emploi. »

Elle l'avait écoutée, elle avait fait tout ce qu'elle lui avait conseillé. C'est comme ça qu'elle s'était retrouvée diplômée en Marketing, puis mariée à Soppo, ensuite, enceinte de son

premier enfant. Elle ne regrettait pas d'avoir suivi les conseils de sa mère. Sa vie était une vie heureuse, une vie de privilégiée, mais faite de bien trop de concessions. Une vie qui ne lui ressemblait pas tellement au final. Une vie qui avait fini par l'excéder, par la faire craquer.

Sur l'estrade, Ariane se frottait langoureusement contre son partenaire. Le rythme avait changé, les balafons ne sonnaient plus bruyamment, seuls les battements lents du tam-tam remuaient la foule à présent. Tels dans une parade nuptiale, les deux jeunes gens se cherchaient et se retrouvaient à chaque pas, à chaque coup de reins. La troupe les avait encerclés et cherchait à les séparer, ils refusaient de céder et luttaient avec grâce et harmonie pour livrer leur prestation jusqu'au bout. Finalement, leurs opposants abandonnèrent, et ils continuèrent à danser. La foule était comme hypnotisée, elle bougeait de gauche à droite pour les accompagner dans leur mouvement. Annie se surprit, elle aussi, à danser, sous le charme des deux tourtereaux et de la musique douce. Quelqu'un dans la foule lui proposa de danser, elle fit non de la tête tout en continuant de tourner sur elle-même. Elle était en rendez-vous avec elle-même, elle ne danserait avec personne.

Prends du temps pour toi…

La voix de Diane résonnait dans sa tête, le lui répétant à chaque fois qu'elles se voyaient. Oui, elle prendrait du temps pour elle désormais. Plus jamais cachée sur un balcon, elle irait danser les vendredis soir, par exemple. Il y avait un cabaret cosy en périphérie de la ville où l'on donnait des cours de Kizomba chaque vendredi. Ce serait l'occasion d'enfin apprendre à danser correctement. Elle irait

sans son époux, bien entendu. Ce serait son temps à elle.

Une autre main se posa sur la sienne, c'était Ariane. Elle avait fendu la foule pour venir la chercher. Tout sourire, elle tira Annie jusqu'à l'estrade, sous les applaudissements du public. La jeune femme ne put s'empêcher de rire, tant la situation lui paraissait absurde. Sans trop savoir comment, elle se retrouva sur la scène, aux côtés de la troupe et d'Ariane. Pas de peur ni de stress, mais un énorme fou rire qui ne voulait plus la lâcher.

Mais qu'est-ce que tu fabriques ? Si Loïc nous voyait là… lui fit la voix amusée.

Elle pouffa encore.

« Suis mon pas, grande sœur, tu verras c'est facile ! »

Ariane se voulait rassurante, mais Annie l'entendait à peine entre les cris autour et le son des balafons qui avaient repris du service. La foule était ravie, elle encourageait la nouvelle venue à retirer ses sandales pour être en accord avec ses compagnons. Un des jeunes danseurs lui accrocha rapidement une ceinture de feuilles vertes aux reins et lui donna une tape sur l'épaule pour l'encourager.

Devant, derrière, à gauche, demi-tour et on croise. Les instructions d'Ariane semblaient évidentes pour le reste de la troupe, mais pas tant que ça pour Annie. Néanmoins, elle fit oui de la tête et se lança avec un enthousiasme inhabituel. Elle réussit à exécuter les pas à peu près correctement. Ariane lui tapa dans les mains. Elle reçut encore d'autres instructions et s'y plia mieux que la fois précédente. Le public était en délire et ne cessait d'applaudir. Le rythme de la musique accéléra.

Gauche, déhanché, droite, déhanché, on croise, on descend et on bloque. Annie, en symbiose avec la troupe, reproduisait exactement ce qu'elle voyait. Encouragée par ses compagnons, elle dansa, sauta et se cambra suivant le rythme endiablé des balafons. Lorsque la dernière note retentit, ils s'arrêtèrent tous et lui tombèrent dans les bras. Ariane la félicita et l'invita à saluer le public qui s'était densifié. Ce qu'elle fit, en sueur et essoufflée. On l'applaudit et certains la sifflèrent. Elle était tout sourire malgré sa chemise trempée et ses pieds poussiéreux. Elle ne pouvait pas plus s'en moquer qu'en cet instant. Là, devant ce monde en liesse et entourée de ces jeunes danseurs, Annie rayonnait et elle en était consciente.

Le problème, elle s'en rendait compte à l'instant, ce n'était pas son mari absent ou ses enfants infernaux ; mais juste son quotidien morne. Sa zone de confort dont elle n'osait jamais sortir. Elle vivait une vie dans laquelle elle ne suffisait plus. Se mettant elle-même des barrières, se réduisant à un balcon pour dessiner, puis dissimulant ses croquis à tous. La peur d'être encore jugée médiocre l'avait tenaillée, emprisonnée ; mais, en définitive, elle n'avait donné l'occasion à personne de l'en libérer. Alphadi, était-il la référence incontestée en matière de mode dans tout l'univers ? Assurément pas. Ses créations à lui n'étaient pas non plus du goût de tout le monde. Et pourtant elle l'avait laissé l'écraser, la broyer. Un avis, un seul et unique avis avait suffi à la décourager. Quelle lâcheté ! Jusqu'à quand fuirait-elle ? Là, en voyant Ariane sourire à pleines dents, frapper dans les mains de ses compagnons de scène, la foule les acclamant, Annie se rendit compte qu'elle voulait ça. Opérer, exercer,

agir, entreprendre, vivre. Son quotidien en tant que femme, elle le savait, ne pourrait jamais être de tout repos. Mais n'empêche, la vie valait la peine d'être vécue. Elle valait la peine d'oser, de se lancer quitte à se casser la figure. Ne disait-on pas qu'à chaque échec une leçon de plus était assimilée ? Et puis, sait-on jamais, elle pourrait récolter des applaudissements là où elle pensait totalement se planter, comme ce fut le cas ce jour.

Son mari n'était pas un surhomme au final. Toujours confiant et maître de lui-même, il était juste un mec bien dans ses baskets et en adéquation avec la personne qu'il était au fond de lui. Elle prit la résolution de l'être désormais, elle aussi.

Après avoir pris Ariane dans ses bras, elle quitta l'estrade sous les applaudissements du public qu'elle salua joyeusement. Ses sandales rechaussées, elle se dirigea vers le car tandis que le spectacle derrière elle se poursuivait. Déjà, un autre membre du public grimpait sur la scène aux côtés de la troupe. Annie marchait, mais avait l'impression, à présent, de flotter ; son cœur battait à tout rompre. Elle ralluma son téléphone et appela son mari. Celui-ci avait à peine décroché qu'elle lui lança :

« Tu sais, le local de Bonabéri ? Inutile de chercher un nouveau locataire, je compte le prendre. J'y ouvrirai mon atelier ».

Monsieur Soppo resta interloqué au bout du fil. Il se risqua quand même :

« Un atelier de quoi ma chérie ? »

De maçonnerie ; piaffa la voix.

« Tu sais bien, de ce qui n'est plus trop mon truc. La

mode. Je vais enfin confectionner mes propres tenues et donner vie à mes croquis. Je veux me lancer ».

Il marqua un temps d'arrêt, rassembla ses pensées comme il put, puis demanda :

« Tu ne dois pas suivre une formation pour ça au préalable ? Tu as des partenaires avec qui tu te lances ? Une styliste, des petites mains…

— La styliste, tu l'as au bout du fil, autodidacte de surcroît !

— C'est vrai que tu as un goût certain pour tout ce qui concerne ces choses-là, je te fais confiance pour nous éblouir comme toujours ma chérie… Mais en ce qui concerne le local, je ne suis pas sûr que ce sera possible. Ce loyer nous aide quand même vachement…

— Oui, tout comme moi. »

Il ne dit rien.

« Écoute chéri, il est plus que temps que je fasse ce qui est bon pour moi. Pas pour Loïc ni pour Arthur ni même pour toi, mais rien que pour moi, Annie Soppo. J'entre dans une nouvelle saison de ma vie et sois certain que je ferai les choses bien ! À commencer par un espace de travail flambant neuf, idéalement situé dans le vieux-Bonaberi, en bordure de route. »

Tape m'en cinq ma copine, tu as tout dit ! jubila la voix.

« D'accord, on fera comme tu veux, lui concéda enfin son mari, pris de court par tant de fougue.

Tu rentres à la maison maintenant ? Les enfants sont seuls avec Joséphine…

— Non, j'en ai encore pour un moment. Peut-être ce serait bien que tu rentres t'en occuper aussi…

— Tu sais très bien que si je pouvais, je le ferais.

— C'est ça le truc mon chéri, j'ai compris que dans la vie, si on veut, on peut. Ou du moins, on finit par pouvoir. »

Annie ne reçut comme réponse qu'un grommellement indistinct, et raccrocha le téléphone sans rien ajouter de plus. Elle remonta dans le car, et, tandis qu'il redémarrait pour poursuivre sa route, la jeune femme sortit son fidèle bloc-notes de son sac et se mit alors à dessiner, un sourire radieux aux lèvres.

HANDICAP-MOQUEUR

Michel Dongmo Evina

À toi bel Ange,
Insouciant de tes ailes brisées
Va téméraire
Voltige et brise les nuées

« Je te jure que je braverai ce défi, maman ! Je passerai mon Bac dans ce centre. 'Cécité' ! 'Cécité' ! Qui a décrété qu'on ne peut pas s'en sortir avec ce petit inconvénient ? Tu n'as pas appris l'histoire d'Helen Keller ? Ne faisait-elle pas des merveilles de ses deux mains ? »

Si seulement la vie pouvait être aussi facile, prononcer un quelconque abracadabra et résoudre d'un seul coup tous ses problèmes. Voilà six mois que j'avais tenu ce discours à maman, ce fut lors de notre énième visite chez le Docteur Kouayap. Six mois à la rassurer que je tiendrais le coup, que tout irait pour le mieux…

J'avais attendu cette échéance, gonflée à bloc. Je pensais que tout marcherait comme je l'avais imaginé. Pourtant, le jour J, depuis plus de dix minutes, j'étais là, seule, figée au rez-de-chaussée du bâtiment où j'étais attendue, lorgnant au loin le portail qui venait de se refermer derrière maman, hésitant à rejoindre l'ambiance cacophonique qui se dégageait au-dessus du bâtiment. J'avais traversé la cour, comme mue par une force invisible, avant de me rendre compte que j'y allais pour de vrai. Arrivée au niveau du bâtiment, plus

rien. La force avait disparu comme par enchantement. Tel un poteau planté, je restai là.

J'aurais tant voulu que maman revienne, pour une raison ou pour une autre. Même prétextant que j'avais oublié quelque chose, un quelconque outil. Mais tout avait été vérifié la veille à la maison, et quelques instants encore au portail, parce que les consignes à ce sujet avaient été claires : « Les candidats devront prévoir tout le nécessaire et ne seront pas autorisés à quitter le centre d'examen, sous peine d'annulation de l'épreuve manquée. » Dans mon sac à dos, tout avait été soigneusement disposé : ma deuxième paire de lunettes (même si ces dernières ne me servaient véritablement pas à grand-chose…), mes stylos, crayons et taille-crayons, ma gomme et ma règle, ma planche à braille, le poinçon et des feuilles de papier cartonnées au cas où ma vue venait à défaillir, mes médicaments si une crise d'asthme se déclenchait, mes documents administratifs, mon repas pour la journée… Bref, tout ce qu'il me fallait pour me parer à toute éventualité.

Je ne manquais véritablement de rien et ça, maman le savait. Au portail, elle avait souhaité malgré tout se rassurer que tout se passerait bien pour moi. Victimes d'une crevaison sur notre chemin pour le centre, nous étions arrivées à cinq minutes de sept heures trente minutes, l'heure fixée comme délai par les examinateurs. Cela lui apparut alors comme un mauvais présage. Nonobstant ses multiples réclamations, elle n'avait pu obtenir des gardiens de m'accompagner jusqu'à cette fameuse salle. « N'insistez pas, madame ! Vous n'êtes pas habilitée à pénétrer dans l'enceinte

du centre d'examen. » Comme d'habitude, lorsqu'il s'agissait de moi, elle ne se laissait jamais entendre raison. Désespérément, elle s'était confrontée au refus d'un de ces derniers.

« Si vous voulez, je peux personnellement la conduire à sa salle. C'est laquelle déjà ?

— Salle 6 », lui répondit-elle (elle était venue la veille pour regarder mon nom sur les listes répartissant les candidats par salle).

Je la voyais venir avec ses mêmes penchants hyperprotecteurs à mon endroit. Elle me fixa longuement, m'invitant à saisir ce qui semblait, à ses yeux, la seule opportunité pour elle de me savoir bien installée dans ma salle : la main du gardien qu'il me tendit, à la fin de son propos. Profitant du passage d'autres candidats qui venaient de nous traverser, je plaçai un bisou sur la joue de ma maman et franchis le portail à mon tour.

Seule donc, je m'engageai sur la grande cour pavée du Lycée de Mvog-Ekong. Elle avait l'air interminable ! Une dizaine de palmiers s'élevaient çà et là, me donnant une impression de petitesse devant cet assemblage proportionné de troncs et de béton. Mon esprit était traversé par différentes interrogations qui grandissaient au fur et à mesure que j'approchais du bâtiment abritant cette salle 6 que le gardien m'avait indiqué. Cela, juste après que je ne sèche avec quelques regrets la main qu'il m'avait pourtant aimablement tendue.

Salle 6… Dans toute la Région, c'était la seule réservée aux candidats déficients sensoriels. La seule pour nous, les handicapés !

Et maintenant j'étais là, au pied du bâtiment en question. Qui allais-je rencontrer dans cette salle ? À coup sûr, les autres candidats se connaissaient déjà ! Ils avaient sûrement bravé le Probatoire ensemble, dans ce même centre, l'an passé. Comment m'accueilleraient-ils ? Moi qui m'étais forgée une détermination de fer depuis la visite chez mon ophta, me voilà victime du trac à quelques minutes de mon baccalauréat ! À des années-lumière de ma détermination initiale…

Après-midi de novembre, salle de consultation de Kouayap Sight Solutions, la coquette clinique de soins ophtalmo de l'Avenue des Banques. L'air conditionné jouait un rôle salvateur par une canicule inhabituelle en ce mois où, habituellement, l'harmattan fait gercer les lèvres et oblige les habitants de Yaoundé à se vêtir plus chaud.

Maman, calée dans le fauteuil de cuir noir réservé aux éventuels assistants, tapotait machinalement le sol du pied. À quelques mètres, le Dr Kouayap m'examinait depuis bientôt quinze minutes. L'hypothèse que celui qui me suivait depuis ma naissance avait eue, à mes douze ans, venait de se confirmer : ma rétinite pigmentaire s'était aggravée.

« Oh, non ! Doc, Comment ? Pourquoi ? cria maman, oubliant même que nous étions dans un service médical.

— L'état de ses rétines s'est beaucoup détérioré ces derniers temps ; disait-il en manipulant une petite torche dont il projetait par intermittence le photon jaunâtre vers mes yeux. Regarde par toi-même ; il fit de la place pour elle près de lui. Elles ne réagissent pas comme il faut ; bientôt, le voile qui les recouvre gagnera totalement son champ visuel.

— Doc, quand ? continua-t-elle. Sa voix disait qu'elle était au bord des sanglots.

— Je ne sais pas. Demain ? Dans deux semaines ? Dans trois ans ? Je ne peux te le dire. Je sais juste que c'est irrémédiable. Hélas !

— Pourquoi cela devait-il t'arriver maintenant, ma Sophie ? Oh, mon pauvre bébé ! »

Elle n'avait pas pu se contrôler. Elle éclata dans une douloureuse lamentation. « Ton père nous a fait ça dur ! » lâcha-t-elle entre deux sanglots. Il s'en était fallu de peu pour qu'elle rebalance cette histoire qu'on connaissait déjà ; comment mon père m'avait transmis cette « merde » qui sévissait dans sa famille ; comment il nous avait abandonnées quelques mois après ma naissance lorsque le Docteur leur avait annoncé que je souffrais de cette pathologie génétique, comme ma grand-mère paternelle et certaines de mes tantes avant moi…

« Voilà que tu passes ton Bac en mai ! termina-t-elle, sur une note de désespoir quasiment insoluble.

— Oh là ! Je t'en prie, calme-toi Françoise. De sa main gauche, il retira un paquet de mouchoirs de sa blouse et le lui passa. Tout n'est pas perdu, tu sais, continua-t-il, en la réconfortant contre son épaule. Elle peut toujours passer son Bac dans le centre spécial pour les candidats souffrant de déficiences sensorielles. Nous n'en sommes pas loin d'ailleurs. C'est à quelques pas d'ici, au lycée de Mvog-Ekong.

— Doc, on m'a parlé de ce centre depuis qu'elle devait passer son BEPC. Je ne pensais pas que les choses prendraient cette tournure si vite. Et si cette cécité la surprenait

en pleine épreuve ? Doc, je ne pense pas qu'elle s'en sortira. Tu sais comment elle… »

Sans lui donner le temps de terminer sa phrase, je lui lançai cet argumentaire qui depuis lors, n'a jamais cessé de me traverser l'esprit. Depuis toute petite, je subis les chahuts et les vanneries de mes camarades, toutes les fois que ma maladie m'entraînait dans des situations les plus cocasses. Je suis prête à parier que l'École privée Les Copains de Mimboman ne connaîtra plus jamais d'élève aussi fragile que moi.

Au CE1, lorsque M. Amadou m'envoyait au tableau, tous mes camarades hurlaient : « Touuup, au sol !! », pour me rappeler que si je ratais une fois de plus l'estrade, c'est les fesses au sol que j'achèverais ma course. Au CM1, ma classe était située au deuxième niveau. À chaque fois que je devais monter ou descendre l'escalier, tous les élèves présents faisaient une sorte de garde-fou de leurs bras. Chacun pariait sur qui allait « attraper la mangue » le premier, avant qu'elle ne tombe sur le sol. Comme si je devais rater la marche et tomber à tous les coups…

Et quand je lui narrais les misères que je traversais à l'école, maman ne se privait jamais de venir en superhéroïne leur demander d'être plus gentils avec moi. Même en pleine salle de classe !

Du coup, mes camarades me voyaient comme l'éternel bébé à maman, celle qui ne pouvait rien faire sans assistance, celle qui aurait désespérément besoin de la présence maternelle pour s'en sortir… Après un de ses multiples passages au CM2, mes camarades m'avaient même surnommée

« Bébé Ti-Ji », sans doute pour changer avec l'« Ivoirienne » que je traînais depuis les niveaux inférieurs.

En entrant au Collège Père Gentil plus tard, la situation avait radicalement changé. Même si mon état de santé ne s'améliorait toujours pas, je ne me laissais plus pour autant humilier par une quelconque personne. Les nombreuses mésaventures que je subissais m'avaient transformée en une sorte de bloc de granit, insensible à toute niaiserie désobligeante. Et ça, maman ne le savait pas.

Après le départ de mon père, ce fut une longue période de solitude pour elle. Grâce à une de ses cousines, elle finit par rencontrer Tanefouo, un homme d'affaires basé à Douala. Néanmoins, elle n'avait jamais voulu qu'on déménage vers cette ville, puisqu'à ses yeux ma santé comptait plus que tout. Elle croyait résolument que Doc trouverait la solution à mon mal. Il y a trois ans, mon beau-père lui ouvrit donc un institut de beauté au quartier Tsinga, pour qu'elle puisse subvenir à nos besoins et à mes frais de consultation. Entre ses nombreux voyages, de Douala pour accomplir ses devoirs de compagne, à Dubaï pour acheter les produits cosmétiques, et enfin ses journées à bichonner ses clientes à l'institut, elle n'avait plus trop de temps à accorder à mes péripéties scolaires. Elle ne savait rien de la nouvelle réputation que j'avais glanée au collège. Mes camarades avaient compris que le sujet de mon handicap était le dernier avec lequel ils pouvaient se marrer. Et ça, maman l'ignorait.

En quelque temps, j'avais réussi à vaincre, d'une certaine façon, la résignation qui m'avait caractérisée plus jeune. En y repensant, si près de la fin de mes études, je me

dis que je devais me réarmer de courage pour affronter le dernier grand test de mon parcours scolaire. Si je voulais faire mentir le mauvais présage de ma maladie, je devais absolument braver mon doute et pénétrer dans cette salle 6.

Je me décidai donc à le faire et m'engageai à la quête de cette salle. Pour cela, il fallait gravir quelques marches pour me retrouver au premier niveau. Je me remis en marche. À mi-chemin, j'entendis comme des tapotements rythmés qui montaient derrière moi. Je m'arrêtai un instant pour voir de plus près. Bientôt, un autre élève apparut à mi-hauteur. Il portait une touffe de barbe à la Jean Michel Kankan ! Je me demandais comment on avait pu le laisser passer avec une telle présentation capillaire. Son apparence lui donnait une avance d'au moins cinq ans sur moi ! Je n'eus pas à signaler ma présence, pour qu'il m'accostât et ouvrît la conversation, en posant sa canne blanche juste à mes pieds :

« Bonjour, pouvez-vous me conduire à la salle 6, s'il vous plaît ? »

Comment avait-il su que j'étais là ? M'avait-il flairée ? Entendue ? Je ne pouvais en être certaine. Je préférai ne pas l'embêter avec des questions de prime abord.

« Oui, bien sûr ! J'y vais également. On peut donc y aller ensemble ; répondis-je.

— Ah, une fille. Cette voix ne m'est pas familière. Tu viens de quelle école ? » Il était subtilement passé du *vous* au *tu*, ce qui ne me gênait pas outre mesure. Il affirma tout cela en marchant sans peine derrière moi, se servant de sa canne pour assurer ses pas.

« Du Collège Père Gentil…

— Ah bon ? Je ne savais pas qu'il y avait aussi des élèves avec des déficiences…

— Qui va là ? C'est un tic-tac ou c'est un mou-mou ? »

Une voix nous interrompit. Nous venions de traverser une salle de classe. Prise dans le flot de la conversation, j'avais complètement oublié la raison qui m'avait mise en chemin.

« Ne vous inquiétez pas les gars, c'est moi, Moussima. C'est la salle 6 ici ? »

Il s'appelait donc Moussima ! Nous ne nous étions même pas donné la peine de faire les civilités. C'est alors qu'un surveillant sortit de la salle en question et nous retrouva au pas de la porte.

« Approchez, c'est bien ici. Il examina nos pièces d'identification et procéda à une fouille minutieuse de nos effets. Ah, c'est vous Mademoiselle Sophie Ngono, la malvoyante qui vient de Père Gentil ? me demanda-t-il.

— Non, Sophie Ngono, tout simplement ! Je vous vois aussi bien que vous me voyez !

— Si vous voyez bien, alors vous serez en mesure de trouver votre numéro vous-même. » argua-t-il, comme pour me punir du ton avec lequel je lui avais répondu.

Sur ce, il accompagna Moussima à sa place, pendant que je retirai de mon sac à dos, avant de le déposer au bas du tableau, les outils les plus nécessaires. Ensuite, il revint sur ses pas pour passer une information :

« Mesdemoiselles et messieurs, il est bientôt huit heures. Nous n'attendons plus qu'une candidate pour commencer. Veuillez profiter de ce temps pour vous concentrer, en attendant que je revienne ; conclut-il avant de traduire la

même chose en langage des signes pour les candidats de droite, et de quitter la salle, sans nous donner d'autres explications.

Tirant profit du départ de notre surveillant, les autres candidats se lancèrent dans des conversations joviales. « Oh, le big Mouss ! Apparemment tu n'es pas seul cette année. Tu as tellement échoué que tu bring ta go pour qu'elle compose à ta place ? » entendis-je monter à ma gauche. Le ton hilare semblait partagé par les autres voix aux alentours.

Moussima sourit sous cape, comme gêné par ce rappel de ses échecs répétés au Bac. Piqués par la boutade, la plupart des candidats assis dans la salle se lancèrent dans des rires fous. Du moins, ceux de la rangée de gauche. Ceux de droite communiquaient par des gestuelles. Il ne pouvait s'agir que de sourds-muets !

Mou mou. Tic tac. Je n'arrivais pas à croire que les personnes handicapées elles-mêmes n'avaient pas de scrupule à les employer à leur propre sujet ! Déjà que c'était injurieux quand les personnes « normales » les employaient.

Depuis notre entrée et la pique qui l'avait accueillie, Moussima était engagé à deviser avec ses congénères de rangée. Ils se connaissaient donc déjà. J'avais vu juste, les candidats partageaient des liens en dehors de la salle d'examen. Étourdie, je me rendis compte que j'étais toujours debout. L'agitation initiale m'avait presque fait oublier l'essentiel. J'avais un numéro de table, et c'est ce dernier qu'il fallait chercher.

La rangée de droite était déjà pleine à notre entrée, il ne me restait plus qu'à commencer par celle du milieu. Il n'y avait jusque-là qu'un seul occupant. Le troisième banc était

occupé par un garçon frêle qui ne cessait de me fixer. À ma vue, il m'adressa un sourire d'un qui était soulagé qu'il ne serait plus le Robinson Crusoé de son secteur. Je lui rendis la pareille en lui adressant un sourire plus discret à mon tour.

Les numéros de table semblaient des grains de poussière à mes yeux. Je pris mon temps pour bien me rapprocher pour y lire plus clair. Aussitôt, le garçon se leva.

« B-b-bienvenue ma-mademoiselle. Ze-ze m'appelle D-don-fack Sa-sa-samuel. Ze peux t'aider à re-re-trouver ta place, si tu-tu veux.

— Pardon ? En fait, je cherche le numéro 13, mais je peux très bien me débrouiller. Merci ! »

Ignorant si j'avais apporté la réponse adéquate à la phrase qu'il s'était démené à prononcer, je me remis dans ma quête du banc n° 13. Cependant, il ne lâcha pas prise. Ayant trouvé ce qu'il prenait pour ma place, il revint vers moi et reprit la conversation, malgré le vacarme que nos voisins de gauche et de droite provoquaient, volontairement ou pas.

« Le s-s-seize est là au fond. A-avant-dernier banc !

— Nooon ! J'ai dit treize et non seize ; repris-je, beaucoup plus fort.

— Ah, tr-tr-treize, su-su-super ! Voilà le banc numéro 13. Tu es z-z-zuste derrière moi ! »

Je fis usage de mes pupilles et de leur dissymétrie — qui faisait d'eux de redoutables moyens d'espionnage — pour pouvoir le lorgner à son insu. Je n'arrivais pas à comprendre la raison de son geste. Il venait de réaliser une de ces actions

de compassion qui voilaient parfois de la pitié, et que je n'aimais pas beaucoup.

Seulement, je n'avais plus de raison de défendre mon indépendance. Même si c'était lui qui avait vu ma place, je devais toujours m'y rendre. Je le suivis et me mis à l'endroit qu'il avait indiqué, juste derrière lui. J'en profitai également pour continuer de l'épier. Il semblait voir clair et ne portait ni lunettes ni lentilles de contact. Quoique, il fallait que je m'y emploie à plusieurs reprises, et avec davantage de volume dans ma voix, pour lui faire comprendre ce que je disais. Il devait être mi-sourd et mi-muet. Un peu comme moi quoi, à mi-chemin entre la normalité et la maladie. Une sorte de café au lait de la déficience.

Ils avaient donc organisé la salle ainsi : ceux qui avaient des déficits flagrants étaient placés aux extrémités et les « cafés au lait » au milieu. Il essaya tant bien que mal de nous entraîner, comme les autres, dans une conversation. Pourtant, je voulais me mettre les idées au clair pour l'épreuve de philo.

« Tu-tu-tu sais, tu sais, que tu es la-la-la seule qui me ressemble un peu d-d-d-dans cette s-s-salle ? reprit-il.

— Pardon ?

— Moi ze viens du ly-ly-lycée de Soa. Tchaï ! Z'ai marché long-long-temps pour venir i-i-i-ici hein ? »

Je n'arrivais pas à en placer une. En quelques minutes, la salle prenait des airs de marché Mokolo en plein treize heures ! À gauche, les altos se chauffaient les cordes vocales, scandaient des airs à la mode, à droite, les sopranos récitaient des baragouins interminables, en signant de leurs mains. Ils n'avaient, semble-t-il, pas de partition à respecter.

Les notes s'envolèrent sans mesure, harcelant les tympans encore sensibles aux bruits ; ceux de gauche, et les nôtres, pauvres spectateurs du mitan, que l'attitude permissive et désinvolte des organisateurs de l'examen entraînait dans ce spectacle burlesque.

« Quelqu'un pourrait-il dire à ces moulins à bruits qu'ils nous cassent les oreilles ? » un des candidats de gauche hurla au milieu du brouhaha. Je reconnus la voix, une d'homme. C'était la même qui nous avait interpellés tout à l'heure, Moussima et moi. Après ce dernier, il se moquait désormais des candidats de droite. Cela m'écœurait au plus haut point !

« Eh, le malpoli là, si tu veux qu'ils se taisent, commence par te taire d'abord ; lui rétorquai-je.

— Ouuuuh !! Man, tu laisses ? »

Ses camarades ne se donnèrent pas de retenue à se moquer joyeusement de lui. Sentant qu'il lui fallait absolument sauver sa face, l'indexé relança une nouvelle pique :

« Heureusement que Dieu m'a privé de la vue, pour m'éviter de voir des déchets comme toi !

— Ahahahah !!! Tu l'as eue, mon frère ! Elle fermera sa gueule celle-là.

— T'inquiète, même s'il t'avait donné quatre yeux, tu serais toujours si idiot !

— Ouuuuuuuuh !!! »

À ma grande stupéfaction, je vis Samuel signer à ceux de droite mon clash avec le gars de gauche. J'étais plus estomaquée qu'il décide de traduire la conversation, que de savoir qu'il pouvait s'exprimer en langage des signes. Il voulait donc qu'il y ait un peu de « chaud » dans la salle.

À leur tour, ceux de droite nous rejoignirent dans ce délire, en frappant des mains, comme pour nous encourager à nous affronter, physiquement cette fois. Le même surveillant qui nous avait quittés quelques instants auparavant, ramena son ventre bedonnant assorti d'une mine de tueur à gages dans la salle. Il fut obligé de battre violemment des mains pour signifier sa présence aux belligérants :

« S'il vous plaît, nous sommes dans un centre d'examen ! Il est hors de question que vous le transformiez en un bazar. Qui est à l'origine de ce raffut ? »

Se sentant probablement le plus heurté, le malpoli de gauche bondit de sa place et se lança alors dans une plaidoirie bancale :

« Avant tout, permettez que je me présente. Moi c'est Stève, mais au royaume des aveugles on m'appelle Stevie Wonder, la 8e Merveille !

— Tching ! Tching ! Tching ! C'est Stevie le Boss ici ! »

Le premier acte de sa plaidoirie obtint la faveur de ses camarades de gauche. Ils exultèrent, lançant des youyous loufoques, mêlés aux coups de cannes sur les tables, à celui qui passait pour être leur leader.

« La demoiselle qui se trouve à côté du bègue-là, je ne sais pas si elle est au courant, ici c'est nous les rois. Si elle nous insulte encore, elle ne sortira pas d'ici saine et sauve.

— Et qui te dit que j'ai peur de toi, petit insolent ! Ne sais-tu pas qu'au royaume des aveugles les borgnes sont rois ? Cette fois-là, je bondis vers lui, le poing serré, prête à en découdre.

— Je ne te vois pas, mais je peux te sentir. Je t'enseignerai une leçon aujourd'hui ; reprit-il, en se levant également, sa canne à la main.

— Ça suffit ! Vous m'entendez ? Que cela prenne fin ! » Le surveillant se démena pour gagner l'autorité que son absence au poste avait mise à mal ; il tapa énergiquement des mains, risquant presque de se fracturer les poignets.

Il avait certes raison, nous étions dans un centre d'examen, et à quelques minutes du début de la première épreuve. Mais je détestais le mépris dont ce Stève faisait preuve. L'ancienne Sophie est morte avec mon entrée au secondaire. Il allait se frotter à la nouvelle aussi longtemps qu'il se moquait ainsi de nous. Aux alentours, le calme n'était pas encore totalement revenu. Je me tranquillisai alors, tout en restant sur mes gardes au cas où l'attaquant balancerait une nouvelle pique.

Aussitôt, nous entendîmes des pas dans le couloir. Ils étaient mêlés à cette sonorité absurde que certains avaient trouvée pour désigner les aveugles, tic tac. Sur le coup, je me dis qu'il s'agissait d'une de gauche. Cependant, la rangée était déjà pleine. Très vite, ceux de droite, Samuel et moi, nous rendîmes compte qu'il fallait un banc pour deux personnes. La candidate était accompagnée par un monsieur qui n'avait, semblait-il, pas l'intention de la laisser composer seule. Avec l'indication du surveillant, les deux nouveaux venus gagnèrent le premier banc de la rangée du milieu.

J'ai toujours détesté les traitements de faveur, sous prétexte du handicap. Ce cas ne pouvait faire exception. Et

avant que je n'eusse le temps de réagir, Stève interpella le surveillant :

« Monsieur le surveillant, pourquoi cette candidate ne s'assied-elle pas ici, avec les autres non voyants ?

— Et d'ailleurs, c'est qui ce monsieur à côté d'elle ? Il vient l'aider à tricher ? Se prend-elle pour la pire des défavorisées ? » ajoutai-je à mon tour.

À droite, ils faisaient des gestes désapprobateurs à l'endroit de l'accompagnateur.

« Avant de commencer, je vous présente Bahoken Nicole. Elle est non-voyante comme certains ont pu le constater. Seulement, la nature ne l'a pas vraiment favorisée. Elle était déjà sourde-muette lorsqu'elle perdit la vue dans un accident, l'an passé. Le Ministère de l'Éducation l'a spécialement autorisée à avoir un accompagnateur. Sur ce, il ne me reste qu'à souhaiter bonne chance à tous ! »

À l'écoute de cette nouvelle, tout le monde en perdit son latin. Les gens de droite n'arrivèrent pas à croire ce que Samuel venait de leur traduire ! Stève et moi, demeurâmes l'un près de l'autre, figés comme des statues de cire, abasourdis par le prodige que nous venions d'entendre, incapables de dire quoi que ce soit, comme tout à coup frappés de mutisme.

À propos des auteur.e.s

Alice Oyono est une jeune camerounaise de vingt-quatre ans. Elle réside à Yaoundé et est titulaire d'un master II en Économie et Stratégie commerciales internationales obtenu à l'IÉSEG de Lille en France. Passionnée d'écriture depuis son adolescence, Alice écrit des pièces de théâtre, des romans et des articles de blog. En 2016 elle est publiée chez Kusoma group dans le recueil de nouvelles *Toi, vis* avec sa nouvelle intitulée « L'inconnu du parc ». La même année elle est demi-finaliste au 32e prix du jeune écrivain de langue française. En 2019 elle est lauréate du concours d'écriture que la Francophonie organise au Cameroun. Alice est attachée aux valeurs familiales, à la charité et à l'éthique. Cinéphile assumée, elle affectionne les compositions gospel et s'intéresse aux actions de bénévolat.

Barah Mariette est titulaire d'un BSc en Mathématiques et Statistique, et est actuellement étudiante en cycle Master à l'université de Bamenda. Elle est passionnée de technologie, grande lectrice, conteuse et poète. Elle est écrivaine sous le label *Self-ish* et travaille en ce moment sur un recueil de nouvelles. Elle est joignable par courriel à l'adresse : njolika2ma@gmail.com.

Bengono Essola Edouard, vingt-huit ans, est Ingénieur de Génie Civil. Dès son plus jeune âge, l'écriture s'est avérée être une passion libératrice. Il est lauréat du Prix de la Nouvelle Sévérin Cécile Abéga organisé en partenariat avec

l'Institut Français du Cameroun (IFC) avec la nouvelle « Le Beau Jardin du Fonctionnaire » (2014) ; gagnant du Bakwa Magazine Short Story Competition avec la nouvelle « De Passion et d'Encre » (2017). Sa micro-nouvelle intitulée « La Contre-Exposition » est lauréate du concours Cène Littéraire 2017. La même année, il remporte le Concours National Jeunes Auteurs avec « Maimouna ou la fatalité ».

Bertille Audrey Mbarga est une jeune étudiante de vingt-deux ans qui vient d'obtenir sa licence en Lettres bilingues à l'Université de Buéa. Résidant actuellement à Yaoundé, elle souhaite poursuivre ses études et exercer plus tard un métier d'enseignante de langues afin de participer à l'éducation de la génération future et leur inculquer la culture de la lecture.

Étant fille de deux enseignants, elle a été très tôt exposée à l'univers littéraire et souhaite ainsi de communiquer des messages constructifs au monde entier au travers de sa plume.

Géraldin Mpesse (1991) est professeur de lycées et poète multilingue camerounais. Beaucoup de ses poèmes sont publiés dans plusieurs revues et anthologies littéraires en Afrique, Europe, Amérique latine : *Best "New" African Poets 2018 Anthology*, *Palabras Tabuadas*, *Antología Mundial ; La papa seguridad alimentaria*, entre autres. Membre permanent du comité d'organisation du African Festival of Emerging Writers (FESTAE), membre du comité de lecture de *La Revue des Citoyens des Lettres* et du comité consultatif de *Poesía en Tránsito*. En 2019, il est finaliste du concours de

nouvelles de l'ambassade d'Espagne au Cameroun. En dehors, de ses activités littéraires, Géraldin Mpesse est promoteur et directeur de publication de *Lepan Africa Revista* et étudie un master en langues africaines et linguistique à l'Université de Yaoundé I.

Howard Meh-Buh Maximus est un doctorant en microbiologie à l'Université de Buéa, au Cameroun. Ses œuvres ont été publiées dans *Aerodrome*, *The Africa Report*, *Bakwa Magazine*, *The Kalahari Review* et *Brittle Paper*. Ses ouvrages de fiction et de non-fiction ont déjà paru dans des anthologies telles que *Selves : An Afro Anthology for Creative Non-fiction*, *Love Stories from Africa*, et *Limbe to Lagos: Non-fiction from Cameroon and Nigeria*. Il a participé au Programme d'Échange littéraire sur la non-fiction créative entre le Cameroun et le Nigeria, organisé par *Bakwa Magazine*, *Saraba Magazine*, Goethe-Institut Nigeria et Goethe-Institut Cameroun. Il travaille actuellement sur le roman qui lui a valu d'être sélectionné pour la bourse d'écriture Miles Morland en 2018.

Mbianyor Bill-Erich est un étudiant en médecine passionné de création littéraire. Il remporta le quatrième prix de la compétition nationale des jeunes écrivains du Cameroun édition 2017 et est également rédacteur du magazine littéraire *Writer's Space Africa* et de *The Gideon*.

Michel Dongmo Evina vit et écrit à Ngambe-Tikar, une contrée de l'arrière-pays camerounais. Écrire pour lui est une urgence. Il en trouve la raison dans l'affligeant,

l'ubuesque et le risible permanents de la condition humaine. Sa nouvelle, « Naufragé du destin », a été distinguée par le 2e Prix du Prix Stéphane Hessel de la Jeune Écriture Francophone en 2017. S'essayant également à la poésie, ses premiers poèmes figurent dans *Bearing Witness*, une anthologie littéraire pour panser les plaies de la crise sociopolitique dans les Régions du Nord-ouest et du Sud-ouest au Cameroun. Enseignant de formation, Michel pèse un quart de siècle.

Monique Kwachou est une auteure camerounaise, œuvrant pour la jeunesse et poursuivant des études sur le Genre et l'Éducation pour le Développement. Elle a publié son premier livre, un recueil de poèmes intitulé *Writing Therapy*, chez Langaa RPCIG en 2010. Depuis lors, elle a publié des poèmes, des nouvelles et des articles dans des revues internationales et des anthologies comme *To See the Mountains and Other Stories* (2011), *Summoning of the Rain* (2012), *It Wasn't Exactly Love* (2015) et bien d'autres. Elle a occupé le poste de Chargée de Relations Publiques nationale pour l'Association des Écrivains Anglophones du Cameroun.

Nelson Kamkuimo est né à Bahouan en 1994. Actuellement élève-professeur en lettres bilingues à l'ENS de Yaoundé, il est membre du CLIJEC (Cercle Littéraire des Jeunes du Cameroun). Il a participé aux projets nationaux et internationaux, et ses poèmes figurent dans les magazines littéraires à l'instar de *Writers Space Africa*, ainsi que dans

diverses anthologies à côté d'écrivains contemporains camerounais (*Cendres et Mémoires*), argentins (*Alien Minds*), américains (*What Is the Deal with the Alien Buddha?*), indiens (*Aaryaveer*) et britanniques (*Poetica : The Inner Circle Writers' Group Poetry Anthology 2019*), entre autres.

Nelson est demi-finaliste du 32e Prix du Jeune Écrivain de la langue française (PJE), et est également l'auteur de *La reine de la colline et autres histoires*, un recueil inédit de contes et nouvelles pour enfants.

À propos des traducteur.rice.s

Fadimatou Nastainou Njapndounke est une traductrice anglais-français. Elle a suivi sa formation à l'École supérieure de Traducteurs et Interprètes (ASTI) de Buéa. Son intérêt pour la traduction littéraire vient de sa passion pour la littérature. Elle s'intéresse particulièrement à la littérature féminine et tout ce qui se rapporte aux questions identitaires et culturelles. Elle étend peu à peu ses horizons vers la littérature de jeunesse et les romans d'enquête.

Jessie Judith Ndjeya Nkouetchou est traductrice depuis 2013. Titulaire d'un Master en Traduction à l'École supérieure de Traducteurs et Interprètes (ASTI) de Buéa, elle est polyglotte (français, anglais, espagnol, allemand et japonais). Elle s'intéresse à la traduction littéraire depuis 2014, a cotraduit et traduit plusieurs livres, et a participé à un atelier de traduction littéraire organisé du 21 au 26 octobre 2019 par Bakwa en partenariat avec l'Université de Bristol. Elle est passionnée de poésie, de traduction de chants et de décoration. Contactez-la par courriel à l'adresse : nkouetchoujudith@gmail.com.

Joséphа Bamba est une jeune traductrice camerounaise. Elle est diplômée de l'École supérieure de Traducteurs et Interprètes (ASTI) de Buéa et exerce comme traductrice indépendante depuis 2018. Passionnée de littérature, « Le choix de vivre » est sa première expérience dans le domaine de la traduction littéraire.

Marie-Hélène Ngoah Ngalle est une traductrice indépendante titulaire d'un master professionnel en traduction et études africaines obtenu à l'Institut Supérieur de Traduction, d'Interprétation et de Communication (ISTIC) de Yaoundé, au Cameroun. Tout à la fois passionnée de littérature négro-africaine, plus particulièrement celle écrite par des femmes, et de littérature pour enfants, elle entend bien se lancer dans la littérature féminine et l'écriture des bandes dessinées en langues africaines pour favoriser l'apprentissage des langues maternelles dès le bas âge.

Diplômée en traduction de l'École supérieure des traducteurs et interprètes de Buéa au Cameroun, **Mariette Tchamda** exerce comme traductrice indépendante depuis 2012. Par ailleurs, elle a créé une maison d'édition spécialisée dans les histoires de femmes, et travaille également dans la gestion de projets humanitaires depuis fin 2019.

Patient Xavier Nong est un traducteur et transcréateur professionnel, dont la passion pour les Belles lettres et la production de contenus marketing n'est plus à démontrer. En janvier 2019, il fonde Speed Expertise (http://www.speedexpertise.com/), une agence de traduction dont la présence et les services sont essentiellement déployés en ligne, et qui nourrit l'ambition de devenir la plateforme de traduction la plus dynamique en Afrique. Patient est en outre Coach en autonomisation du traducteur depuis plus de deux ans ; il a accompagné plusieurs dizaines

de traducteurs ambitieux à découvrir les stratégies et les avantages à devenir « Transentrepreneurs ».

Ray Ndébi est écrivain, traducteur et analyste de créativité littéraire bilingue, coach littéraire, chercheur indépendant en nouvelles méthodes de Lecture et Écriture, et promoteur du mouvement Onoan (Livre de Qualité) pour la Littérature des Jeunes. Il est Camerounais et auteur de *The Last Ghost : Son of Struggle*, a contribué à plusieurs anthologies internationales (poésie, nouvelle).

Il dirige plusieurs ateliers (Écriture, Lecture, Traduction), physiques ou en ligne, publics ou privés, parfois dans des universités comme à Lomé (FESTILARTS) en avril 2019, dans des festivals (FI2L Lomé 2018, FESTAE Dschang 2019, RECAN Yaoundé 2019, PaGya Festival Accra 2019, FI2L Lomé 2019).

À propos des animateur.rice.s et des mentor.e.s

Les animateur.rice.s de l'atelier de création littéraire

Billy Kahora est un écrivain qui vient de Nairobi, au Kenya. Ses nouvelles et ses œuvres de non-fiction créative ont été publiées dans *Chimurenga*, *McSweeney's*, *Granta Online*, *Internazionale*, *Vanity Fair* et *Kwani?*. Il a écrit un roman court de non-fiction intitulé *The True Story of David Munyakei.* Il a été finaliste du Caine Prize for African Writing avec ses nouvelles « Urban Zoning » et « The Gorilla's Apprentice », en 2012 et en 2014 respectivement. Il a écrit le scénario de *Soul Boy* et a coécrit *Nairobi Half Life*, qui a remporté le prix Kalasha. Son recueil de nouvelles, *The Cape Cod Bicycle War and Other Youthful Follies*, a paru en juin 2019.

En tant que directeur de la rédaction de Kwani Trust, il a dirigé la rédaction de sept numéros du journal de *Kwani* ainsi que d'autres publications de l'éditeur, dont *Nairobi 24* et *Kenya Burning.* Il est également conseiller de rédaction du *Chimurenga Chronic.* Il est commissaire du Kwani Litfest depuis 2008 et a organisé l'édition 2015 dudit festival sous le thème « Writers in Conversation: Beyond the Map of English ».

Il est actuellement chargé de cours en création littéraire à l'Université de Bristol.

Edwige Renée Dro est une écrivaine de Côte d'Ivoire. Également traductrice et militante littéraire, elle est cofondatrice d'Abidjan Lit, un collectif d'amoureux de la littérature qui aspirent à prendre le contrôle d'Abidjan par le biais de la littérature. Les écrits de Renée ont été publiés dans différents magazines, dont *Prufrock*, *Popula* et *This Is Africa*. Elle écrit actuellement un roman biographique sur Marie Séry Koré, une des amazones qui a marché contre les colonisateurs en Côte d'Ivoire en 1949.

Elle a obtenu une bourse d'écriture Miles Morland en 2018 et une bourse Mandela Washington en 2019.

Les mentor.e.s de l'atelier de création littéraire

Babila Mutia est un écrivain camerounais dont les œuvres ont été publiées à travers le monde entier. Il est titulaire d'un MA en création littéraire et d'un doctorat canadien. Il est l'auteur de *The Journey's End* (roman), *Coils of Mortal Flesh* (recueil de poésie), *Whose Land ?* (livre pour enfants), *Before This Time, Yesterday* (pièce de théâtre), « The Miracle » (nouvelle, publiée dans *Heinemann Book of Contemporary African Short Stories*), et « The Spirit Machine » (nouvelle, publiée dans *The Spirit Machine and Other New Short Stories from Cameroon*). Il est professeur associé d'anglais à l'École Normale Supérieure de Yaoundé.

Billy Kahora (cf. Les animateur.rice.s de l'atelier de création littéraire)

Edwige Dro (cf. Les animateur.rice.s de l'atelier de création littéraire)

Écrivain et blogueur camerounais, **Florian Ngimbis** s'est fait remarquer en remportant le Prix du Jeune Écrivain de langue Française 2008. Ses nouvelles ont été publiées dans plusieurs recueils et revues littéraires. Son blog Kamer Kongossa dépeint au vitriol mais avec humour le Cameroun contemporain. Il a été primé en 2012 lors des prestigieux Deutsche Welle Blogs Awards (The Bob's) dans la catégorie « Meilleur Blog Francophone ».

Journaliste et écrivain, **Marcus Boni Teiga** est aussi l'un des antiquisants et meilleurs spécialistes des études nubiennes.

Il est lauréat du Prix international Imhotep en 2014, au Salon international du livre panafricain de Bruxelles, pour l'ensemble de son œuvre sur la Nubie Antique, lauréat en journalisme de la Fondation Reuter en 1994 et Reuters Fellow au Centre d'études des médias de l'Université Michel de Montaigne de Bordeaux 3.

Depuis 2014, il réside en Espagne mais continue ses recherches axées sur l'Afrique Noire antique en même temps qu'il donne des Conférences dans de nombreux pays, notamment en Afrique et en Europe.

Yewande Omotoso est une architecte, titulaire d'un MA en création littéraire de l'Université du Cap. Son premier roman, *Bomboy* (2011, Modjaji Books), a remporté le South African Literary Award dans la catégorie « First-time

Published Author ». Le deuxième roman de Yewande, *The Woman Next Door* (Chatto and Windus), a été publié en mai 2016. Ce dernier a été nominé à l'International Dublin Literary Award et a également figuré sur la liste des finalistes du Baileys Women's Literature Prize.

Les animatrices de l'atelier de traduction littéraire

Edwige Dro (cf. Les animateur.rice.s de l'atelier de création littéraire)

Georgina Collins (cf. l'équipe projet)

Ros Schwartz compte à son actif une centaine d'ouvrages de fiction et de non-fiction traduits du français vers l'anglais au cours des trente-cinq dernières années. Parmi les romancier.ère.s francophones traduit.e.s par Ros Schwartz, on compte Andrée Chedid, Aziz Chouaki, Fatou Diome, Dominique Eddé et Max Lobe. Elle a publié une nouvelle traduction de *Le Petit Prince* (*The Little Prince*) de Saint-Exupéry en 2010. Nommée Chevalier dans l'Ordre des Arts et des Lettres pour ses services rendus à la littérature française en 2009, elle est membre de l'Institut de traduction et d'interprétation (Royaume-Uni) et co-présidente du comité « Writers in Translation » du Centre PEN anglais. Elle est par ailleurs codirectrice de l'école d'été de traduction littéraire Warwick Translates et donne des conférences et des masteclass à travers le monde entier.

Les mentor.e.s de l'atelier de traduction littéraire

Georgina Collins (cf. l'équipe projet)

Mona de Pracontal est une traductrice française depuis l'anglais, vivant en région parisienne. Elle est diplômée en études anglaises et américaines à Paris, puis en histoire du cinéma à New York, où elle a vécu trois ans. Elle traduit des œuvres de divers genres littéraires, ainsi que de diverses anglophonies : États-Unis, Canada, Angleterre, Pays de Galles, Irlande, Nigéria, Australie…

Ses principales traductions comprennent des romans de Chimamanda Ngozi Adichie, Hannah Tinti, Cynan Jones, Donald Westlake, Lawrence Block, Melvin Burgess, Howard Norman, Hanif Kureishi, ainsi que des ouvrages non romanesques de William Burroughs et Gloria Steinem. Elle a reçu le prix Baudelaire de la traduction littéraire en 2009 pour sa traduction de *Half of a Yellow Sun* (*L'autre moitié du soleil*) de Chimamanda Ngozi Adichie, et le Prix de traduction de la Fondation irlandaise 2019 pour sa traduction de *Nothing on Earth* (*Rien d'autre sur terre*) de Conor O'Callaghan.

Roland Glasser traduit du français en anglais des œuvres littéraires, des romans de genre et différents types d'ouvrages de non-fiction. Sa traduction du roman de Fiston Mwanza Mujila, *Tram 83*, a remporté le prix Etisalat de littérature 2016 et a été nominée pour le Prix international Man Booker et le Best Translated Book Award. Parmi la

grande variété d'auteur.e.s dont il a traduit les œuvres, on compte Adeline Dieudonné, Anne Cuneo, Martin Page, Julien Aranda, Stéphane Garnier et Ludovic Flamant. Roland est cofondateur de The Starling Bureau, un collectif de traducteurs littéraires basé à Londres qui met à la disposition des éditeurs les meilleurs livres du monde. Des articles et des essais de Roland ont été publiés dans *The White Review*, *Asymptote*, *Literary Hub*, *Chimurenga*, *In Other Words*, et les revues *Fitzrovia* et *Bloomsbury*. Il détient également une solide expérience de travail dans le domaine des arts du spectacle, principalement en tant qu'éclairagiste.

Ros Schwartz (cf. Les animatrices de l'atelier de traduction littéraire)

Sika Fakambi a grandi au Bénin, entre Ouidah et Cotonou, entre les langues. Elle réside depuis quelques années à Nantes, après avoir vécu à Paris, Dublin, Sydney, Montréal et Toronto. Elle traduit, vers le français, différentes voix littéraires du monde anglophone, parmi lesquelles des poètes et romancier.ère.s d'Australie, d'Afrique de l'Ouest, des États-Unis, de la Caraïbe, du Royaume-Uni. En 2014, elle reçoit les prix Baudelaire et Laure Bataillon. En 2017, elle crée la collection corp/us.

À propos de l'équipe de direction

Dzekashu MacViban (cf. l'équipe projet).

Nfor E. Njinyoh (cf. l'équipe projet).

À propos de l'équipe projet

Dzekashu MacViban est l'auteur de *Scions of the Malcontent* et le fondateur de Bakwa Books et de Bakwa Magazine. Ses nouvelles ont été publiées dans *Wasafiri*, *Kwani ?* et *Jungle Jim*, entre autres, et ses écrits ont été traduits en japonais, en allemand, en français et en espagnol. Il est bénéficiaire d'une bourse de l'Akademie Schloss Solitude.

Georgina Collins est traductrice indépendante (du français vers l'anglais), écrivaine et actuellement consultante en traduction littéraire auprès de l'Université de Bristol. Elle est titulaire d'un MA et d'un PhD obtenus à l'Université de Warwick et a travaillé comme maîtresse de conférences en traductologie aux universités de Glasgow et de Warwick avant de créer sa propre entreprise de traduction.

Georgina est spécialisée dans la traduction de textes africains francophones et a publié nombre d'articles universitaires et professionnels dans ce domaine, ainsi que plusieurs livres, chapitres et sections de livres traduits. Elle a été publiée chez Penguin et chez Macmillan et, en 2013, elle a

remporté un prix conjoint « Writing in Translation » décerné par le Centre PEN anglais pour sa contribution à l'ouvrage *Writing Revolution : The Voices from Tunis to Damascus* (I.B. Tauris). Georgina est passionnée de poésie et, en 2007, a produit le tout premier recueil bilingue français-anglais de poésie féminine africaine francophone. Elle a également traduit les œuvres de l'écrivain sénégalais Mame Seck Mbacké pour Modern Poetry in Translation et, plus récemment, les textes militants de Laura Boullic pour *Active Art* (Paraguay Press, 2019).

Madhu Krishnan est professeure de littérature africaine, mondiale, et comparée à l'Université de Bristol. Son travail porte sur les écologies de la production culturelle et de l'activisme littéraire sur le continent africain. Elle est l'auteure de *Contemporary African Literature in English : Global Locations, Postcolonial Identifications*, de *Writing Spatiality in West Africa : Colonial Legacies in the Anglophone/Francophone Novel* et de *Contingent Canons: Africa Literature and the Politics of Location.* Avec Bwesigye Bwa Mwesigire, elle a dirigé la rédaction de *Odokonyero : A Writivism Anthology of Short Fiction by Emerging Ugandan Writers.*

Nfor E. Njinyoh est titulaire d'un MA en Traduction obtenu à l'École supérieure de Traducteurs et Interprètes (ASTI) de Buéa, au Cameroun. Il est également réviseur et compose occasionnellement de la poésie. Deux de ses poèmes ont été publiés dans *Bakwa Magazine.*

Ruth Bush est maîtresse de conférences en littérature française et comparative à l'Université de Bristol, au Royaume-Uni, où elle enseigne et est chercheuse en littérature africaine, traduction et études culturelles. Son premier livre, *Publishing Africa in French : Literary Institutions and Decolonisation 1945–67* (Liverpool University Press, 2016), a remporté le First Book Prize décerné par la African Literature Association. Elle a également publié sur les origines de New Beacon Books, la première librairie et maison d'édition noire radicale du Royaume-Uni, et a coproduit une exposition et une ressource numérique sur *Awa : la revue de la femme noire*, un des premiers magazines féminins paru en Afrique et produit de façon indépendante à Dakar de 1964 à 1973.

B
B A K W A